Mémoires-journaux De Pierre De L'estoile: Les Belles Figures Et Drolleries De La Ligue... - Primary Source Edition

Pierre de L'Estoile, Aimé Louis Champollion-Figeac, Eugène Halphen, P. L. Jacob, Anonymous

MÉMOIRES-JOURNAUX

DE

PIERRE DE L'ESTOILE

TIRAGE A PETIT NOMBRE

Plus 100 exemplaires sur papier fort de Hollande
et 25 sur papier Whatman.

MÉMOIRES-JOURNAUX

DE

PIERRE DE L'ESTOILE

ÉDITION POUR LA PREMIÈRE FOIS COMPLÈTE ET ENTIÈREMENT
CONFORME AUX MANUSCRITS ORIGINAUX

Publiée avec de nombreux documents inédits
et un commentaire
historique, biographique et bibliographique

PAR

MM. G. BRUNET, A. CHAMPOLLION, E. HALPHEN
PAUL LACROIX, CHARLES READ
ET TAMIZEY DE LARROQUE

———

TOME QUATRIÈME

LES BELLES FIGURES ET DROLLERIES

DE LA LIGUE

PARIS

LIBRAIRIE DES BIBLIOPHILES

338, RUE SAINT-HONORÉ, 338

—

M DCCC LXXVI

AVANT-PROPOS DES ÉDITEURS

Ce volume, qui est à la fois un complément du Journal de
Henri III *et une introduction au* Journal de Henri IV, *contient
tout ce qui subsiste du grand recueil que L'Estoile avait composé d'estampes et de pièces imprimées ou manuscrites, concernant l'histoire de la Ligue, depuis 1589 jusqu'en 1600. Ce précieux
recueil peut être considéré comme tout à fait inédit. Les éditeurs
des* Registres-Journaux, *qui ont paru, en 1837, dans la Collection
Michaud et Poujoulat, s'étaient bornés à donner une liste des
principales pièces des* Droleries de la Ligue, *avec quelques
extraits des additions manuscrites de Pierre de L'Estoile. Nous
avons, pour la première fois, reproduit intégralement tout le
texte imprimé et manuscrit, en y ajoutant une description ico-
nographique des estampes et des dessins qui accompagnent ce
texte.*

Ce recueil, qui est un véritable Album, *dans toute l'acception du
mot, forme un volume in-folio maximo, composé de 46 feuillets de
papier gris, sur lesquels se trouvent collés, au verso et au recto,
dans un ordre à peu près chronologique, les placards, les figures
et divers imprimés que L'Estoile avait réunis pendant la Ligue
et après la Ligue, puisque plusieurs de ces pièces n'ont été mises
au jour qu'en 1600. Sur la première page, L'Estoile a libellé, de
sa plus grosse et de sa plus belle écriture, le titre général, que
nous donnons ci-après ainsi qu'il est figuré :* Les Belles Figures et Droleries de la Ligue, *etc.*

En tête du recueil, qui appartient aujourd'hui à la Biblio-

*thèque Nationale (Département des Imprimés, L a, 25, 6), se
trouve une note, qui est signée des initiales J. P., et où nous lisons :*

« Recueil général de Pièces détachées et Figures qui regardent
la Ligue (1589-1594), avec d'autres du règne de Henri IV.

« Ce livre unique étoit à la Bibliothèque de l'abbaye de Saint-
Acheul, près d'Amiens, comme il paroît par l'inscription et le
dos de l'ancienne reliure, que l'on trouve ici....

« Ces manuscrits étoient inconnus à Godefroy, à Lenglet
du Fresnoy et aux autres éditeurs....

« Cette collection unique de la Ligue a échappé à M. Jardel[1],
parce qu'elle étoit reliée à la fin des grandes Tables ecclésiastiques et titrée sur le dos : DIVERSES PIÈCES. La reliure
étoit semée des S. A., marque de l'abbaye de Saint-Acheul.

« La collection est non-seulement unique, mais il seroit presque
impossible d'en trouver aucune pièce qui regarde la Ligue, comme
Mézeray nous dit (Abrégé, t. III, p. 116, année 1594) que d'Autry,
lieutenant civil, ordonnoit que toutes ces pièces seroient brûlées
et que personne n'en gardera, à peine de la punition la plus
grave. »

*L'auteur anonyme de cette note avait encore sous les yeux,
lorsqu'il l'a écrite, le Recueil dans sa reliure primitive, qui
réunissait alors deux ouvrages différents et bien disparates : les
Drolleries de la Ligue et les grandes Tables ecclésiastiques. Depuis, antérieurement à sa sortie de la Bibliothèque
de Saint-Acheul, le Recueil de L'Estoile fut séparé des grandes
Tablettes ecclésiastiques et reçut une nouvelle reliure. Mais
on eut soin de faire coller, sur un des plats, à l'intérieur du
volume, comme un souvenir traditionnel, le dos de l'ancienne
reliure en veau, portant le titre de Pièces diverses et le monogramme S. A., imprimés en or, ainsi que cette mention, écrite
à la main : Ex libris Abb. Sti Acheoli Ambianensis. Le précieux
Recueil avait été légué à cette Bibliothèque par son dernier possesseur, Pierre de Poussemothe de L'Estoile, qui fut, de 1667
à 1718, abbé de Saint-Acheul.*

---

1. C'est Jardel de Braine, bibliophile et archéologue distingué, que les
éditeurs de la *Bibliothèque historique de la France* signalaient, en 1778 (t. V,
p. 16), comme ayant découvert l'année précédente, dans la Bibliothèque de
l'abbaye de Saint-Acheul, les manuscrits originaux des *Journaux de L'Estoile*.

Pierre de L'Estoile, qui avait, à ses risques et périls, formé ce trésor des BELLES FIGURES ET DROLLERIES DE LA LIGUE, *n'eut pas le courage de le détruire quand le lieutenant civil d'Autry ordonna, en 1594, la suppression de toutes les caricatures et de tous les libelles injurieux à la royauté; mais on a lieu de présumer qu'il se contenta de faire disparaître les plus diffamatoires et de tenir le reste bien caché. Cependant il ne put s'empêcher de faire mention de son Recueil dans la mise au net du* JOURNAL DE HENRI III, *en parlant des libelles qui paraissaient à Paris au mois d'avril 1589 (voy. notre édition, t. III, p. 279) :* « Desquels (libelles diffamatoires contre Sa Majesté, farcis de toutes les plus atroces injures) j'ai esté curieux, jusques là d'en ramasser jusques à plus de trois cens, tous divers, imprimés à Paris et criés publiquement par les rues, contenant quatre gros volumes que j'ai fait relier en parchemin, et éthiquetés de ma main, dans un grand in-folio plain de figures et de placards diffamatoires de toutes sortes, que j'eusse baillés en garde au feu, comme ils en sont dignes, n'estoient qu'ils servent, plus que quelque chose de bon, à monstrer et descouvrir les abus, impostures, vanités et fureurs de ce grand monstre de Ligue. » *Puis,* « tirant de ce ramas un petit échantillon », *il cite plusieurs de ces libelles* « qui estoient les plus communs à Paris et les mieux reçus, pour estre les plus sots, meschants et injurieux », *notamment :* Les Charmes et Charactères de sorcellerie de Henri de Valois, trouvés au logis de Miron, son premier médecin, avec les oblations qu'il faisoit au Diable dans le bois de Vincennes; — Le faux Muffle du grand Hippocrite de France descouvert; — L'Adjournement fait à Henry de Valois pour comparoistre aux Enfers. »

Ce passage du JOURNAL DE HENRI III *nous montre que L'Estoile avait rassemblé plus de 300 libelles, achetés dans les rues de Paris pendant la Ligue, qu'il les avait fait relier en quatre gros volumes, couverts en parchemin, et qu'il en avait dressé de sa main l'inventaire descriptif dans son grand volume des* DROLLERIES DE LA LIGUE, *inventaire qui ne s'y trouve plus. On ignore aussi ce que sont devenus ces quatre gros volumes du recueil des pièces volantes imprimées à Paris et criées publiquement par les rues. Un grand nombre de ces pièces a été sans doute anéanti, sans qu'il en soit resté un seul exemplaire dans les bibliothèques de la France et de l'étranger.*

De nos jours, les collectionneurs, que rien n'effraye ni ne décourage, au milieu du désordre des révolutions, ont formé des recueils analogues à celui des Drolleries de la Ligue, *recueils qui ne sont pas moins volumineux et qui se composent aussi d'estampes, de placards et de libelles, gravés, imprimés et vendus à Paris pendant les dernières périodes de nos troubles civils. Alfred Delvau a recueilli et publié sous ce titre :* Les Murailles révolutionnaires, *les affiches et* canards *qui furent placardés sur les murs ou distribués dans les rues à l'époque de la Révolution de* 1848. *Le volume de* L'Estoile *que nous publions aujourd'hui, d'après les originaux, pourrait aussi être intitulé :* Les Murailles révolutionnaires de la Ligue.

Nous avions songé à faire graver, en fac-simile réduit, les estampes et les dessins qui font des Drolleries de la Ligue *un recueil unique, et qui ne sont pas moins utiles que les imprimés pour l'histoire de cette époque de tumulte et de démence révolut... ..ire. Ces estampes sont la plupart d'une rareté insigne, et l'on n'en trouve que quelques-unes dans la célèbre Collection Hennin, à la Bibliothèque Nationale. Mais nous avons dû reculer devant les lenteurs et les difficultés de la gravure, en nous bornant à donner des descriptions iconographiques minutieuses. Nous nous sommes attachés aussi, pour la plupart des pièces imprimées, à rendre le mieux possible la physionomie et le caractère typographique des originaux. Quant aux annotations manuscrites de* L'Estoile, *qui sont le commentaire succinct et explicatif des imprimés et des estampes, nous les avons soigneusement recueillies, en les laissant à l'endroit même qu'elles occupent. On aura ainsi une reproduction aussi complète que fidèle des* Belles Figures et Drolleries de la Ligue, *qui n'eussent pas été à leur place si nous les avions reportées à la fin du* Journal de Henri IV.

15 décembre 1877.

LES BELLES FIGURES

ET DROLLERIES

DE LA LIGUE

AVEC LES PEINTURES, PLACCARS ET AFFICHES INJURIEUSES
ET DIFFAMATOIRES CONTRE LA MÉMOIRE ET HONNEUR
DU FEU ROY, QUE LES OISONS DE LA LIGUE
APELOIENT HENRI DE VALOIS; IMPRIMÉES,
CRIÉES, PRESCHÉES ET VENDUES
PUBLIQUEMENT A PARIS, PAR TOUS
LES ENDROITS ET QUARRE-
FOURS DE LA VILLE,

L'AN 1589.

Desquelles la garde (qui autrement n'est bonne que pour
le feu) tesmoingnera à la Postérité la meschanceté,
vanité, folie et imposture de ceste Ligue
infernale, et de combien nous sommes
obligés à nostre bon Roy, qui
nous a délivrés de la
servitude et tirannie
de ce Monstre.

LES
BELLES FIGURES
ET DROLLERIES
DE LA LIGUE

I

LE POURTRAICT ET DESCRIPTION
DU POLITIQUE DE CE TEMPS
Extraict de l'Escripture Saincte.

A Paris, pour Hilaire le Bon, au Mont S. Hilaire, et Pierre Chevillot,
en l'Allée de la Chapelle S. Michel, au Palais.
Avec permission.

Gravure sur bois. H. 0^m140, L. 0^m225. Dans un placard in-folio, avec 3 colonnes de texte.

Au milieu de l'estampe, le Politique, sous la forme d'une sirène attachée par le milieu du corps à un tronc d'arbre. Elle tient d'une main une fiole, et de l'autre une trompette. A gauche, dans le haut, deux pourceaux; au-dessous, des enfants nus, jouant avec des ballons. A droite, dans le haut, des idoles sur un autel; au bas, un roi, assis devant une table où l'on voit trois crapauds. Aux pieds du Politique, quatre turbans à terre.

La pièce suivante, de 34 vers, est imprimée sur deux colonnes, au-dessous de l'estampe. Les sept premiers sixains qui viennent ensuite sont placés, en longue colonne, à gauche de l'estampe; les quatre autres sixains se trouvent, en deux colonnes, au-dessous des 34 vers explicatifs.

Quel est ce monstre ici et comment a-il nom?
Des Grecs est dit Syrène et des Hebrieux Dagon,
Et ce siècle aujourdhuy Politique l'appelle.

Mais dites-moy un peu, pourquoy est-il-femelle?

Sa plus grande vertu est d'un chacun flatter
Et des plus fors le cueur et le courage oster.

Pourquoy, tirant vers bas et depuis la couture,
Est-il comme un poisson? Pour ce qu'il est perjure
Et qu'il cloche douteux de tous les deux costez.

Pourquoy un lien d'or lui ceint-il les costez?
Le desir d'amasser beaucoup d'escus ensemble,
Le rendant serviteur, sa liberté luy emble.

Mais pourquoy sont ses mains ainsi pleines de sang?
Pour autant qu'inhumain il a ouvert le flanc
Du peuple, et a respeu ses cruautez sanglantes
De ses tristes boyaux et entrailles tremblantes.

Pourquoy une bouteille est sa dextre tenant?
Pour autant que le soing plus grand de maintenant
Et mesmes le premier est d'engraisser sa pance,
Se donner du bon temps et faire grand despence.

Mais dites-moy pourquoy dans sa senestre main
Une trompette il tient? C'est que du Souverain
La souveraine voix est par luy mesprisée,
Et qu'après qu'il est saoul, il l'aplicque en risée.

Pourquoy autour de luy ne voit-on que Turbans
Et qu'Idoles encor', et Dieux petits et grands?
C'est que sa volonté, obséquieuse, est prompte
Croire ce qu'on voudra, sans, pour ce, en avoir honte.

Bref, dites-moy pourquoy un nuage espaissy
Environne son chef d'un brouillard obscurcy?
La tourbe qui ignore et n'a point cognoissance
Du Ciel, ainçois de Dieu, cerche en son ignorance
L'amoureuse clairté, et ès troubles la paix,
Et en ce fol erreur veut mourir désormais.

———————

Penna strutionis similis est accipitri et herodio.

(JOB, 39.)

L'Autruche qui estend ses deux œsles en l'air,
Ainsi que l'Esprevier, et fait semblant voler,
Mais ses pieds de cheval l'arrestant en la plaine,
Est l'image et pourtraict de toy, qui es content
Estre veu Catholique, et ne l'es pas pourtant,
N'ayant souci de rien que de la chose humaine.

Quorum Deus venter est.

Le Porc ayme-fumier, en prenant sa paisson,
Grongne ordinairement d'une estrange façon,
Et, regardant le Ciel, muet on le voit estre;
Ainsi l'homme mondain qui ne vante sinon
L'apparence et le fard d'une religion
A honte de la vraye et de Dieu recognoistre.

Qui devorat plebem meam ut escam panis.

Le Crocodille, enfant d'un petit œuf glaireux,
Contrefaisant le pleur d'un pauvre langoureux,
Meurtrit cruellement cil qu'à soy il attire :
Tels sont, ô Mesnagers, vos dissimulez pleurs,
Qui, plains du sang du peuple et gras de leurs malheurs,
Faignans vous en fascher, n'en faites rien que rire.

Et sermonibus odii circumdederunt me.

(PSAL. 108.)

Tu vois comme ce genre ord, terrestre, doubteux,
Et tousjours babillard, ne se monstre honteux
De prophaner du Roy la table somptueuse;
Mais de voir tout cela tu ne dois t'estonner,

Puis qu'ores l'on n'entend les Louvres résonner
Que du jazard babil d'une trouppe flateuse.

Væ qui justificatis impium.

En la morte saison du froidureux hyver,
On void en ses filets la chenille couver
De ses petits la vile et pestifère engeance.
Ce n'est donc de merveille, ô perjure et sans foy,
Si en ce temps fascheux tu nourris dedans toy
Et vas celant l'erreur qui pulule en la France.

Insidiatur in abscondito.

Cest Oyseau qui, de jour, est sans voix et sans yeux,
Et qui void bien de nuict, et tracasse en maints lieux,
Importunant chacun d'un malplaisant ramage,
Est tout semblable à toy, qui, voulant estre veu
Fidelle Citoyen, porte l'eau et le feu,
Te monstrant Taulpe au bien, et Dragon à l'outrage.

Intus pleni rapina et dolo.

Ainsi, comme les fruits qui croissent sur les eaux
De la mer de Sodome à l'œil paraissent beaux,
Mais au dedans sont pleins de cendre et pourriture :
Ainsi la piété que tu mets en avant,
Sous l'appas afetté d'un propos décevant,
En ton vil estomach ne couve rien qu'ordure.

Ut quid pueri diligitis infantiam.

(Prov., I.)

Enfans, jusques à quand irez-vous poursuyvant
Des bouteilles de vent qui, en vous décevant,

Et vostre suitte et vous meinent au précipice?
Voila la République, et par tels gouverneurs
Conduite, auxquels chascun défère tous honneurs;
Mais on n'a soin de Dieu ny de son saint service.

Væ per quem scandalum venit.

Le croassant Corbeau se contente arracher
Les yeux des hommes morts, et encor de chercher
En un corps charongneux dequoy paistre sa vie;
Mais toy, qui vas succant et la vie et le sang
Du peuple languissant que tu as mis à blanc,
Quel corbeau seras-tu, dis-moy, je te supplie?

Intus autem lupi rapaces.
(MATTH., VII.)

Le cruel Léopard, bigarré de couleurs,
En attirant à soy par ses souëfves odeurs
Les simples animaux, les meurtrit et dévore:
Ainsi, mettant maints maux avec un peu de bien,
Tu vas saoulant ta faim, réduisant tout à rien,
Si que le monde, un jour, sera ta proye encore.

Ab increpatione vultus tui peribunt.
(PSAL. 79.)

Alors que la saincte Arche orpheline sera
De ministres meschans, et qu'encore on verra
Tes autels enrichis de sa despouille saincte,
Adonc, te voyant mancque et de mains et de chef,
Tu aprendras, Dagon, par ton triste meschef,
A céder au grand Dieu, duquel n'as point de crainte.

II

CHANT RIAL EN DIALOGUE

CHIC. ARGUMENTARIS

Placard in-4° à 2 col., sans nom de lieu ni d'imprimeur.

Chant Rial, faict, à Sainct-Nigaise,
Par deux bons garchons drapiais,
Estans assischez à leu zaize
Sur la boize de nos cartiais.

GIRARD.

Et bien, men bon, quesque tu fais illocque,
Emprès ten feu à causser tes garetʒ?

BETRAN.

En bonne fey j'escoute note cloque,
La grosse Artuʒe, et serois voulentiers
Chen qu'il y a.

GIRARD.

       Pardienne! men compère,
Il y a bien à chu coup à rebaire!
Viens aveu may, et pren ten bon mantel.
I ne fault plus calyner à l'hostel.
Y sont fessaiʒ, men amy, tous ces tritres!
Car j'ay orains veu dans un escritel
Chu grand Mousieu qui a caché les Ristres.

BETRAN.

Chest bien Ristré begault pa nostre docque

Y sont bien prestɀ de s'en estre anallaiɀ.
Voudrés-tu bien craire tout chenneloque
Que ces causeux disent à chu Palais :
Vraiment tu es un biau rieux de faire!

GIRARD.

Et pense-tu tay-mesme, dans ta quaire,
Le neɀ ficqué contre ten quemisel,
Saver que chest pas le grand escamel!

BETRAN.

Tout biau, tout biau! hay! grand avalleux d'uitres!
Pasle un petiot : qu'a-ti fait de nouvel
Chu grand Monsieu qui a caché les Ristres ?

GIRARD.

Chen qu'il a fait? Pardi! y l'ont taloque!
Leɀ écapais en sont bien effritais ;
Cheux qui trouvit n'ont que faire de tocque :
Y les haguet comme chair à patais.

BETRAN.

Mais comme fuche, hay, dy-may, gueulle naire ?

GIRARD.

Com ne che fust, jacqu'y fauldrait rebaire
Pour en pasler du fond jusquo couppel,
Car y venest par un si grand troupel
Que, men amy, j'estions trestous bien blistres,
Se n'eussions eu, aux despens de leur pel,
Chu grand Mousieu qui a caché les Ristres.

BETRAN.

Ay, conte un poy, hau ma petite broque,
De la fachon comme y furent frapais,
Car je say bien quement y leɀ embroque,
Quand y les a une fois attrapais.

GIRARD.

Aga, men bon, y s'estest mis à baire,
Si bel et bien, qui quaichaist parmy laire,
Saus comme porz, dans le hamel d'Aunel,
Gambes amont, le bec soubs le tonnel :
Car y pensest estre loingt des bigistres
Et, en bevant, gaister à leur penel
Chu grand Mousieu qui a caché les Ristres.

Enhen! fit-il, vous bevez à notte ocque?
Vous en serez, su ma fay, bien chenglez!
Y sy en va d'engaigne, y les machoque
De sen coustel, y le za gredillez
Comme harencs, la langue y leu feit traire,
Comme à un quien, et gossiller la paire
Et la besson, ainchin qu'un grand rissel :
Pis les boutit trestous en un mouchel.
Leus cariotz en servent de regitres,
Car à chascun en bailloit sen morcel
Chu grand Mousieu qui a caché les Ristres.

ENVEY AU PRINCHE

BETRAN.

Prinche, picque ste grande hanicroque
N'est pus ichi, emplions nos goziais
A louër Dieu, et faites mettre en broque
Du chu bon vin que no dit qvou zavais :
Y vault bien mieux qu'en fachons bonne chere
Que chez taupins a la cazaque naire!
Et n'espargnez ne tarte ne tourtel,
Car j'en eron tant à chu renouvel
Qu'à tout jamais, s'il ne vient des ballistres,
Ne bevera, dessulant sen cappel,
Au grand Mousieu qui a caché les Ristres.

III

DEFFENSE DES MAIRES ET ESCHEVINS

DE LA VILLE DE TROYES

A tous habitans de semer et faire courir
de faux bruits, à paine de la vie et
d'estre tenus comme fauteurs et
adhérans des massacres
commis et perpétrés
aux Estats de
Blois.

Placard in-4°, sans nom de lieu ni d'imprimeur.

DE PAR LES MAIRES ET ESCHEVINS

DE LA VILLE DE TROYES.

Comme nous ayons esté deuëment certifiés et advertis, que aucuns peu zelez et affectionnez en
la cause de Dieu, à son service et honneur, à
nostre Religion Catholique, Apostolique et Romaine, et
à la conservation d'icelle et de ceste ville et patrie, sement
et font semer et courir plusieurs faux bruits et rapports
tendans à nous desunir, et desgouter d'embrasser ceste
cause, qui importe du tout à nous et à nostre posterité.
Estant par ce moyen un suject à plusieurs bons citoyens
et habitans, et autre menu peuple, pour refroidir de l'ardeur, bons offices et debvoir que chascun y doibt

apporter, pour obvier aux perils et ruines eminentes et proches, qui nous menacent et talonnent de près, si par prompts et bons remedes n'y estoit obvié et pourveu. A ces causes, deffenses sont faites à tous habitans et tous autres, de quelque qualité et condition qu'ils soient, à peine de la vie et d'estre tenuz comme suspects, sectateurs, fauteurs et adherans des massacres, assaisignats, et trahisons naguères commises et perpetrées aux Estats de Blois, d'user des propos tendans à telles intimidations, afin de nous distraire et que nous ne nous opposions aux malheureux et pernicieux desseings, projects et machinations des ennemis de Dieu et de son Esglise. Et par mesme moyen, commandemens sont faicts, sur certaines et grandes peines, à tous ceux qui entendront quelque chose, de nous le venir dire et dénoncer promptement, afin que justice en soit faite et la ville nettoyée et repurgée de telles gens appostez, factieux et mal sentans de la foy. Et, à faute de le venir déclarer, d'encourir pareilles peines que les délinquans.

Publié à Troyes par les carrefours ordinaires à faire cris et proclamations, le . . . . jour de . . . . mil cinq cens quatre-vingts et neuf.

IV

BRIEFVE DESCRIPTION
DES DIVERSES CRUAULTEZ

que les Catholiques endurent en Angleterre
pour la foy.

Placard in-fol.[1], avec encadrement, sans nom de lieu ni d'imprimeur.

E petit pourtraict vous met devant les yeux (Lecteur Chrestien) une partie des miseres et calamitez que les Catholiques souffrent, de jour en autre, par la cruauté de noz adversaires. Je dis une partie, pource que l'entendement humain ne pourroit arriver à comprendre, et moins à trasser avec la plume et le pinceau toutes les sortes et aigreurs des despouilles, emprisonnement et tourmens qu'ils practiquent. Dieu, seul juste juge d'ung chascun, en sçait le nombre, sans mettre en ligne de compte les sanglantes ordonnances et cruels

---

1. *L'Estoile a écrit, à droite, sur la marge du titre :* « On apeloit ce beau livre le Tableau de Mme de Montpensier, pour ce que, par son conseil et enhortement, fust mis un tableau dans le cimetière Saint-Severin, à Paris, la veuille de la Saint-Jean de l'an 1587; auquel estoient peints et representés toutes ces cruautés, affin que le peuple passant par là s'esmeust et s'animast tousjours de plus en plus contre les Huguenos et Politiques, qu'on apeloit (baptizans de ce nom les meilleurs serviteurs du Roy). Dont Sa Majesté avertie, commanda à sa Cour de Parlement de le faire oster : ce qu'elle fist de nuit et à petit bruit, crainte de sédition. Et en fust establi commissaire M. Anroux, conseiller de la Grand' Chambre et marguillier de l'église Saint-Severin, sa paroisse, qui, de grand Catholique qu'il estoit, devinst par là grand Hérétique et Politique, aiant esté diffamé pour tel par ceux de la Ligue, mesme par un sonnet injurieux contre ceux de la Cour de Parlement, qu'ils publièrent et affichèrent par les rues, adressé audit Anroux, qu'ils dégradent de noblesse, et l'apelent *un vilain fils de masson.* »

édits publiés au dommage et detriment non-seulement
des biens et possessions, mais aussi de la vie, tant présente que future. J'estime qu'il n'y a pas un homme au
monde lequel ne fust espris d'horreur et espouvantement,
s'il venoit à les considerer par le menu. Plusieurs
mesmes des chefs et gouverneurs heretiques n'approu-
vent pas leurs sévères enquestes, très iniques accusations,
trahisons, confiscations de biens, emprisonnemens per-
petuels, secrets tourments ez prisons, et très cruels supplices semblables, voire mesme surpassant les tourmens
desquels usoient les anciens Tyrans pour escorcher et
bourreler les Chrestiens; à plus forte raison un bon
Chrestien et Catholique les a à contre cœur et detestation.
Je laisse en arrière combien de personnes desseichent en
prison par tout ce royaume, combien de Confesseurs ont
esté abbatus par longues trainées de misère, combien de
Martyrs mis à mort par estranges et inhumains supplices,
combien d'hommes et femmes de toute sorte de qualité,
chassez de leurs maisons et despouillez de leurs biens, se
renferment et resserrent en des cachettes et lieux obscurs,
estans jour et nuict en perpetuelle crainte et frayeur qu'on
ne leur mette la main sur le colet pour les gehenner et
tourmenter. Et toutes fois (chose de tant plus pitoyable!)
ne leur estant permis de vivre paisiblement en leurs maisons, à la façon accoutumée des Chrestiens, encore leur
défend-on estroictement, par des loix rigoureuses, de se
retirer pardevers les nations estrangeres. Je ne pretens
de déclarer telles et semblables choses, ny ne pourrois
quand bien je le voudrois, ni ne voudrois quand bien il
seroit en ma puissance, tant le nombre et la grandeur
surpassent ma petitesse. Il suffit à mon propos et délibe-
ration de les avoir sommairement attaint, pour exciter
vostre charité, piété et compassion (Chrestien lecteur), à

celle fin, que vous, qui estes, avecques nous, un membre du corps de Jesus Christ et de l'Eglise, vous pleuriez ensemblement et priez avec nous que, par les suffrages de la glorieuse Vierge et de tous les Saints, nostre commun Seigneur et Dieu veuille appaiser ceste tempeste, amollir les cœurs des persecuteurs, et les fleschir quant et quant à recevoir la foy qu'ils ont rejectée, et nous donner patience et constance, pendant que nous ramons durant ceste tempeste et travaillons dedans et dehors nos maisons, surchargés d'un si pesant fardeau.

❧

ADVERTISSEMENT AU LECTEUR.

A celle fin que nous prévenions, Chrestien lecteur, les paroles mensongères d'aucuns, qui, pour donner couleur honneste ou bien amoindrir ceste cruauté (outre que ceulx-là mesmes ayant quelque fois enseigné et escrit qu'on ne devoit faire aucun effort et violence pour le regard de la conscience, lesquels, toutesfois, changeans de robbe et de personnage, ont espousé le party des barbares persécuteurs et se sont revestus de leur livrées), mettent en jeu et font courir un bruit que les Catholiques sont affligez de toutes ces sortes de supplice, non pour cause de la foy et religion, mais pour crime DE LÈSE-MAJESTÉ et transgressions des ordonnances et édicts Royales. Et pour ce, je mettray clairement, et en peu de parolles, devant les yeux d'un chacun ce en quoy consistent les crimes qu'ils appellent de lèse-Majesté, et quelles sont les loix, pour la transgression desquelles tant de croix et tourmens sont apprestez aux Catholiques : d'un grand nombre j'en recueillerai quelques-unes.

1° Quiconque dira, escrira, affermera ou signifiera, en quelque maniere que ce soit, ou mesme, estant prié, confessera que le Pape est Chef de l'Eglise d'Angleterre, ou qu'il a quelque authorité ès choses ecclesiastiques, il sera réputé coulpable de crime de lèse-Majesté.

2° Si quelqu'un, constitué en dignité moindre que n'est la dignité de Baron, refuse par trois fois de jurer ou abjurer contre l'authorité du Pape et en faveur de la puissance souveraine de la Royne ès causes de l'Eglise, luy estant par trois fois proposé de ce faire, il souffrira mesme peine de lèse-Majesté.

3° 4° 5° 6° Si quelqu'un faict l'appoinctement et reconciliation d'un autre avec l'union et communion de l'Eglise Romaine, ou procure icelle paix, voire mesme luy donne tant seulement conseil de faire une telle reconciliation, bien qu'il ne la procure, ou portera en Angleterre des *Agnus Dei* (qu'on appelle), des chappellets, grains benits, medailles, croix, images du crucifix, ou autre chose beniste du Pape, encourra la mesme peine de lèse-Majesté.

7° 8° Si un prestre absoult quelqu'un des subjects de la Royne, ou bien a receu authorité pour ce faire, encore que la pratique ne s'en soit ensuivie, il sera reputé coulpable de lèse-Majesté.

9° Si quelqu'un destourne un autre de ceste religion, de laquelle on fait à present publique profession en Angleterre, ou bien s'efforce de le destourner, afin de l'attirer à l'obeysance du Pape et de la foy Romaine, il sera quant et quant coulpable de lèse-Majesté.

Je ne veux mettre en compte les autres loix touchant le danger de la vie et le ravissement des biens, comme de paier deux-cens-onze escus pour avoir ouy la messe; quatre-cent-vingt-deux pour l'avoir dicte; soixante-six tous les mois pour avoir refusé d'aller aux Eglises et Presches des Protestans; d'estre confisqué de tous ses biens pour avoir receu ou retenu des *Agnus Dei* (qu'on appelle), des chapelets, grains bénits, médailles, images de la croix, ou crucifix, ou autre chose béniste du Pape, et autres semblables, desquelles quiconque voudra avoir plus ample cognoissance, pourra lire l'Epistre de la persecution d'Angleterre, traduicte ces jours passés de nostre langue en françois. Et ce pendant, Amy lecteur, jouissez de nostre labeur et considérez, à part vous, quelles sont ces meschantes trahisons, quels crimes DE LÈSE-MA-JESTÉ, pour la punition desquels tant de sanglantes ordonnances non jà ouies ont esté basties et forgées dans le creux des cerveaux de nos adversaires : lesquelles non seulement nos ancestres de tout temps eussent detesté, mais aussi, ce jourd'huy, tout le monde, tant que le nom de Chrestien, voire mesme d'Hérétique, de Turc et d'Infidèle, se peut estendre, a en horreur et abomination très grande.

1° L'APREHENSION DES CATHOLIQUES

Gravure sur cuivre, au centre du feuillet. H. 0^{m}180, L. 0^{m}275.

Dans la rue d'une ville, à gauche, des hommes à cheval, armés de lances, font entrer un homme en prison. Au fond, des hommes, à pied, portant des torches, conduisent un âne sur lequel est monté un prêtre. A droite, des hallebardiers entraînent un prêtre et une femme qu'ils viennent d'arrêter. On voit, dans le haut, par une ouverture de la maison, l'arrestation d'un prêtre qui célébrait la messe.

A. Les Prebstres celebrans la messe en cachette, ès maisons privées, souvent sont descouverts par les espions des hérétiques, louez par argent; souvent estans pris par les bourreaux, qui se eslancent de force, sont arrachés des aultels.

B. Les Dames Nobles, Vertueuses et Catholiques, tirées de leurs maisons, avec injures et coutumelies, sont menées en prison, pour avoir aydé les Prebstres de leurs moyens et facultez, ou pour se estre trouvé à leurs messes.

C. D. Les Prebstres semblablement sont trainez en prison, les uns estans ignominieusement menez et oultragez par les places publiques avec leur habit sacré, les autres estans liez et garottez sur des chevaulx, et avec eulx plusieurs Gentilshommes sont menez de mesme.

E. Le Prebstre, estant pris ce pendant que il celebre la messe, tout revestu que il est de ses accoustrements sacrés, est contrainct de monter à cheval et garotté de cordes, avec des torches allumées à plain jour et conduict en prison.

En, Lector, regni facies miseranda Britanni.

Terra antiqua, potens opibus, fœcunda metallis,

Clara armis et Marte, at multo clarior olim
Insigni bonitate hominum cultuque Sacrorum,
Qua plures sub cœlo habuit provincia nulla,
Pontificum egregias Sedes, Tumulosque, minasque
Templorum ingentes, sacra vasa, altaria, patrum
Quæ veterum pietas in Christi extruxit honorem :
Hæc nuper speciosa et florentissima terra
Aspice ut, horribiles Sacrorum passa ruinas,

Est in monstrosam nunc deformata figuram,
Namque Dei summi hæc sacra vasa, altaria, templa,
Sacrilege evertit partim, partimque profanat.
Presbyteros, Laicos, et cum mulieribus ipsos
Persecuitur pueros, detestandumque professa
Dogma, fidem Christi pedetentim exterminat omnem.
Prima mali tanti radix, affligere sanctos
Presbyteros : caput hoc. Nova mox spectacula cernes
Dira magis, quæ tu studiosius omnia, Lector,
Adverte, atque animum pictura pasce fideli.

2° LES INQUISITIONS NOCTURNEZ

PAR LES MAISONS

Grande gravure sur cuivre, en deux compartiments. H. 0m180, L. 0m272.

A droite, des soldats, portant des torches et des lanternes, enfoncent les portes des maisons pendant la nuit.

A gauche, une bande d'hommes armés, qui ont pénétré dans une chambre, forcent les habitants à se lever du lit, et fouillent dans les coffres, à la lueur des torches et des lanternes.

A. Les sergeants de nuit rompent les portes des Catholiques.

B. Ils en font fuir des lictz les hommes, femmes et petitz enfans.

C. Ils rompent les armoires, coffres et casses, et non seulement se ruent avidement sur les calices, livres, croix et choses d'Eglise, s'ils en trouvent, mais aussy, comme larrons publiques, derobent et emportent l'or, l'argent et toute monoye que ilz trouvent en passant.

D. Les portes des maisons sont rompues par force.

E. Les seigneurs et domestiques sont menez en prison.

Quæ modo sacrilegè patrata notavimus, illa
Luce palam et medio fiunt immania sole.
Nunc tenebrarum actus nocturnaque furta sequuntur.
Nam dum per latas animantia cætera terras,
Nocte intempesta, placido correpta sopore,
Membra ministeriis recreant lassata diurnis,
Tum vero in primis spoliis intenta futuris
Excubat, et prædas animo designat avaro
Carnificum scelarata cohors, tum tecta piorum
Aggreditur, quæ mox nisi sponte ultroque patescant.

Fit via vi, rumpitque occlusas machina portas,
Ut quondam hostiles Aries balistaque muros.
Nec mora, pervadunt secreta cubilia, cunctas
Excutiunt latebras, cistas capsasque refringunt,
Diripiuntque sacras vestes, calicesque crucesque.
Et simul occurens signata pecunia, vel non
Signata, armillæ, pretiosa monilia, torques,
Ut sacra, proque sacris, jure eripiuntur eodem.
Denique ad extremum (jus ô mirabile!) falsi
Conjiciunt veros dominos in vincula fures.

3° LES TOURMENS QU'ON ENDURE EZ PRISONS.

Autre gravure sur cuivre, de même dimension que la précédente. Intérieur d'une prison. A gauche, on aperçoit à travers les barreaux un prisonnier assis, et au-dessus un prêtre pendu par les pieds. A droite, une scène de torture devant un tribunal. Au-dessus, dans un cachot, des prisonniers qu'on martyrise.

A. Des petits poinsons aiguz, en forme d'espingles, fichez dedans les ongles des doigts.

B. Norton, le maistre-bourreau, employe son authorité et celle de ses satellites à deschirer les Catholiques.

C. Certaine machine de bois, sur laquelle tous les membres des prebstres estenduz et garrotez sont de telle sorte allongez et affligez, que souventefois ilz semblent rendre l'esprit, pour la vehemence de la douleur. Noz ancetres n'ont jamais practiqué de tels et si cruels tourmens à l'encontre des plus meschans hommes du monde, comme font ce jourd'huy nos adversaires contre les bons et innocents Catholiques.

D. Les Catholiques emprisonnés sont trainez par force aux presches des Hugonots.

E. Les membres des Catholiques, pressez d'un instrument, sont enveloppés en ront, et delaissez en ce tourment l'espace de quelques heures.

F. Le Prebstre demeure pendu par les pieds, en des pans, par plusieurs jours et plusieurs nuicts, jusques à rendre presque l'ame, pour la puanteur de ses excremens.

Sed gravia hæc valeant, quoniam ad graviora vocamur.
Namque, ô religiose olim, generose, fidelis,

Impie nunc, fideique expers, et degener Angle !
Quæ rupes Scythiæ, vel monstrorum Africa mater,
Dirave Tysiphone Stygiis emissa cavernis,
Hos tibi Nortonos peperit, similesque Procustas,
Vel potius rabidas, hominum sub imagine, tigres?
Qui sic effuso lætantur sanguine, qui sic,
Presbyteros laicosque excarnificando, triumphant,
Obque fidem infligunt tormenta teterrima solam :

Illam dico fidem, quam patres semper avosque,
Nosti ab Apostolico tenuisse fideliter ævo.
Multi horum in cippis, manibus pedibusque, tenentur
Inclusi, caveis multa stringuntur in arctum,
Attractique aliis distendunt corpora funes.
Mitto famem, frigus, loca subterranea, limbos,
Punctaque acuminibus digitorum extrema, nefanda hæc
Impediunt siquidem lachrymæ narrare volentem !
Tu, Christe omnipotens, tantum moderare furorem,
Corda tuis nostrisque inimicis mollia fingens !

4° LES JUGEMENS ET CONDAMNATIONS

Grande gravure sur cuivre, de même dimension que la précédente.
A gauche, le tribunal des juges, devant lesquels comparaissent
trois prisonniers. A droite, un prêtre enchaîné, à qui on perce les
oreilles avec un fer chaud ; le pilori où l'on expose les condamnés
au carcan. Dans le fond, un prêtre qu'on fouette, à la queue d'une
charrette.

A. Les siéges des Juges, qui donnent sentence de
mort ou d'autres supplices contre les Catholiques, pour
leur foy et conscience.

B. Les gentilshommes et femmes d'honneur sont, pour la profession de foy et religion catholique, presentés devant les juges, avec des larrons, meurtriers et homicides.

C. Les oreilles des prebstres et autres Catholiques sont percées avec un fer chaud.

D. Les testes des autres sont mises aux ceps, et leurs oreilles quant et quant clouées à des planches.

E. D'autres attachez à la queue d'une charrete sont fouettés par les places et carrefours de la ville.

Jamque relinquentes ergastula clausa, deinceps
Ducimur ad fora judiciorum publica : iniquis
Ter quater, et nimium injustis ubi legibus, una
Improbi, itemque boni, sancti, pariterque scelesti,
Quique peremerunt multorum corpora ferro
Et qui servarunt animas et corpora Verbo,
Hoc est, Christus ubi et latro seditiosus, ut olim
Sistuntur, Juda duce, Cæsaris ante tribunal.
Forte aliquis leviter Missæ sacrum extulit, alter
Dicto aliquo favit Romanæ Sedis honori ;

Presbyterosve necem pro Christi nomine passos
Objecta immunes a proditione putavit.
Liber abit nemo : huic ignito conspicis aures
Perfossas ferro, alterius per compita tracti
Libera servili cæduntur terga flagello ;
Tertius, imposita strictis cervice numellis,
Stat, pleno spectante foro (miserabile visu !)
Stantque simul terebratæ et confixæ postibus aures.
Sic in Catholicos Gothi olim, Vandali, Alani,
Arriana truci grassata est Secta furore.

5° LA CRUAUTÉ

EN FAISANT MOURIR LES CATHOLIQUES

Grande gravure sur cuivre, de même dimension que la précédente. Supplices infligés aux Catholiques. A droite, dans le bas, un homme traîné sur la claie; au-dessus, une scène de pendaison. A gauche, les chefs hérétiques à cheval. Plus haut, mutilation des corps morts, et leurs membres jetés dans une chaudière bouillante, puis les têtes exposées sur le pont de la ville de Londres, qu'on voit à l'horizon.

A. Les Catholiques, posez sur des claies et harassez de diverses sortes d'injures et de blasphemes des ministres, sont trainez, par les boues, au lieu du supplice.

B. Estant là arrivez et montez sur un chariot, on lit presque un livret plein de toutes menteries, afin d'esmouvoir la haine du peuple contre eux. En après, empeschés par les ministres de Satan de faire déclaration de leur innocence, ou profession de leur foy, au milieu de leurs très ferventes oraisons, le chariot, estant retiré, demeurent quelque peu de temps penduz en l'air.

C. Soudain, la corde estant couppée, on les dévalle, estans souventefois tout pleins de vie et sentiment, et vistement despouillez, sont portez auprès d'un feu préparé en ce lieu là où c'est que le bourreau, premières, leur couppes les parties honteuses, et les jette dans le feu, puis ouvrant le ventre, arrache les entrailles, lesquelles pareillement il jette au feu, et enfin la teste estant couppée, divise le corps en quatre parties.

D. Leurs testes et membres, jettez dans des chaudrons et marmites, se cuisent et parbouillissent.

E. Leurs testes, attachées au bout d'une perche, sont ordinairement dressées sur le pont de Londres, et leurs membres distribués par les autres portes de la mesme ville.

Ecce hujus tragicæ postremus imaginis actus :
Actus terribilis, funestus, letifer, ignes
Herculis Oetæi superans et tela Furentis.
Si namque historias perlustres ordine nostras,
Prima Evangelii repentens ab origine, vel si
Turcarum, Persarum, Arabum, monumentaque Afrorum
Perlegis, et quotquot Mahometis lege reguntur,
Impia nec diri Mahometis Sacra professos
Invenies ullis aliquando annalibus ista
Catholicorum hominum rabie fudisse cruorem.

Reginæ in sacris jus pontificale negasti?
Ecce trabæ, laqueique, et, post suspendia, rursus
Vivo, abscissa verenda, et flammis tradita, nec non
Ilia, cor, pulmo : tum secta elexaque membra
Figunt pascendis portarum ad culmina corvis.
Tam fæda moniti laniena et carnificina,
O populi, quicunque Europæ regna tenetis,
Hispani, Germani, Itali, Gallique, Polonique,
Et Suevi, et Dani, vestris longissime ab oris
Hanc Calvinismi sceleratam avertite pestem !

VI

LES PÉNITENTS BLANCS ET BLEUS

DU ROY HENRY IIIe

P. M.

Pour bien desnicher des Abeilles,
Il faut l'habit d'ung Pœnitent.

LES PŒNITENS DU ROY HENRI IIIe

QUI N'AMANDÈRENT GUÈRES CEUX DE LA LIGUE.

Quatre grandes pièces gravées sur bois et coloriées, représentant la Procession des Pénitents. H. de chaque pièce 0ᵐ355, L. 0ᵐ292. Ces pièces forment les quatre parties d'une seule et même estampe, en tête de laquelle L'Estoile a écrit les intitulés ci-dessus.

VII

DEMONSTRATION

DE L'ASSEMBLÉE PUBLIQUE DES ESTATS

tenuz en la ville et chasteau de Blois, soubs le perfide Henri de Valois.
Et comme, ayant communié avec messeigneurs de Guise, il les fait massacrer à coups de poignards.

A Paris par Nicolas le Roy et François Gence, rue de Mont-orgueil, à l'image S. Pierre. Avec Privilege de Messieurs du Conseil.

Grande pièce gravée sur bois, avec le monogramme P. H. — H. 0ᵐ300, L. 0ᵐ397.

Dans une vaste salle, dont le plafond est soutenu par des colonnes, sont représentées plusieurs scènes différentes. A gauche, le roi Henri III, sur son trône, présidant les États; à ses pieds, deux secrétaires écrivent le procès-verbal de la séance. Au milieu, dans le fond, le cardinal de Lorraine et le duc de Guise reçoivent la communion. A droite, assassinat du duc de Guise, et arrestation du cardinal.

On voit, en ce portrait, que Henry de Vallois
Préside aux Estats en la ville de Blois,

Lors, estant assisté de Messeigneurs de Guyse,
Vrais supports de la Catholique Eglise.

Les Estats tenans, ce perfide politique,
Masqué d'une vie sainte et catholique,
Communie au corps de Jésus-Christ nostre Seigneur,
Avec le Duc de Guyse (de l'hérétique haineur).

Après, disnèrent ensemble, luy monstrant
Signe d'amitié, soubs beau semblant.
Ce bon prince tost après fut tué et massacré,
Aussi le Cardinal son frère, qui Roy l'avoit sacré.

VIII

En ceste figure
Henry de Vallois faict assassiner trahitrement
M^r le Duc de Guyse :

puis le montre à Monsieur le Cardinal son frère.

Gravure sur bois. H. 0^m292, L. 0^m346.
Au milieu de l'estampe, le duc de Guise, debout, entouré de ses assassins. Au fond, à droite, le roi Henri III, une canne à la main, assiste à l'exécution du meurtre.

Le dernier des Vallois, Henry, plain de furie,
De simulation, de rancœur et d'envie,
Imposteur, regorgeant en toute impieté,
Aux Estats faitz à Blois, pour marquer la faintise,
Faict venir devant luy le noble Duc de Guise,
Qu'il faict assassiner, par grande cruauté.

Ce vertueux seigneur, appuy des Catholiques,
La terreur et l'effroy des maudits Heretiques,
Entrant au cabinet de ce Roy enragé,
Par Larchant et le Gas, et autres leurs complices,
Hommes traihitres sans cy, nez en tous mallefices,
A grans coups de poignars est illec saccagé.

Monsieur le Cardinal, de ce bon prince frère,
Est pris, bientost après une mort si sévère,
Et mené vers Henry, qui, bouffant de couroux,
Faisant lever soudain une tapisserie,
Luy monstre ce bon Duc, tout massacré de coups,
Dont encores le sang à Dieu vengeance crie.

IX

Le Martire cruel
du Reverendissime Cardinal de Guise,
soubz l'inhumain tirant Henry de Vallois.

Grande gravure sur bois. H. 0^m246, L. 0^m380.

Au milieu de l'estrade, le cardinal de Lorraine se couvre les yeux avec la main, pendant que plusieurs assassins le percent de coups de hallebardes. A droite, le roi Henri III regarde le meurtre s'accomplir. A gauche, le cardinal en prières. Au fond, en dehors, des hommes attisant un brasier ardent.

Monsieur le Cardinal de Guise, detenu,
Des meurtriers de Henry qui l'avoient prevenu,
Ponr le faire soudain suivre à la mort son frère,

Se prosterne à genoux, et faict son Oraison,
Pardonnant aux bourreaux esloignez de raison,
Lesquels se preparoient pour l'occire et deffaire.

Cela faict, de sa main il se bouche les yeux,
Pour ne voir ce carnage horrible et vicieux.
Lors les trahistres armez luy donnent, sans attendre,
Tant de coups redoublez, qu'ils s'en trouvent lassez.
Puis ils preignent les corps des frères trespassez,
Que carnassièrement ils consumment en cendre.

Henry, sachant cela faict selon son desir,
Sautelle d'allegresse et se donne plaisir,
Et crie à haulte voix qu'il est seul Roy de France,
Qu'il veult remettre sus l'Athée et Libertin,
Le Sorcier, le Volleur, le Huguenot mutin,
Et les Diables ausquels il a mis sa fiance.

X

LETTRE DE CACHET

De par le Roy.

NOSTRE amé et féal, Nous vous avons cy devant mandé, par nos Lettres de publication du 26 juing dernier, que vous eussiez à faire entendre et publier à son de trompe et cry publique par tous les endroits de vostre ressort et juridiction accoutumez, à faire cris et proclamations que tous chefs, hommes d'armes et archers des Compagnies, que nous avons specifiées par nos dites lettres, eussent à partir de leurs maisons le 25 de ce mois et s'acheminer, le plus promptement qu'ils pourroient, aux lieux et gouvernemens que leur aurions aussi designez par icelles lettres. Toutefois, depuis ayant esté bien adverti que les forces estrangeres, que aucuns de nos subjects de la Religion prétendue réformée, qui se sont puis nagueres eslevez contre nous, s'efforcent de practiquer en Allemagne pour les amener en nostre royaume, sont retardées, et partant que nous ne voyons apparance qu'elles soient prestes si tost pour essayer à y vouloir entrer; et desirant cependant, autant qu'il nous est possible, de soulager nostre peuple de foulle et oppression, et aussi relever nostre noblesse, specialement celle desdites Compagnies mandées, de se mettre en frais et despense. Nous avons advisé de retarder et reculer leurdit partement, qui devoit estre le 25 de ce present mois, jusque au.....

A CESTE CAUSE, vous mandons et enjoignons, par la présente signée de nostre main, que, incontinent icelle receue, vous ayez, sans aucun délai et retardement, à faire de rechef publier, à son dé trompe et cri public, par tous lesdicts lieux et endroits de vos ressorts et jurisdiction, que tous les chefs, hommes d'armes et archers desdites Compagnies, n'ayent à bouger de leursdites maisons jusques audit.....

et non plus tost, que nous leur commandons et très expressement enjoignons en partir, pour se rendre ès dits lieux et gouvernemens declarez par nosdictes Lettres, comme dict est. Et, où aucuns seroient jà partis, assemblés et mis aux champs, qu'ils ayent à se retirer promptement en leursdictes maisons, en attendant ledit.....

Sur peine de désobéissance, et d'encourir nostre indignation : car tel est nostre plaisir.

Donné à Saint-Maur-des-Fossez, le. . . . . jour de juillet 1587.

XI

LETTRE

DU CONSEIL GÉNÉRAL DES CATHOLIQUES.

ESSIEURS, vous nous enseignez journellement qu'il faut employer, pour l'advancement, deffense et conservation de nostre saincte Religion, de laquelle nos ennemis prétendent nous priver, non-seulement les moyens que Dieu nous a libéralement donnés, mais aussi nostre propre vie. Et d'autant que, pour pourvoir à nostre intention, il est besoing entretenir l'armée des Catholiques, conduite par M. le duc de Mayenne, et la secourir promptement pour ceste fois, ce qui ne se peut faire sans l'ayde de ceux auxquels Dieu a plus abondamment départy les biens temporels, desquels nous espérons estre secouruz, moyennant nos sainctes exhortations envers eux. Nous vous prions appeller avec vous tels ecclésiastiques et autres bons bourgeois de vostre quartier que voudrez choisir, et ensemblement prendre la peine d'aller ès maisons de ceux qui sont nommés ès Lettres que vous envoyons,

pour les semondre et inviter de secourir ceste cause, d'autant qu'ils craignent Dieu, ayment leur salut, le repos et conservation de leurs familles et biens, lesquels sont en hazard d'estre la proye des ennemis. Nostre Seigneur récompensera vostre labeur au Ciel : dont nous le prions, nous recommandant à voz bonnes graces. A Paris, ce 22 juin 1589.

Le Conseil général des Catholiques, vos meilleurs et plus affectionnez amis à vous servir.

XII

Le soufflement et conseil diabolique d'Espernon à Henry de Vallois,
pour saccager les Catholiques.

Grande gravure sur bois. H. 0m240, L. 0m560.

Au milieu de l'estampe, Henri III, debout, le sceptre à la main, donne audience au cardinal de Bourbon, à l'archevêque de Lyon et au prince de Geinville (*sic*), pendant que Jehan d'Épernon lui introduit dans l'oreille, avec un soufflet, l'inspiration diabolique. Deux autres, dont l'un porte sur le dos une devise : VLTIMA CL.. MANE. A droite, Larchant, tenant les têtes du duc de Guise et du cardinal de Lorraine. A ses pieds, « les corps des deux frères catholiques ». Dans le fond, on aperçoit le château de Blois.

Monsieur le Cardinal de Bourbon, et aussi
L'Archevesque sacré de Lion, sont ici
Venus au mandement de Henry l'homicide,
Pour entendre de luy quelle est sa volonté,
Mesme pour le prier n'estre plus irrité
Contre un peuple dévot, dont il doit estre guide.

Henri, cruel tirant de tous Chrestiens honnestes,
Des Princes massacreʒ leur montre à l'œil les testes,
Que Larchant tenoit lors ; puis dict arrogamment :
« Pour autant, Cardinal, que soutenois sans cesse
« Ces deux ligueurs Guisars, n'estoit ta grand'vieillesse,
« Tu serois mis à mort comme eux présentement. »

Despernon, cependant, que Belʒebus conseille,
D'Angoulesme, où il est, souffle droict en l'aureille
De Henry de Vallois, luy remontrant qu'il fault
Mettre, par sang et feu, en ruine la France,
Et que l'Enfer sera son suport et deffence.
Voila pourquoy Henry est si terrible et chault.

XIII

PORTRAIT DU DUC D'ESPERNON

Gravé sur cuivre. H. 0ᵐ15o, y compris le cadre du portrait et l'inscription : LE DUC D'ESPERNON. L. 0ᵐ12o.

Tête de trois quarts, tournée à droite ; barbe en pointe, haute collerette plissée, pourpoint boutonné par devant. Au bas de l'inscription, à gauche : 1587, *G. L.* (en monogramme) *fecit* ; à droite : *P. Gourdelle exud.* [sic].

Regardes le pourtraict d'un Duc très généreux,
Sage, loial, constant, ennemi de tout vice.
Qu'il soit donc honoré des hommes vertueux,
Et Fortune sur luy n'esclate sa malice !

L'Estoile a écrit en marge ces deux notes :

JEAN LOUIS DE NAUGARETS, DUC D'ESPARNON.

Ung ladre punais de sot Roi est advancé.

Anagramme de la Ligue, digne d'elle et de son impudence, divulguée à Paris et semée partout l'an 1589.

※

La Ligue trouva dans le nom du Roy : *ô Judas.*
Dont elle fist grande feste, et le publia et fist imprimer
sur la fin d'un de leurs Discours, intitulé : *Le martire
de Frère Jacques Clément, de l'ordre Saint-Dominique,* imprimé chez Robert le Fizelier, rue Saint-Jac-
ques, à la Bible d'Or. Avec permission, 1589.
    Les mots sont page 53.

Vous sçavez assez qu'en son surnom anagrammatizé,
il se trouve : *ô le Judas!* nom qui lui estoit fort
propre et convenable, car il estoit traistre
comme Judas. Judas creva par le
milieu, et les boyaux de ce Tiran
lui sont sortis par le ventre.

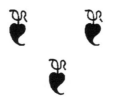

XIV

Comme les deux Princes, estans morts, sont mis sur une table. Avec la remonstrance de Madame de Nemours à Henry de Valloys, et l'emprisonnement de Messieurs les Princes Catholiques.

A Paris, par François Gence, ruë de Mont-Orgueil,
à l'Image S. Pierre. Avec Permission.

Grande pièce gravée sur bois, dans un encadrement noir semé de larmes blanches. H. 0ᵐ320, L. 0ᵐ380.

M. de Guise et M. le Cardinal, criblés de blessures, sont couchés nus sur une table. Le Roi et la Reine mère, debout, contemplent avec satisfaction cet affreux spectacle. A droite, dans le haut, on voit « les Princes catholiques menés prisonniers » par les archers : le Prince de Ginville, M. de Nemours, M. le Duc Delbeuf, M. le Cardinal de Bourbon.

Au-dessous, les trois sixains qui suivent et que nous reproduisons tels quels, avec leurs vers estropiés et leurs non-sens.

Contemple cette histoire, Peuple Catholique,
Ayant la larme à l'œil, fuyant le Politique,
En voyant ces deux Princes (après avoir esté
Martyrez de divers coups) furent mis sur la table
De ce malheureux, perfide et detestable,
Pour repaistre ses yeux et son cœur irrité.

Madame de Nemours, voyant ses deux fils
Si malheureusement et perfidement occis,
Se print à escrier, disant : O malheureux
Barbare, inhumain, est-ce la récompense

De ceux qui te maintenoient possible en France?
Fais m'en donc autant, je gise avec eux !

De telles paroles, estant à demy enragé,
*   Au lieu de s'estre du tout decouragé,*
Il appelle le Gas, et tost il lui commande
De se saisir des Princes pour les emprisonner,
Et le Prévost des Marchans aussi il fait mener,
Pour mieux exercer sa cruauté grande.

XV

BADAUDERIE INSIGNE DE PARIS

Contre le Roy et le Duc d'Espernon,

Extraite d'un de leurs escrits imprimés audit Paris,
intitulé :

LES CHOSES HORRIBLES

contenues en une Lettre envoyée à Henri de Valois
par un Enfant de Paris, le 28e janvier 1589.
Sur la copie qui a esté trouvée en ceste
ville de Paris, près l'Orloge du Palais,
pour Jacques Grégoire, imprimeur.

M.D.LXXXIX[1].

Henri, vous sçavez bien que si tost que vous fistes
mettre la vraie Croix de Jésus-Christ hors de France,
bientost après par dissimulation avez exercé l'estat de
la religion Catholique, et fut lors vostre cœur environné

---

1. Ce titre et la pièce entière sont copiés de la main de L'Estoile.

d'actes et faits damnables. Vous sçavez bien que lors vous donnastes liberté à tous sorciers, enchanteurs et autres devinateurs, de tenir libres escoles et chambres dans vostre Court [?], et mesmes dans vostre cabinet, à chacun d'iceux une heure le jour, pour mieux vous en instruire. Vous sçavez bien qu'avez obligé vostre ame à telles gens. Vous sçavez bien qu'ils vous ont donné un Esprit famillier en jouissance, tiré du nombre de soixante Esprits, nourris en l'escole de Soliman, nommé Teragon. Vous sçavez bien que, pour passer plus outre vostre malignité, avez contraint iceux sorciers et enchanteurs de transmuer leur esprit en figure d'homme naturel, ce qu'ils trouvèrent fort estrange, et neanmoins avec leur art diabolique ont accordé ceste requeste et, par faits obliques en corps et ame, ont fait sortir un Diable d'Enfer, figuré en homme. Et de la région où il fut premier apparu, ce fut en Gascongne, d'un nommé Nogenne, où il prist le nom de Nogaret, ou Teragon, à cause de son premier nom Teragon, et se vinst trouver au milieu de ces sorciers et enchanteurs, de bonne volonté, qui le présentèrent à Henri, estant au Louvre, comme un gentilhomme et pour son Conseil. Le roi de Navarre, qui sçavoit la tragœdie, lui envoya un homme damné à Du Beloy, pour l'introduire plus ardamment à trahison. Henri, vous sçavez bien que, tout aussi tost que vistes Teragon, vous l'apelastes vostre frère en laict [?], et, la nuit suivante, il coucha dans vostre chambre, seul avec vous dans vostre lit. Vous sçavez bien que, toute la nuict, il tinst sur vostre ventre, droit au nombril, un anneau et sa main liée dans la vostre; et fut, le matin, vostre main trouvée comme toute cuite, et mis sur icelle un applic, et ce matin il monstra que, dans la pierre de son anneau, estoit là vostre âme figurée. Vous scavez bien que, toute la nuict, sur ce serment damné, il enseingna mille et mille trahisons et violences assassinatiques. Henri, vous sçavez bien que, pour mieux couvrir vostre charme et l'honneur de vostre Teragon, l'avez mis en parenté d'un nommé de La Valette, ce qu'il trouva fort estrange, mais par dons y accorda cest accueil. Ledit de La Valette a juré et fait grand serment que ce Nogaret, ou Teragon, ne fut jamais son frère, et en a asseuré le Roy de Navarre. L'on tient que cedit Teragon eust affaire à une fille de joye en la chambre secrète, de quoi elle cuida mourir, certifiant que ledit Nogaret n'est point un homme naturel, pource que son corps est trop chaud et bruslant. Madame la comtesse de Foix dit qu'elle aimoit mieux mourir que d'estre habitée de lui; que son mariage a esté fait par sort et charme, contre sa volonté, et que, la première nuict, Teragon fust d'elle esvanoui, et puis le matin le trouva couché près d'elle, et alors icelui Teragon la voulut dépuceler, mais elle ne sceut endurer sa chair si chaude qu'elle estoit, dont le jour ensuivant ne cessa de plorer devant sa tante. Et peu après, sur la fin, et pour conclusion de ce sallin discours, « Toutes ces choses (y dist-il), ce sont des advertissemens à tous seigneurs de laisser Henri, car la vérité est telle que tout homme aiant l'âme bonne accompagnant Henri, tous y seroient perdus par guerre, ou par sort, ou par charmes, ou par femmes desbordées, ou par trahison. Car est chose asseurée que l'estat du Diable regnant avec Henri oste la vie, renommée, gloire, l'honneur et la vertu des hommes.

Extrait de mot à mot de la susdite Lettre, bastie par quelque faquin et vaunéant de la Ligue.

XVI

LE FAUX MUFLE DÉCOUVERT

DU GRAND HYPOCRITE DE LA FRANCE,

Contenant les faits plus mémorables par lui exercez
envers les Catholiques, en ces derniers temps.

Gravure sur bois, en tête de la pièce de vers, imprimée sur 3 colonnes.
H. de la gravure, 0m140, L. 0m230.

Henri III, en habit de pénitent, un chapelet à la main, est représenté avec des oreilles de porc et des cornes de bouc. A ses pieds, le
duc de Guise, percé de coups de poignard, est étendu à terre. Au
second plan, le cardinal de Lorraine se couvre le visage avec ses
mains, pour ne pas voir les meurtriers qui le frappent. A gauche,
procession de pénitents; à droite, une prison et deux prisonniers
derrière les barreaux.

I

Henry, comme par passetemps,
Employoit la plus part du temps
A son feint dévot exercice,
Et, proche des chaudes saisons,
Alloit pour couvrir sa malice.

II

Ainsi faisoit cest hypocrite,
Affin que, soubs l'habit d'hermite,
Libres soient ses meschancetez,
Forçant femmes et viollant filles,
Faisant de nonnains putes villes,
Qui sont d'Henry les sainctetez.

III

De l'Eglise oster les joyaux,
Pour ses mignons et maquereaux
Enrichir et faire grands princes,
Donner mittre à quelque coquain,
Orner de crosse une putain,
Comme on voit en plusieurs provinces.

IV

Jamais, tandis que l'on verra
Que la saincte nef voguera
Dessus ceste onde venimeuse,
De l'avare indignité
Jamais n'auront que pauvreté,
Et enfin sera périlleuse.

V

Catholiques! souvenez-vous
Que, pour couvrir les cruels loups,
Les peaux de brebis font office,
Et après, ainsi déguisez,
En leurs faits subtilz et rusez,
En corps nuds montrent leur malice.

VI

Saisi en fut le bon Guysart,
Qui mit corps et bien en hazard
Pour faire nommer le Roy maistre;
Mais ce vilain monstre pelé
A tousjours dans son cœur célé
Le mal qu'enfin luy fit paroistre.

VII

Au vœu d'Henry, quatre pendards
Vindrent, à grands coups de poignards,
Desgorger sur luy leur furie :
Puis estendu mort on le met,
Dans son malheureux cabinet,
Couvert d'une tapisserie.

VIII

Après, ce trahistre desloyal
Vers lui mande le Cardinal,
Qui fut de ce grand Prince frère :
Qui, sans respect de sang sacré,
Le lendemain fut massacré
D'une mort encor' plus sévère.

IX

Ainsi de France les flambeaux
Sont terrassez par les bourreaux
Que ce vilain mit en besongne.
Faute lourde, qui causera
Qu'un chascun de nous maudira
Ce meschant banni de Pologne !

X

Malheur sur toi, ville de Blois,
Qui enclos ce trahistre Vallois,
Qui fut vray fils d'une chimère !
Mais malheur, dis-je, non sur toy,
Mais advienne à ce tyran Roy,
Qui faict dans ton corps son repaire !

XI

O trompeur, qui as fait mourir
Les Princes qui t'ont fait florir,
Souz le masque d'œuvre pieuse!
O perfide et desloyal Roy!
Un Turc ne fauce pas sa foy,
Encor' qu'elle soit malheureuse.

XII

Mais que diront tous les François,
Qui voyent violler les loix
Et faucer serment et promesse?
Auront-ils recours au serment
Qu'il fit à son couronnement,
Plus qu'au Sacrement de la Messe?

XIII

Ce plus que trop enragé chien
Portoit tiltre de Très-Chrestien,
Auparavant ses belles œuvres :
Mais c'est le dire coustumier,
Qu'à l'œuvre on congnoit l'ouvrier,
Qui est chose certaine et seure.

XIV

Catholiques! ayez tousjours
Du Mayne, d'Aumalle et Nemours
En grand honneur et révérence :
Car Dieu vous les a préservez,
Affin que soyez gouvernez
Par leurs vertus, force et prudence.

XV

Le malheureux s'attendoit bien
Que d'iceux ne dust rester rien;
Mais, pour recevoir tel outrage
Qu'ont receu leurs frères et cousins,
Mit maints postillons par chemins,
Portant pacquets et mesme charge.

XVI

De la Noblesse les premiers
Il tient captifs et prisonniers,
Qui jamais ne lui firent offence:
Comme un Cardinal de Bourbon,
Qui, entre nous, a le renom
D'estre le premier de la France;

XVII

Puis de Joinville, fils aisné
De ce grand Duc assassiné,
Et plusieurs autres Catholiques...
O Hérodes! tu monstres bien
Que jamais tu ne vallus rien
Qu'à estre chef des Hérétiques!

XVIII

Donnez-vous garde, mes amis!
Car il se trouve, dans Paris,
Plusieurs hommes qui vous escoutent,
Que vous pensez hommes de bien,
Et toutes fois ne vallent rien,
Car à bien faire ne voyent goute.

XIX

Ce sont harengères en caquets,
Qui descouvrent tant de paquets,
Pour le peuple mettre en discorde ;
Ce sont envieux de vostre heur,
Qui désirent vostre malheur :
Bref, tels gens méritent la corde.

XX

A vous, habitans de Paris,
Je consacre les miens escris,
Qui m'estes compagnons fidelles.
A vous iapan [?] ces tristes vers,
Forgez d'un meslange divers
Des fautes d'Henry plus nouvelles.

FIN

XVII

Comme Henry faict mettre en pièces le corps des deux Princes martyrs, puis les fait jetter au feu pour les consommer en cendre.

Gravure sur bois, au-dessous du titre de la pièce imprimée, qui se compose de deux sixains estropiés. H. 0ᵐ211, L. 0ᵐ240.

Au milieu de l'estampe, Henri III sur son trône, ayant à ses côtés le duc d'Espernon et le Chancelier de France en costume. Devant lui, quatre bourreaux mettent en morceaux les corps du duc de Guise et du Cardinal de Lorraine, que deux autres bourreaux font brûler dans les flammes. Sur la table où s'exécute le dépècement, on voit les têtes des deux victimes.

Hᴇɴʀʏ, *pour parachever sa cruelle fellonnie,*
Estant encore rempli de sévère tyrannie,
Faict allumer un feu par ces bourreaux,

Puis mettre il faict en pièces les corps des Princes,
Et puis les jetter dans le feu par morceaux,
Pour en oster la mémoire à toutes provinces.

Il pensoit, à ce coup, estre du monde le plus grand,
Puis vivre à l'advenir du tout débordément :
Mais il est bien loing de sa folle entreprise,
Car Dieu, ayant veu son acte cy malheureux,
L'a de Roy privé et de sa saincte Église,
Pour ces excès barbares et faicts vicieux.

XVIII

JEHAN LOYS DE NOGARET DE LA VALETTE

DUC D'ESPERNON.

Portrait dans un médaillon ovale (autour duquel est la légende formant le titre ci-dessus), gravé sur bois. H. 0^m65, L. 0^m50.

Au-dessous, les deux vers, dont le second a été à demi coupé par le ciseau du relieur.

C'est icy le pourtraict d'Esparnon,
Qui jamais ne fut ni beau ni bon.

On lit au verso du portrait :

D'O, Grillon et Biron, Espernon, la Vallette,
Ont tant tiré du Roy que sa bource en est nette.
Grillon, D'O et Biron, la Vallette, Espernon,

Sont cause que le Roy n'a presque que le nom.
Quatre des susnommés et Biron-Jambe-Torte
Ont faict, en mains endroicts, au Roy fer[mer la porte].

XIX

LES EFFIGIES

DE FEUX M. DE GUISE ET M. LE CARDINAL

SON FRÈRE

MASSACREZ A BLOYS, POUR SOUTENIR
L'ÉGLISE CATHOLIQUE ET LA LOY DE NOSTRE SAUVEUR
JÉSU-CHRIST[1].

A Paris, par Jacques Lalouette, demeurant
Montorgueil.

Grande pièce gravée sur bois et coloriée. H. 0^m398, L. 0^m316.
Le duc de Guise couronné, et le Cardinal, tous deux revêtus de
leurs insignes, sont couchés sur un lit funèbre entouré de cierges
allumés, avec les écussons de leurs armoiries au-dessus de leurs
têtes. La chapelle ardente est fermée par une tapisserie de deuil semée de larmes d'argent, offrant au milieu la représentation de Jésus-
Christ sur la croix, entouré des instruments de la Passion et des
emblèmes y relatifs.

Pour la Loy de Jésus et sa Passion Saincte,
Les bons Princes Lorrains massacreʒ ont esté.
Mais l'ame, qui n'a peu par le glaive estre estainte,
Jouit de la divine et céleste clarté.
Le sang épars à Bloys, d'un et d'autre costé,
Des deux Frères, desquels voici les Effigies,

1. *L'Estoile a ajouté de sa main :* « Portées aux processions de Paris et

Crie sans cesse à Dieu, requérant sa bonté
De venger eux et nous de telles tirannies.

XX

DIABLERIE DE D'ESPERNON

Gravure sur bois. H. 0ᵐ82, L. 0ᵐ62.
« Pourtraict de Jean Vallette », sous la forme d'un Diable couvert de poils, ayant des griffes au lieu de mains et de pieds, avec une griffe plantée entre les deux yeux.

Au-dessous de cette petite estampe, on lit :

C'est ycy le pourtraict

et au verso :

De Jean Vallette, dit de Nogaret, par la grâce du Roy, Duc d'Espernon, grand Amiral de France et Bourgeois d'Angoulesme, sur son département de la Court.

De nouveau mis en lumière
par un des valets du garçon du premier tournebroche
de la cuisine du commun dudit sieur d'Espernon.

Tournez le feuillet,
Et vous verrez son portrait.

ailleurs, l'an 1589, en janvier et febvrier, où les garsons et filles, hommes et femmes, se trouvoient pesle-mesle, la pluspart nuds et en chemise, encores qu'il fist fort froid, estans invités à ceste sotte et male dévotion par les Prédicateurs, principalement les femmes : preschant ordinairement nostre maistre Incestre « que Dieu avoit pour agréables les petits pieds blancs et « douillets des femmes ». Ce que je ne croirois, si je ne l'avois ouï. »

L'Estoile a ajouté à la main, aux deux côtés de l'estampe :

Ce portrait se void au commencement d'un sublin Discours, imprimé à Paris, l'an 1589, intitulé : *La grande Diablerie de Jean Vallette, dit de Nogaret, par la grace du Roy, duc d'Esparnon, Grand Amiral de France et Bourgeois d'Angoulesme, sur son département de la Court,* de nouveau mis en lumière par un des valets du garçon du premier tournebroche de la cuisine du commun dudit seigneur d'Esparnon [1].

XXI

Tumbeau sur le trespas et assassinat commis aux personnes de Messeigneurs de Guyse, à Blois, les xxiij[e] et xxiiij[e] décembre 1588.

A Paris, pour Jean Guérin, demeurant ruë du Puys d'Arras, près la porte Saint-Victor.

Gravure sur bois, en tête d'une pièce de vers imprimée, encadrée de fleurons et d'ornements typographiques. H. 0m93, L. 0m163.

Au milieu de l'estampe, la Mort, debout, frappe à la fois avec deux javelots le duc de Guise et le cardinal de Lorraine, debout à ses côtés. Entre les jambes de la Mort, un cartouche porte cette inscription : *Virum sanguinum* [sic] *et dolosum abominabitur Dominus.* Psalm. 5.

RRESTE *icy, Passant, contemple, je te prie,*
De deux Princes les faits et la mort et la vie :
Tous deux sont descendus de l'estoc des Lorrains
Souche de plusieurs Rois, tous deux frères germains,

1. Discours, à la vérité, digne d'un croquelardon. (*Addition de L'Estoile, en note.*)

*Issus de ce vaillant et brave duc de G*UYSE,
Le soutient de la France et pillier de l'Eglise,
Qui print Metz, Terouenne, et Bologne, et Calais,
L'illustre nom duquel ne périra jamais,
Ni les faicts dont il a combattu l'Hérétique,
Pour soustenir son Prince et la foy Catholique.
Les enfans ont suivi du Père la vertu :
L'aisné, en son printemps, les Turcs a combattu,
A Vienne, à Elepante, et depuis, en la France,
Souvent de l'Huguenot abaissé l'arrogance,
A Poictiers, Moncontour, et en mille autres lieux,
Qui demeurent marquez de ses faicts glorieux,
Auneau, Villemory, où d'une main hardie
Aux Reistres ennemis il retrancha la vie ;
Estant Pair et Grand-Maistre, aymé des gens de bien,
Comme celuy qui fut de la Foy le soutient.
Son frere, Cardinal et premier pair de France,
Estoit Prelat de Reims ; il fut, dès son enfance,
Soigneux du bien public et de la loy de Dieu.
Il estoit honoré d'un chacun, en tout lieu.
Tous deux fussent vivans, si la haine et l'envie
D'un Henri le Tyran leur eust laissé la vie !
Henri, traistre, parjure, à tout vice adonné,
Qui par taille et mignons son peuple a ruiné,
Et qui, faignant vouloir ouyr leurs doléances,
Fit convoquer à Blois les trois Estats de France,
Devant les yeux desquels l'hypocrite et cafard
Fit meurtrir ces deux Pairs à grands coups de poignard,
Par grande trahison, plein d'envieuse rage,
Pour les veoir vertueux et d'un hardy courage
Qui les rendoit ainsi de tout le peuple aimez.
Leurs corps ne furent pas au cercueil embaumez,
Mais ce Néron les fit bruler et mettre en cendre,
Dont la France est en pleur, et pour leur devoir rendre
Et venger du tyran l'acte tant inhumain,
Le peuple a de son gré pris les armes en main,

Qu'il ne delaissera jusqu'à tant que la vie
Au Traistre et ses mignons on ait icy ravie ;
Et, pour perpétuer un si tragique faict,
De ces Pairs vertueux a mis cy le pourtraict,
Que la Mort, de ses dards, ayant double visage,
Dénotant trahison, fier et meurtrit, de rage.
Pleure doncques, Passant, ren immortels aussi
Les faicts, la vie et mort de ces Princes icy.

Ils sont morts pour Jesus-Christ et le public,
et vivront à jamais.

XXII

Copie de la Bulle (traduite en françoys) du Jubilé accordé par la Saincteté de nostre Sainct Père Sixte Cinquiesme, par la Providence divine, Pape de Rome, pour le salut et le repos du Royaume de France.

Avec faculté de absoudre tous pénitens, mêmes les heretiques, exceptez ceux qui sont spécialement déclarez et condamnez.

Imprimé à Paris par Jean le Blanc, en la rue du Paon, près Saint-Nicolas-du-Chardonneret, à l'enseigne du *Soleil d'Or*. 1590.

Placard grand in-folio.

Sixte, évesque, serviteur des serviteurs de Dieu, à tous ceux qui ces présentes verront, Salut et bénédiction Apostolique.

Nous, considérant que, comme, la tempeste estant soudainement esmeue sur la mer, nostre Seigneur et Sauveur, estant invoqué de ses disciples fluctuans avec luy en la nacelle, commanda aux

vents et à la mer, et incontinent survint une grande tranquillité. Ainsi, Nous, estans constituez en la nauvie de
saint Pierre pour la régir et gouverner au milieu des
grands et horribles tourbillons excitez de toutes parts
contre elle, ne pouvons demander et attendre secours et
repos d'ailleurs que de la main toute puissante de Celuy
qui releva saint Pierre, cheminant sur les eaues, et que
sans l'ayde spécial de la divine clémence, par le conseil
et par la force des hommes, le peuple Chrestien ne peust
estre délivré et garanti tant des maux présens desquels
il est affligé, que des grands dangers qui le menacent et
talonnent de près.

Et spécialement, remettans devant nos yeux comme
ce très ample royaume de France, jadis tant florissant
en piété et zèle à la conservation de la Foy Catholique, et
qui souloit estre la force et le plus ferme appuy de la
République Chrestienne, non-seulement est dès longtemps embrasé des guerres civiles et intestines, mais
aussi pour le présent est misérablement divisé contre
soy-mesme, au moyen des grandes factions formées et
armées les unes contre les autres, asçavoir des Catholiques contre les Hérétiques et des Hérétiques contre les
Catholiques, et mesme des Catholiques contre les Catholiques, et que, au grand prejudice et hazard des âmes,
toute unité et concorde y est rompue, tant entre les
princes et grands seigneurs que entre le peuple, et que,
de part et d'autre, y sont eslevées grandes et puissantes
armées, qui gastent et ravagent tout cedit royaume;
bref, que toutes les provinces sont en telle combustion
par le feu et par le sang, que l'on ne peult attendre sinon
une ruine totale dudit royaume, si Dieu bientost ne le
regarde de son œil de pitié et misericorde. Et singuliè-
rement voyant (ce que nous sommes contrainct de dé-

plorer avec extresme douleur plus tost que de réciter) comme Sathan, père et auteur de toute hérésie, en ce trouble très pernicieux, ne cesse pas ses funestes flambeaux allumer et eschauffer de jour en jour les cœurs des Hérétiques de ce temps, pour abolir s'il peult le nom de la Religion Catholique, pour saccager, prophaner et démolir les Eglises, et pour déchasser de toutes les villes et provinces de cedit Royaume l'exercice de ladite Religion Catholique et faire cesser le service divin.

D'AVANTAGE, recognoissans que d'autant nostre souverain chef, JESUS CHRIST, a voulu que tous les fidèles soient unis ensemble, comme membres faisant un corps, pour s'entr'ayder et mutuellement secourir les uns les autres, il est de besoin et nécessaire que tout le corps d'un commun accord s'employe pour subvenir et remédier à ce très-noble membre extremement malade et travaillé. Et que comme tout le peuple Chrestien a jusquesicy, par ses iniquitez et offenses, provoqué l'ire et la juste vengeance de Dieu contre soy, pour estre puny et affligé de ses fléaux en ceste principale et plus noble partie : ainsi est-il très-juste et très-raisonnable que tout ledit peuple unanimement s'efforce, au moyen d'une vraye humilité et compunction de cœur et d'une parfaite pénitence, d'appaiser l'ire et indignation de Dieu. Car, combien qu'il semble estre courroucé contre ses fidèles, et pour un temps semble les oublier et abandonner en tant de tribulation, de laquelle il les visite pour les corriger et chastier, néantmoins estant juste et miséricordieux, comme il punit et chastie grievement ceux qui continuent en leur péchez, ainsi, à l'endroit de ceux qui recognoissent leurs faultes par vraye pénitence, il se montre propice et clement, et ne permet que nous soyons tentez plus que nos forces peuvent porter : ce qu'il faict, afin que, estant admonestez et corrigez, nous ayons recours à luy par une salutaire pénitence, et que, en temps de tribulation et nécessité, nous recourions à luy avec plus grande ferveur, comme à celuy qui nous mortifie et vivifie, qui nous navre et guarit, qui nous frappe et nous sauve, à ce que nous recognoissions que les fléaux et affections desquels nous sommes chastiez comme serfs, nous sont ordonnées pour nostre amandement, non pas pour nostre perdition, selon sa parole, disant par le Psalmiste : *Je visiterai de ma verge leurs iniquitez, et de coups leurs péchez*; néantmoins *je ne laisseray de leur faire miséricorde et ne leur nuiray point, en vérité*; et par le même Psalmiste : *Ce peult-il faire que Dieu aye jamais rejecté les pécheurs, et qu'il cesse de les recevoir à pardon, ou qu'il oublie de leur faire grâce, ou que en son ire il contienne ses miséricordes?*

Et de rechef, par un autre Prophète : *Ce peut-il faire que la mère oublie son propre enfant, qu'elle n'aye pitié de celuy qu'elle a porté en son ventre? et encore qu'elle l'oublie, néantmoins, je ne l'oublieray*. Et puisqu'il est le père de miséricorde et le Dieu de toute consolation, qui nous console en toute nostre tribulation, et qu'il nous a chastié pour nos offenses, nous sauvera par sa miséricorde et ne nous rejecter a à perpetuité; et s'il nous rejecte pour nos offenses, il aura pitié de nous, selon la multitude de ses miserations : et s'il se monstre courroucé contre nous quelque temps, par après se monstrera propice, lorsque nous le prierons : car, estant bening, misericordieux et plus patient que nous ne sommes malicieux, il ne desire point la mort du pécheur, ains qu'il se convertisse et qu'il vive, selon que luy-mesme nous exhorte par sa parole : *Convertissez-vous à moy, et je convertiray à vous. Invoque-moy en temps de tribulation, et je te*

delivreray, et tu me glorifieras. Et souvent nous enseigne par les Saintes Lettres, comme, au moyen de
prières, larmes, jeûnes et aumosnes, faictes avec une
vraye foy et charité, son ire est appaisée, et sa grâce im-
pétrée.

Pour ces considérations, commençant à nostre ville de
Rome, où Nostre Seigneur a estably le principal siége de
son Eglise, ordonnons que processions et prières solenn-
nelles soient faictes et célébrées ès principales Eglises de
nostredicte ville, sçavoir, en l'Eglise de saint Pierre,
prince des Apôtres, au Vatican, et de sainte Marie
Majeure, la première sepmaine de l'Advent, afin que, par
la grâce de l'Esprit divin, qui postule pour nous avec
gémissements inenarrables, Nous, avec un cœur vrayement contrit et humilié, et avec larmes, non point tant
des yeux que de cœur, estans convertis à Dieu, nous
méritions sa miséricorde : Et ce, avec nos vénérables
frères les Cardinaux, Patriarches, Archevesques et
Evesques, qui sont présents en nostredicte ville de
Rome, et avec les Orateurs ou Ambassadeurs des Roys
et des Princes, et avec les autres Prélats et Officiers de
nostre Cour de Rome, Magistrats, Barons, Seigneurs ; et
avec tous Chapitres, Colléges des Eglises, tant Pa-
triarchalles que Collégiales, et tout le reste du Clergé,
des Églises, tant séculières que régulières, mandiantes et non mandiantes, et de toutes les autres Congrégations.

Et d'autant, que la Majesté divine souvent, ce qu'elle a
octroyé par les prières de quelques particuliers, ou de
peu de gens, elle l'accorde enfin, comme se laissant
vaincre, par la multiplication des intercesseurs : Et que
c'est chose qui touche le devoir de nostre charge comme
du Pasteur universel, que de la guerre Apostolique où

nous sommes establys, nous facions retentir sans cesse
la trompette d'exhortation aux oreilles du peuple Chrestien, comme Dieu le commandoit par son Prophète,
disant : « Crie et ne cesse, exalte ta voix comme trompette de la part de Dieu tout puissant !» Exhortons et admonestons paternellement tout et un chacun fidèle Chrestien de l'un et de l'autre sexe, tant en ladite ville de
Rome que en toute l'Italie et ailleurs, en quelques
Royaumes, Seigneuries, Provinces, Isles, Citez, Bour-
gades et autres lieux qu'ils soient : que, après la publication des présentes, ils se convertissent d'un cœur vrayement contrit et humilié à Dieu ; et que, par l'examen et
diligente discution de leur conscience, se préparent à la
confession sacramentale ; et, pour le regard de ceux qui
sont en la ville de Rome, que le mercredy, vendredy et
samedy de la première ou seconde sepmaine de l'Advent
ils jeusnent ; mais, pour le regard des autres lieux, que
la première ou autre sepmaine après la publication de
ces présentes, selon la comodité d'un chacun, ils jeusnent
lesdits trois jours, et tel jour qu'ils voudront de ladite
sepmaine, ils facent confession de tous leurs péchez à tel
prestre qu'ils voudront choysir, séculier ou régulier,
approuvé néantmoins de l'Ordinaire : et que cesdits
jours ils s'employent à prières, aumosnes et autres œuvres de piété, selon leur conscience et dévotion, et selon
le bon conseil de leurs confesseurs ; et le jour du dimanche immédiatement suyvant, ils reçoyvent dévotement
la communion du sainct Sacrement de l'autel ; et d'une
intime dévotion et humilité, prient Dieu, à ce qu'il luy
plaise faire miséricorde envers son peuple, pour lequel il
a souffert la mort en la croix, et le délivrer des présentes
calamitez et dangers, qu'ils environnent de toutes parts.
Et principalement, qu'il lui plaise, en toutes les provinces,

villes et villages de ce royaume, maintenir et conserver la Foy Catholique; reduire et ramener les Hérétiques au gyron et unité de l'Eglise, ou les humilier et confondre, pour du tout extirper les herésies, et réconcilier, en une vraye union, paix et concorde de tous les princes, seigneurs, gentilshommes, et tout le peuple généralement, tous les Ordres et Estats, pour conspirer tous ensemble à la conservation de ce royaume; et que, estans bien unis, puissent en toute securité, et sans crainte des ennemys perfides de la Religion Catholique, sous un bon, pieux et très-chrestien Roy, rendre paisiblement à Dieu le service qui lui est deu.

Or, afin que, avec plus grande securité de conscience, et plus de confiance, ils puissent implorer l'ayde de la divine bonté; et qu'ils ne soient retardez ou empeschez de ce faire, ou par la gravité de leurs péchez, ou par la difficulté d'obtenir absolution : et que leur oraison procédante d'un cœur plus net soit d'autant plus agréable et plus efficace envers Dieu; Nous, de nostre authorité Apostolique, donnons à tous et un chacun des susdits puissance, pour ceste fois, d'eslire tels Prestres qu'ils voudront, seculiers ou réguliers, approuvez néantmoins par les Ordinaires des lieux : lesquels Prestres, après avoir ouy diligemment leurs confessions, les puissent absoudre de tous péchez, délits, crimes et excès, de quelque gravité et énormité qu'ils puissent estre, voire mesmes tous ceulx qui seroient hérétiques ou schismatiques, ou fauteurs, défenseurs, receptateurs desdits hérétiques ou schismatiques, ou leur ayant presté ayde, secours, ou faveur, directement ou indirectement, publiquement ou secrettement, en quelque sorte que ce soit, pénitent et retournant au gyron de nostre mère saincte Eglise (moyennant qu'ils détestent, abjurent et anathematizent les hérésies, schismes ou erreurs, à tout le moins, en leur confession sacramentale, et qu'ils en facent satisfaction congrüe à l'Eglise, et ayant ferme propos de s'abstenir de tous péchez à l'advenir, et qu'ils le promettent par serment); et pareillement de tous autres cas, voire reservez au sainct Siége Apostolique, et contenus en la Bulle, accoustumée d'estre leue le jour du Jeudi sainct à Rome, appellée la Bulle *In cœna Domini,* et ès autres Constitutions, tant de Nous que de nos prédécesseurs, desquels les teneurs voulons estre tenües pour expresses par ces présentes : Et d'abondant, de toutes sentences d'excommunications, suspension, interdiction ou autres censures et peines, qu'ils auroient encourues pour les causes que dessus ou autres, en quelque manière que ce soit (exceptés toutesfois seulement les Hérétiques spécialement déclarés ou condamnés), et ce pour ceste fois, et au for de conscience seulement, et leur puissent enjoindre salutaire pénitence pour leursdicts péchez, et leur puissent changer et convertir leurs vœux (hormis le vœu de chasteté et de religion) en autres œuvres de piété.

Et, afin que les susdits fidèles soient plus excitez à l'accomplissement de tout ce que dessus, par la dispensation des dons célestes et du thrésor de l'Église, duquel Nous sommes dispensateurs, donnons et octroyons plenière remission et indulgence de leurs péchez (telle qui est donnée et élargie à tous ceux qui, en l'an Jubilé, visitent les Eglises députées pour ledit Jubilé, tant au dedans que dehors la ville de Rome) à tous ceux et celles qui auront accomply tout ce que dessus, et qui auront visité devotement les Eglises susdites, pour le regard de ceux qui sont présens en nostredite ville de Rome : Et pour le regard des autres lieux, à tous ceux qui auront visité l'église, ou les églises qui leur seront députées, pour cet effect, par leurs prélats ordinaires, ou par leurs vicaires, ou ayans puissance légitime de ce faire, alors de la publication de ces présentes : ou bien, quant aux lieux où la publication de ces présentes ne se pourra faire, qui auront visité l'église, ou les églises que lesdits fidèles pourront d'eux-mêmes eslire par l'advis et conseil de leurs confesseurs : Et ce, une fois seulement, tel jour de la sepmaine qu'ils adviseront. Et, en ladite visitation desdites églises, feront prières à Dieu, pour les causes et en la manière que dessus.

Et quant à ceux et celles qui sont enfermés ès cloistres des monastères et lieux réguliers, ou détenus en prison, ou qui, pour maladie ou autre légitime empeschement, ne pourront accomplir les charges susdites ou parties d'icelles, moyennant qu'ils s'employent en quelques autres œuvres pieux, par l'advis de leurs confesseurs, lesquels Nous autorisons, pour cet effect, par ces présentes, donnons pareille indulgence.

Comme aussi à tous ceux, lesquels estant en voyage ne pourroient, durant leurdit voyage, accomplir lesdites charges, moyennant que, aussi tost qu'ils seront délivrés desdits empêchements, la première ou autre sepmaine commode après, ils accomplissent tout ce que dessus, donnons pareille grace et remission.

Et pour ce, commandons et enjoignons, en vertu de sainte obédience, à tous les Patriarches, Archevesques et Évesques, et à tous autres Prélats ordinaires de quelques églises et lieux que ce soit, que, incontinent après qu'ils auront receu ces présentes ou coppie d'icelles, signée de la main d'un notaire public, et scellée du sceau de quelque Prélat ou d'autre personne constituée en dignité ecclésiastique, ils indient et célèbrent ou facent célèbrer processions et prières publiques, tel jour et en telles églises qu'ils verront plus à propos, chacun en son endroit, pour l'effect que dessus.

ET afin que tous les fidèles Chrestiens, en quelque lieu qu'ils soient, ayent moyen de gaygner ce pardon et indulgence comme dit est, que lesdits Prélats, le plus tost qu'ils pourront, publient ou facent publier ces présentes, ou coppies authentiques d'icelles, par toutes les provinces, villes et diocèses de leur ressort.

DÉCLARONS, au surplus, que ces présentes et toutes autres bulles de semblables indulgences et facultez, tant celles qui ont esté données par Nous jusques à huy, que celles qui seront données cy après, n'ont et n'auront aucun effect et valeur, sinon au for de conscience et de pénitence sacrementale, non pas au for extérieur et contentieux, et ce sans préjudice de quelque personne que ce soit.

ET pour ceste cause que tous ceux qui sont excommuniés, suspens ou interdicts, déclarés tels publiquement par sentence de quelque juge, ne peuvent jouir de ceste indulgence, si, dans le temps ordonné pour la célebration du présent Jubilé, ils ne font satisfaction des fautes pour lesquelles ils auroient encouru telles sentences et censures publiées contre eux.

NE voulons aussi que, en vertu de ce présent Jubilé, il soit dispensé avec personne, voire au for de conscience, sur quelconque incapacité, inhabileté ou irrégularité publique ou secrette. Que si quelqu'un attentoit ou auroit attenté au contraire, ou sciemment, ou par ignorance, Nous déclarons le tout nul et de nulle efficace, nonobstant toutes Constitutions et Ordonnances Apostoliques, voire mesme celles que Nous aurions données touchant la puissance de absoudre, en certains cas et exprès réservés à Nous, comme Souverain en l'Église : De façon que semblables ou dissemblables Jubilés ou concessions de facultez ne puissent en ce favoriser personne, s'il n'en est faicte spéciale et expresse mention dérogatoire.

A toutes lesquelles Constitutions, tant en général que en particulier, encores que d'icelles, et de toutes leurs teneurs, soit faicte expresse mention spéciale, spécifique et individüe, et non pas quelques clauses générales, ou que en icelle soit gardée quelque autre forme exquise, et que telles teneurs soient réputées pour choses expresses, et inserées de mot à mot, avec leur forme du tout observée, néantmoins, par ces présentes, pour ceste fois et pour cest effect seulement, avons dérogé et dérogeons spécialement (jaçoit que autrement elles demeureroient en leur force et valeur), comme aussi à toutes autres Constitutions contraires.

Or, d'autant que l'assiduité d'oraison est de grande efficace pour impétrer de Dieu ce que nous lui demandons, Nous exhortons et admonestons tous les susdits Prélats et Ordinaires des Eglises, Monastères et Maisons régulières, tous Chappitres, Convens et Congrégations, que, outre les susdites Processions et Prières ordonnées cy-dessus pour le présent Jubilé, tiennent la main, qu'en toutes Églises, tant de nostredite ville de Rome, que dehors par toute la Chrestienté, Patriarches, Métropolitains, Cathédrales, Collégiales, Conventuelles, Séculières ou Régulières, de quelque Ordre que ce soit, tous les jours, au grand autel, devant ou après la grande Messe, soient chantées dévotement les litanies, avec les prières adjoinctes, ou autres spécialement à ce ordonnées. Et que tous les jours, le Dimanche et festes commandées, soient faictes processions à l'entour desdites Eglises ou Cloitres, en chantant lesdites litanies et prières.

Et généralement, d'une affection de charité paternelle, exhortons tous et un chacun Chrestien, de l'un et de l'autre sexe, de quelque estat, condition ou dignité qu'ils soient, que tous les jours, une fois au moins, au matin ou au soir, ou autre heure commode, ou en l'église ou en leur maison, ils facent humbles prières à Dieu, pour l'effect que dessus, à ce que, prians tous sans cesse, il plaise à Dieu nous faire grace et miséricorde, tant par abondance que par avance de sa piété, en ce que nous luy demandons.

FINABLEMENT, voulons et ordonnons que, aux coppies de ces présentes, signées et sellées comme dit est, soit adjoustée pareille foy comme aux originaux, s'ils estoient exhibés et représentés. Donné à Rome, au Palais de Saint-Pierre, l'an de Nostre Seigneur mil cinq cent quatre vingt et neuf, le premier jour de Décembre, et l'an cinquiesme de nostre Pontificat. Signé *E. Cardinalis Prodatarius M. Vestrius Balbianus, S. de Ursinis A. Cardinalis Montaltus. Jo Franciscus Ugolinus, Curiæ causarum Cameræ Apostolicæ Notarius.* Et sellé d'un petit Seau en Cire rouge.

XXIII

ORAISONS COLLIGÉES

PAR LA FACULTÉ DE THÉOLOGIE DE PARIS

POUR PRIER DIEU AU S. CANON DE LA MESSE,
POUR LES PRINCES CATHOLIQUES, AU LIEU DE HENRY
DE VALLOYS[1].

Chez Denis Binet.

Placard imprimé en rouge et noir, sur 2 colonnes, avec encadrement, lettres ornées. En tête, un Christ sur la croix, entouré des
saintes femmes. Gravure sur bois.

ONE te, Domine, signaculum super fa-
mulos tuos, Principes nostros Christia-
nos, ut qui pro tui nominis defensione
et communi salute accincti sunt gladio,
cœlestis auxilii virtute muniti, hostium
tuorum comprimant feritatem, contumaciam proster-
nant, et a cunctis eorumdem protegantur insidiis. Per
Dominum.

Secreta.

BLATIS, quæsumus, Domine, placare muneribus,
et ut, omni devicta pravitate, errantium corda
ad Ecclesiæ tuæ redeant unitatem, opportunum
Christianis nostris Principibus tribue benignus auxilium.
Per Domi.

---

1. C'est-à-dire huict ou dix souppiers et marmittons qui, après Grâces,
traictent des sceptres et des couronnes et des affaires d'Estat, où ils n'entendent du tout rien. (*Note écrite par L'Estoile, à la marge.*)

Postcommunio.

Hæc, Domine, salutaris Sacramenti perceptio famulos tuos, Principes nostros, populo in afflictione clamanti divina tua miseratione concessos, ab omnibus tueatur adversis : quatenus ecclesiasticæ pacis obtineant tranquillitatem, et, post hujus vitæ decursum, ad æternam perveniant hereditatem. Per Domi.

Domine Deus Sabaoth, ultor impietatis, et Sponsæ Filii tui spes unica, fac Christianæ Religionis hostibus superatis, propugnatores nostros tui honoris vindices gloriosos, speratæ victoriæ ad nos remitte compotes. Per eumdem Dominum nostrum Jesum.

Secreta.

Deus, qui Fidelium mentes unius efficis voluntatis per Sacramentum unitatis quod tibi offerimus, ita nos tua gratia unire digneris, ut, tibi perpetuo adhærentes, nusquam a tua fide alienis subjiciamur. Per Domi.

Postcommunio.

Omnipotens Deus, zelotes populum adclamantem tuique honoris zelo accensum respice propitius, quatenus salutarem penitentiæ fructum in corporis Unigeniti tui sumptione efficaciter sentiat, et gratiarum debita post victoriæ munus indultum devotus exsolvat. Per eundem Dominum.

XXIV

ORDRE DU CONSEIL GÉNÉRAL DE L'UNION.

Placard petit in-4°, sans nom de lieu ni d'imprimeur.

E Conseil général de l'Union des Catholiques ordonne que, pour le remboursement de cent mille escus fournis par advance par aucuns particuliers habitans de cette ville de Paris, tant en argent comptant que par responce, pour le payement de la monstre des gens de guerre estans en l'armée de monseigneur le duc de Mayenne, sera, dans quinzaine, et par l'advis et ordonnance de Messieurs les Prévost des Marchans et Eschevins de ceste ville, faict convocation et assemblée generale en l'Hostel d'icelle, en la manière accoustumée, et en icelle proposé de faire le département et reegalement de ladicte somme de cent mile escus sur tous les particuliers, manans et habitans de ladicte ville, qui pourroient aisément y contribuer, pour après estre lesdits deniers receus par quelque notable bourgeois, par les mains duquel ceux qui auront faict ladicte advance seront remboursés de leur taxe sur le fond et nature de deniers provenant tant de la vente et revenu des immeubles de ceux qui seront jugés du parti contraire estant en ceste ville, prevosté et vicomté de Paris, et partout ailleurs, que sur la vente des offices et parties casuelles, et pareillement sur la vente des bois de haute futoye, qui se faict, par chascun an, en ce Royaume, si mieux ils n'aiment, attendant leurdit remboursement, prendre rente sur le Domaine et Ayde, suyvant l'Édict de ce faict le présent mois de juin, verifié où besoing a esté [1].

De par le Prevost des Marchands et Eschevins de la Ville de Paris.

IL est arresté que les sommes lesquelles seront fournies, tant par les Bourgeois de la ville de Paris que autres, pour le payement de l'armée de monseigneur le duc de Mayenne, seront esgallées et levées sur tous les habitans de ladicte ville; et qu'à ceste fin, sera faite, dedans quinzaine, Assemblée générale, pour proceder au département de ce que chacun quartier devra porter de la somme à quoy montera ladicte advance, pour après estre particulièrement levée par lesdicts quartiers, selon la forme qui en sera prescrite et resolue en ladicte Assemblée. Faict au Bureau de la Ville de Paris, le 28e jour de juin 1589.

Signé, HEVERARD.

---

1. *L'Estoile a écrit, à la marge :* « Ce mandement fust si mal receu, mesmes des plus grans Catholiques, qu'un des plus zélés d'entre eux dit tout haut, en pleine Assemblée de Ville, que celui qu'on apeloit le Tiran, en quatorze ans de règne, ne lui avoit point tant demandé qu'avoient fait ceux de la Ligue, depuis six mois qu'on avoit commencé ces remuemens. »

XXV

Chanson nouvelle du Siége de la ville de Dreux et se chante sur le chant :

Las, que dit-on en France, etc.

Placard petit in-folio, imprimé sur 2 colonnes, sans nom de lieu ni date.

LAs, que dit-on en France
Des bons soldats de Dreux,
Qui, par grande prudence
Et d'un cœur vertueux,
Qui, par grand hardiesse,
Ont soustenu sans cesse,
Durant bien quinze jours,
Le camp de Borbonesse
Et de tous ses complices
Nous canonans tousjours?

Cinq cens coups et quatorze
De son double canon
Laschés furent à grand force
Tout contre le Donjon :
Dont eux, voyant la breche
Suffisante et parfaicte :
A l'assaut faut aller !
Mais, de grand hardiesse,
Aussi de grand rudesse,
On leur faict renverser.

Icelle gent maudite
Estoient presque enragez,
Voyant par grand' furie
Estre ainsi repoulsez.

Lors, d'ennuy et grand rage,
Vindrent à l'escalade,
Pensant nous attraper;
Mais nous, d'un grand courage,
Et non point d'un cœur lasche :
On les fait reculer.

Les Dames de la ville,
D'un courage fort bon,
Alors sur les murailles
Troussant leur cotillon,
Portant des confitures
Et aussi nourritures
Pour ces braves soldarts,
Jettant feux d'artifices
Contre ces Hérétiques,
Par dessus les rampars.

Ce Biarnois inique,
Enrageoit de grand dueil,
Voyant ses compagnies
Amoindrir de moictié.
De rechef ils nous firent
Assaut fort et terrible,
Et escalade aussi,
Du costé de la ville,
D'une grande furie
Nous vindrent assaillir.

Lors nos gens, voyant estre
Rudement assaillis,
Crièrent tost l'alarme,
N'estans point endormis.
Monsieur de la Viette
Va de grande vitesse
Prendre la pique en main,

Et nos soldats habiles,
Repoussent par grande ire
Ces meschans inhumains.

Seize cens sur la place
Furent mis à l'envers.
Voilà comme on terrace
L'Hérétique pervers !
Car Dieu, par sa clémence,
Aussi par sa puissance,
A eu pitié de nous,
Chassant ceste quanaille,
[Et] bien loing des murailles
Les renversans trestous.

Monseigneur de Falandres,
Comme un bon gouverneur,
Lors qu'on crioit l'alarme,
Faisoit prière à Dieu,
Qu'il préserve sa ville
Qui est belle et gentille,
Soutenant son party
Contre ces Hérétiques,
Lesquels, de grande envie,
Luy veulent faire ennuy.

Nuit et jour faisoit ronde.
Ce brave coronal
De monseigneur de Joge,
A l'entour du rempart,
Et monsieur de la Viette
Qui, par grand hardiesse,
Se marchoit bravement,
Faisant tousjours bravade
Et aussi à la garde
A ces loups très meschans.

Alors, d'un grand courage,
Tant les petits que grands,
Tost la breche remparent
Plus fort qu'auparavant :
Dont la voyant refaicte,
Et aussi bien parfaicte,
Rebriquent leur canon
Du costé de la ville,
Pensant par grand furie
Que nous espouventerions.

Le jour qu'ils canonèrent,
Que l'assault fut donné,
Le grand Dieu des Victoires
Nous a bien approuvé
Un excellent miracle,
En faisant une bale :
Dessus il s'apparut
Un Crucifix sans falace
Et un pigeon blanchâtre
Qui bavola tousjours.

Prions Dieu, par sa grace,
De péril nous garder :
Prions donc, sans cœur lasche,
Aussi nous préserver,
Et que les Hérétiques,
Aussi les Politiques,
Soient renversés par bas ;
Priant Dieu que nos Princes,
Deffenseurs des Provinces,
Les mettent morts par tas.

FIN

XXVI

CHANSON NOUVELLE DU BIERNOIS

Sur le chant de *Salisson ortoillon*, etc.

Placard petit in-4°, sur 2 col., sans nom de lieu ni date. Le verso contient une autre chanson, qu'on ne peut lire, la pièce étant collée en plein.

Qui *veult ouyr chansonette*
Du maudit Biernois,
Qui, pensant faire ampleste,
A vestu son harnois,
Pensant, par finesse,
Abolir la Messe?

     Jean Sendreux, malheureux!
     Retire-toi arrière!
     Tu as les piés poudreux.

     Sentant la mort certaine
De Henry de Vallois,
Pensois, sans avoir prise,
Nous régir sous tes lois,
Et, de pensée fraische,
Nous bailler la Presche!

     Jean Sendreux, etc.

     Tu fais le Catholique,
Mais c'est pour nous piper,
Et, comme un Hypocrite,
Tache à nous attraper;
Puis, soubs bonne mine,
Nous mettre en ruine.

     Jean Sendreux, etc.

Pour couvrir ta malice
Prend la peau d'un renard,
Mais de tel artifice
Et de toi Dieu nous gard !
Et de tes Politiques,
Pir's que Hérétiques.

     Jean Sendreux, etc.

Ta face hypocrite,
Sentant son Harlequin
Et son feu hérétique,
Tendoit à ceste fin :
Nous faire apparoistre
Que tu voulois estre.

     Jean Sendreux, etc.

Les villes que tu as prise
Tesmoigneront tousjours
Comme de telle entreprise
As joué les fains tours :
Leur faisant promesse
D'aller à la Messe.

     Jean Sendreux, etc.

Dreux, la gentille ville,
Pensoit bien attraper,
Pour la rendre serville
Et ton Presche y planter ;
Mais, pour fin de compte,
La quitent à grand honte !

Jean Sendreux, etc.

Sens, ville catholique,
Te montrant, sans obéir,

Qu'à un Roy hérétique
Il ne faut obéir,
Ne moins recognoistre
Tel que tu veux estre.

     Jean Sendreux, etc.

     Vive la Sainct' Ligue !
Vive tous les Ligueux !
L'Eglise Catholique
Et tous les bons Seigneurs,
Qui, sans nulle envye,
Employent leur vie !

     Jean Sendreux, etc.

     Noblesse Catholique,
Mais à quoi pensez-vous,
De suivre un Hérétique,
Qui se mocque de vous ?
Il se donne carrière,
Se morgue en derrière !

     Jean Sendreux, etc.

     Dieu permet Hérétique
Quelque fois dominer,
Ensemble Hypocrite,
Pour quelque temps régner :
Mais la fin finable
En est misérable !

     Jean Sendreux, etc.

        FIN.

XXVII

Advertissement véritable aux Catholiques de Paris par les Catholiques d'Orléans [1].

Placard in-folio, imprimé à longues lignes, sans nom de lieu ni date.

Messieurs, le troupeau court grande fortune, quand il est délaissé de son pasteur ; encores plus, quand il s'entend avec les loups.

Le bergail de la ville de Paris à la furie des loups a esté non seulement abandonné, mais affligé par son pasteur mesme.

Si M. le Cardinal de Gondy a dailaissé son troupeau Catholique, il n'a fait que ce que l'on attendoit de luy, parce que ses actions se sont toujours rapportées à la volonté de Grands qui estoient peu soucieux de l'honneur de Dieu, et ennemis du bien public, et amateurs de la tyrannie, ayant mieux aymé, pour sa grandeur, oublier son debvoir, que, en faisant son debvoir, s'incommoder de ses grandeurs.

Il n'est besoing de remarquer ses actions particulières, encores qu'elles soient assez congnues, mais, pour ne rien dire que véritable, je remarquerai trois fautes générales et signalées, congneues d'un chacun, qu'il ne peult dénier et èsquelles il est recogneu exécuteur de la Tyrannie et fauteur d'Hérétiques.

La première est quand il se fit commissionnaire pour aller ès provinces de Poictou, Anjou et le Mayne, afin de

---

1. *L'Estoile a écrit à la marge :* « Contre Monsieur le Cardinal de Gondi, Évesque de Paris, de la façon des Seize. »

publier et porter la parole, comme il fit, de la volonté du deffunct Roy, et donner à entendre au peuple qu'il le vouloit soulager et diminuer les tailles, pourveoir de gens de bien aux offices de judicature, et qu'ils ne seroient plus vassaux, et qu'il desiroit que toutes choses fussent bien réformées, et, pour conclusion, demandoit de l'argent pour faire la guerre aux Hérétiques.

M. le Cardinal de Gondy ne pouvoit ignorer le contraire de telles ypocrisies, car, oultre ce qu'il sçavoit de la volonté du deffunct Roy, comme son confidentiaire, en oultre les villes où il alloit et portoit telles parolles, les magistrats et le peuple catholique, lui reprochoient que ses remontrances estoient toutes au contraire des effects, parce qu'il preschoit une liberté et diminution de subsides, et neantmoins, par la conclusion de sa harangue, il tendoit affin de réunir toutes les tailles et subsides en un blocq, et, outre ce, à demander de l'argent pour faire la guerre, tellement qu'à veue d'œil l'on voyoit que l'effect de telles parolles tendoit à pipper le peuple et l'oppresser, au lieu de le soulager.

Mesmement, en la ville du Mans, fut reproché en publicq audit sieur Cardinal, que tant s'en falloit que l'intention du Roy fust de remettre et diminuer les subsides ; que, au mesme instant, ils estoient bien advertiz que l'on l'on avoit publié à Paris des édicts très-pernicieux, et contre la liberté du peuple ; à quoi il ne sçeut que respondre. Et quand, en particulier, on luy disoit que les magistrats et le peuple des villes ne croyoient ce qu'il disoit, et qu'ils s'appercevoient bien du contraire de ses harangues, il estoit contrainct de dire et confesser qu'ils avoient raison et que leur commission n'estoit que de la fumée. Tellement que, encores qu'il congneut et confessast la mauvaise volonté du Roy, par ces effects, si est-ce que l'attente de la récompense temporelle et crainte de perdre la faveur du Roy, le faisoit oublier Dieu, le bien du publicq, et favoriser au mal.

La seconde est quand il se fit commissionnaire pour aller à Rome, affin de (soubs prétexte simulé du salut de la Religion et de combatre les Hérétiques) obtenir de sa Saincteté un bref de permission de l'aliénation des biens de l'Eglise, pour cinquante mil escus : lequel joua si bien son personnage, que, au lieu qu'il n'avoit charge de demander que cinquante mil, il en obtint, par surprinse, de sa Sainteté, pour cent mil escus, de quoy il est doublement accusable.

Car il congnoissoit entierement que le Roy empruntoit ce prétexte pour tromper sa Saincteté et abuser des biens de l'Eglise, parce que, paravant que de partir, il sçavoit que le Roy avoit baillé les places fortes et gouvernemens à des Hérétiques et fautheurs d'Hérétiques, et mesmement il avoit fait rechercher le Roy de Navarre. Et, au contraire, qu'il défavorisoit les Princes Catholiques, ne les advançoit aucunement, ains leur portoit une hayne mortelle, comme il a depuis monstré par effect, soubs umbre qu'ils ne vouloient céder à sa volonté, qui ne tendoit que à l'establissement de l'Hérésie et Tyrannie.

Et la troisiesme est l'assistance qu'il a faicte au Roy, tant auparavant que lors et depuis le massacre des Princes Catholiques, sans l'avoir abandonné jusque à la mort. Que s'il n'estoit quelquefois près de sa personne, il n'en estoit loing, et si en quelque lieu qu'il fust, c'estoit pour faire service au deffunct Roy, et conséquemment contre les Catholiques, spécialement de ceste ville de Paris, la ruyne de laquelle il avoit jurée. Et estoit tellement affidé au deffunct Roy, que pour lui complaire il injurioit les Prédicateurs, leur imposoit silence, médisoit des Princes Catholiques et de la Ligue, et, depuis la mort des Princes, assisté le deffunct Roy à la messe, luy a aydé de ses moyens : mesmement, quand le camp estoit devant Paris, luy bailla argent pour acheter vingt cinq miliers de poudre pour battre Ponthoise.

De dire qu'il a faict tels actes par ignorance, cela ne se peut croire ; il est trop sage mondain, et l'esprit par trop affermy en ses conceptions, veu qu'il avoit trente ans quand il a commencé ses estudes.

De dire que tout ce qu'il a faict à l'advantage du Roy, c'estoit pour la grande obligation qu'il avoit, et que cela est excusable : si en un prélat l'on veut préferer sa commodité particulière, à l'honneur de Dieu, à la conservation de la religion et du bien public, je le quitte ; mais si nous parlons en Chrestiens, ceste excuse est orde et sale.

Je voudrois que ceux qui l'excusent eussent autant de bons actes en main, comme ils ont de mensonges et de ruses.

On l'a fait revenir à Paris, en surprenant la religion de Monseigneur le Légat, sur ce qu'on luy a donné à entendre, que toute la Ville et les Corps d'icelle le desiroient : et, de faict, on dit qu'il a esté demandé par les corps de Messieurs de la Cour de Parlement, de Messieurs les Doyens, Chanoines et Chapitres de Paris, par Monsieur l'Abbé de Saincte-Geneviefve et de Messieurs les Prévosts des Marchans et Eschevins, et au devant de luy sont allés les chefs des Politiques qui sont de ceste ville.

Messieurs, j'eusse désiré que ses réquisitions eussent esté mises en lumière, et veoir la composition de ces Corps, requérans, je crois, que l'on eust veu des corps synecdochés, prenans une petite partie pour le tout, encores ceste petite partie fort doubteuse.

La Cour de 'Parlement n'a accoustumé de requérir, c'est elle qui commande, de sorte que cela ne se peut croire que ce grand et célèbre corps ait faict telle requeste que ce soit des particuliers d'icelle, je le crois, pour fortifier leur party. Quant à Messieurs de Chapitre, la pluspart sont faicts de sa main ; c'est la raison qu'ils cognoissent leur créateur. Quant à Monsieur l'Abbé Sainte-Geneviefve, il a estimé en sa harangue, comme son père, s'il est en ceste opinion, il ne pouvoit moins faire que le requérir. Et quant à Messieurs de l'Hostel de Ville, leur arrest a esté faict à la chandelle, et sans aucune convocation, de sorte que cela regarde leur volonté particulière, qui ne peut préjudicier au publicq, pour une envye qu'ils ou l'un d'eux auroient de favoriser ledit sieur Cardinal, lequel est, tous les matins, visité par l'un desdits Eschevins, avec sa robe de chambre, pour luy servir de secrétaire.

Or, Messieurs, si la Faculté de Théologie, mère nourrice de la doctrine sainte, si le Corps de l'Université, si le Corps des Curés, si le Corps des Prédicateurs, si le Corps des Religieux, brief, si le peuple Catholique eussent faict ceste demande, il y eut eu quelque apparence à son retour ; mais la Théologie a donné son advis tout au contraire : nostre Sainct Pere le Pape la veu, l'approuve, et s'en est réservé le jugement. L'Université a loué tel advis, les Curés et Prédicateurs l'ont presché et confirmé, les Religieux l'ont observé, et le peuple advoué, consenty et obéy audit advis.

Et toutesfois quelques particuliers, les uns mal affectés au parti des Catholiques et les autres attachez au service et volonté particulière dudit seigneur Cardinal, se sont bandés et sous main, sans bruict, contre ceste demande, pour collorer son retour, qui ne peut estre que au desadvantage des Catholiques, contre les principaux desquels, depuis son retour, il a faict des résolutions très pernicieuses en assemblées faictes en son cabinet, jusques à dire qu'il falloit exterminer ceux qui, par cy-devant, se sont rendus plus affectionnés à la cause de Dieu et de son Eglise, qui estoient de petits coquins et gens de néant, et qu'il falloit remettre les Grands en leur grandeur et authorité. Plus, à son arrivée dernière à Paris, a amené avec luy un nommé Chevrier, agent du sieur de Longueville, qui a levé et emporté grande somme de deniers à son maître, avec force lettres de change, et est sorty de la ville par le certificat et passeport dudict sieur Evesque, qui l'a advoué comme sien. Plus, il a dit qu'il ne signeroit l'Union des Catholiques, parce qu'il y avoit article de poursuivre la justice de la mort des Princes; plus il a favorisé sa sœur, Abbesse de Poissy, d'obtenir, tant du deffunct Roy que du Roy de Navarre, la confiscation des biens des Catholiques, et entre autres du Prévost de Poissy, des biens duquel ladite Abbesse a joui et consommé une partie. Bref, ses actions, sa contenance, son affection, sa parolle, ne tendent que à la ruyne du party des Catholiques, de sorte que le voilà, à son arrivée, chef de party contre les Catholiques qui n'attendent remède que de la main de Dieu, veu que les magistrats et les grands les délaissent et se bandent contre les faicts de Dieu, qui a permis que les petits se seroient roiddiz pour sa querelle, et qu'il maintiendra en despit de l'arrogance et malice des grands, qui ne faict cas que de leur prudence humaine et délaissent le zelle de la Religion.

Un seul point reste de consolation aux Catholiques, qui est qu'il plaise à Monsieur le Légat advertir sa Saincteté d'y donner ordre et que la Religion ne soit trahie par ceux qui la deussent maintenir, et que, considérant l'affliction de ce pauvre royaume, il adjure tous ceux qui se dient Catholiques de parler un mesme langage, faire mesmes actions, supporter le peuple et ceux qui ont à l'ouvert résisté à l'Hérésie et Tiranie, et en un mot exterminer tout autre sorte de party, soient Hérétiques politiques, metifs timides, ypocrites pacificques et embrasseurs de tous partis, affin que, estans exterminés, et les Catholiques par une saincte conversion unis ensemble, ce soit pour vivre en paix sous l'obéissance des Commandemens de Dieu, de son Eglise, par une vraye et ferme foy, espérance et charité, avec piété et justice.

XXVIII

Protestation des Catholiques de Paris, qui n'ont faict leur prouffit des deniers publics[1].

Placard grand in-folio, à deux colonnes, sans nom d'imprimeur ni date.

De quinze cens mil escuz levez ou trouvez en divers lieux de Paris, tant en argent comptant qu'en meubles précieux, Monseigneur de Mayenne a justifié publiquement, au mois d'aoust dernier, qu'il n'en a pas receu huict vingts mil, qui est la moitié seulement des deniers de Mollan.

1. *L'Estoile a écrit en note :* « Contre les Seize. Et en fust semé et jetté quantité, à Paris, par les rues et sous les portes des maisons, l'an 1589. »

Nécessairement la faute en vient de ceux qui les ont levez, receuz ou pris, sans ordre et forme de justice.

Cette faute a débilité les saintes armées et contraint les soldats de ruyner indifféremment l'amy avec l'ennemy.

Il n'y a donc rien plus à rechercher et punir, que ceux qui ont entre leurs mains ces deniers : car, outre la peine qu'ils méritent pour estre cause d'un si grand mal, il s'en peut plus tirer de secours, qu'il n'est possible de lever sur le reste du peuple (épuisé par telles sansues) : et si cela sera cause qu'à l'advenir dix mil escuz profiteront plus que cent mil escuz.

Aussi, il y a six mois que chacun le demande à mondit Seigneur, et que non seulement il l'a accordé, mais ordonné et commandé. Néantmoins, quoi qu'on aye peu dire, poursuivre ou ordonner, de ceste grande et immense somme ainsi soustraitte, on n'en a pas encore restitué au public dix escuz.

Cela vient que tous ceux qui ont authorité et puissance à Paris, qui y sont craints et redoubtez, qui font bransler la ville comme ils veullent, il n'y en a pas un qui n'ait eu sa part de ceste grande somme.

Les uns, de très nécessiteux, en sont devenuz si riches, en neuf mois, qu'il y a plus de marcs de vaisselle d'argent doré et buriné en leurs maisons, qu'il n'y en avoit de livres d'estain ; plus de tapisserie de haute lisse qu'il n'y avoit de natte : tesmoin en est l'inventaire de Perruchon, qui fut dernièrement pendu. Les autres en ont acquitté le principal de grandes rentes, pour les arrérages desquelles ils estoient, auparavant Noël, chacun jour exécutez, et, en outre, en ont acquis de nouvelles. La pluspart ont de grands deniers comptans. Quelques uns, plus timides en tout événement, le font transporter hors le Royaume, afin que si, par la nécessité que leur larcin apportera, les affaires tournent mal, ils s'en aillent vivre au milieu de leurs escus, et nous laissent en une misère et pauvreté extreme.

Tous ceux-là donques empeschent que les comptes ne se rendent, et sont soustenuz de ceux qui se donnent, à noz despens, des gages et taxations sans mesure.

Mais, d'autant que le peuple, cognoissant quelle ruyne ceste pillerie apporte à toutes les affaires et publiques et privées, redemande tousjours ce compte, on l'en veut destourner par des moyens estranges.

On dit que c'est nous desunir! Il ne faut donc point punir les crimes, il ne faut point empescher les larcins publics, il les faut laisser faire tout ce qu'ils voudront, et payer tout ce que bon leur semblera, de peur de nous desunir? O que nostre Union n'est pas avec ces gens-là! Nostre Union est sainte, nostre Union est pour bien faire, nostre Union n'est pas avec les Perruchons, avec les voleurs!

Que soitqui voudra de l'Union de s'enrichir aux despens du peuple, nous n'en voulons point estre. Au contraire, nous voulons estre très desuniz d'avec eux; nous voulons estre unis estroitement avec les vrais Catholiques, Catholiques et de foy et d'œuvre, avec les gens de bien, qui, depuis trois jours en ça, n'ont point pillé les églises et violé les sépulchres à trois lieues d'icy. Nous voulons la guerre aux Hérétiques, le procès aux voleurs. Ce n'est donc pas nous desunir que de demander ce compte à ceux qui nous demandent l'argent qu'ils ont desja en leurs bourses.

On adjouste que c'est un artifice du Roy de Navarre, qui veut, par ce moyen, empescher qu'on ne lève de l'argent.

Ç'a donc esté le Roy de Navarre qui a fait dire à Monseigneur de Mayenne, que, de quinze cens mil escuz, il n'en avoit pas touché huict vingts mil ? Ç'a esté le Roy de Navarre qui luy a fait ordonner, par un arrest qu'on n'a jamais peu tirer des mains du greffier, que tous ceux qui avoient si mal manié les deniers en rendroient compte?

C'est le mesme qui le fait crier, d'une voix publique, par tous les bons bourgeois de Paris, qu'on sçait plus haïr le Roy de Navarre qu'homme quelconque qui vive ?

Chose merveilleuse, que ce que nostre extreme pauvreté, et la mesme nécessité, nous contraint de dire, et que quand la honte nous le voudroit faire taire et celer, nos enfans qui meurent de faim le crieroient et publieroient partout. On nous veut encore faire entendre que c'est nostre ennemy, et non pas la vérité, qui nous le fait dire.

·Il n'y a pas un seul denier en nos bourses, pour nous nourrir et apaiser nos créanciers qui nous abboyent de tous costez. Nous n'avons plus ny bled, ny vin, ny bois, pour cuire seulement, encores que nous entrions en hyver, et ces gens icy, qui ont leurs maisons pleines de tous biens et de toutes provisions, qui se vautrent sur l'argent desrobé, sur les tapisseries de Turquie et le linge deslié, nous veulent faire croire que nous aurons bien moyen de payer, sans qu'ils rendent compte de ce qu'ils ont entre leurs mains, et que c'est le Biernois qui nous persuade le contraire.

Sommes-nous jurez enfans, ou frénétiques, qui ne cognoissons cest artifice de l'ennemy, qui nous fait entendre le contraire de la vérité ? Ou bien si ces gens icy sont de grands pipeurs, qui, après avoir recullé par leurs larcins les affaires de nostre guerre, et fait que nous sommes encore au commencement de ce qui devroit estre parachevé, si quinze cens mil escus eussent esté employez tous à un coup, vivement et à la chaude, nous veulent encore faire croire que ce n'est pas nous, vrais Catholiques, qui demandons compte et raison de ceste grande somme, mais que c'est le Roy de Navarre qui le fait demander sous main ?

Qui est, au contraire, tant idiot et tant aveuglé par ces zélez dans Paris, qui ne voie que le Roy de Navarre voudroit que, de tous les escus qu'on lèveroit à Paris, ledit seigneur de Mayenne n'en touchast pas trois sols, comme il n'a fait jusques à aujourd'huy ? L'ennemy ne désire rien davantage que les larcins des Trésoriers de celuy auquel il fait la guerre.

Le Roy de Navarre ne doit rien tant craindre, sinon que ceste grande somme desjà levée soit ostée aux particuliers et employée à le ruyner, et nous, vrais Catholiques et vrais ennemis des Hérétiques, ne désirons rien davantage.

Ce ne sont donc pas les amis, mais les vrais ennemis du Roy de Navarre, qui demandent compte. Ceux qui l'empeschent ne sont amis ny ennemis de personne ; ils aiment seulement leurs richesses excessives, richesses en trois jours acquises, ou plustost ravies, par force et par garnisons, de la main de tant de pauvres gens qui ne peuvent aujourd'huy donner du pain à leurs enfans.

Il y a neuf mois que les Rollans, Crucé, Morlière, Bussy, Louchart, Hatte, la Rue, et leurs compagnons trop et trop cognuz à chacun, vendoient leurs meubles pièce à pièce pour vivre, et maintenant il leur faut emprunter des maisons d'amis pour mettre leurs pilleries, tant tout regorge chez eux.

D'où vient cela que les meilleurs marchans, qui n'avoient jamais veu sergent chez eux, qui n'avoient jamais esté appelés pour recognoistre leurs cédulles, sont maintenant chacun jour condamnez, executez et contraints d'implorer la miséricorde de leurs créanciers, par des respis, voire mesme plusieurs de faire banque-routte, et que ceux-cy, qui estoient prests à la faire, sont maintenant si gorgez de tous biens ?

Voilà, en une mesme saison, des fruicts merveilleusement divers, et de goust tout contraire : il faut nécessairement qu'ils viennent d'Aspres, et qu'ils soient bien de dissemblable nature.

Il fault desraciner ces mauvais arbres et les jecter au feu. Mais ils promettent de rendre compte, pourveu qu'on leur paye encore cinquante mil escuz, comme s'il n'estoit pas aussi aisé de le rendre maintenant et depuis tant de jours et de mois qu'on le demande, ou comme si les 50,000 escuz n'estoient pas plus faciles à prendre en quatre bourses de ces Trésoriers, sans rendre compte où ils sont tous amassez, voire beaucoup davantage, que de les demander à ceux qui n'en ont plus.

On sçait assez que, pour estourdir et refroidir ceste reddition de compte, ordonnée par arrest, ils ont avancé sous main lesdits 50,000 escus, et que ce qu'ils poursuivent tant aujourd'huy, c'est pour s'en faire rembourser.

Qu'ils rendent compte, et puis on les remboursera, si on leur doit.

Mais il s'en faudra beaucoup qu'on leur doive; car ils ne se sont pas contentez de tirer de l'argent de nos bourses, ils ont encore retenu celuy qui y devoit entrer. Ils prennent chacun jour toutes nos rentes de la Ville et du Sel, et ne faut pas qu'ils s'excusent sur le deffaut d'assignations ; car, ne payons-nous pas tous les jours le sel aussi cher que de coustume ? Nous rabat-on l'entrée du vin, l'entrée des bestes à pied fourché, encores que d'ailleurs telles marchandises soient chères en toute extremité? Il est certain que non. Pourquoy est-ce donc qu'au moins, des deniers du sel, qui sont grands, des deniers de l'entrée du vin, et de toutes aydes, qui se lèvent à Paris, et notoirement se reçoivent chacun jour, on n'a fait payer quelque partie, quelque quartier des rentes de ceux qui aujourd'huy demeurent à Paris, mesmes de tant de pauvres vefves, et orphelins misérables?

Qui veut recevoir lumière de la lampe, il faut qu'il y mette de l'huile. On veut tousjours tirer de nous et ne nous rien laisser aller. Et d'autant que nostre vaiselle d'argent estant mangée, et nos provisions consommées, les garnisons ne trouveront plus à faire bonne chère en nos maisons, comme au commencement. On veut faire vendre nos lits et si peu qui nous reste de meubles, en nostre porte, afin d'adjouster l'ignominie avec la pauvreté. C'est pourquoy, estant réduits à ceste extremité que nous ne recevons rien de nos rentes, que nous ne jouyssons de nos héritages, qui sont à six, voire trois lieues d'icy, qu'au contraire ils sont ruynez et pillez entièrement; que tout trafic cesse et par eau et par terre; que le Pallais, la Chambre des Comptes et les Escoliers ne nous apportent plus un seul teston; qu'on ne reçoit aucuns gages, que toutes sortes de vivres jusques aux moindres sont chères extremement; et au bout, que ceux qui ont tant de deniers entre leurs mains suffisans pour ruyner l'ennemy, ont ce pouvoir qu'au lieu de rendre ce qu'ils nous ont osté, pour l'employer au public, ils nous veulent encore contraindre de trouver cinquante mil escuz, à nous qui n'avons plus moyen de vivre:

Pressez de ceste nécessité, nous protestons, jurons et déclarons, devant Dieu, devant sa benoiste Mère, ses Anges et les Saincts, qui voient et entendent nostre extreme pauvreté, nos justes plaintes, et la cruelle barbarie et avarice insatiable de ces athées, d'employer jusques à la derniere goute de nostre sang, qui quasi seul nous reste, pour, sous l'authorité de Monseigneur le Duc de Mayenne, Messieurs les autres Princes Catholiques de la Cour de Parlement, Chambre des Comptes, Cour des Aydes, Prévost de Paris, Prévost des Marchans et Eschevins, et tous autres Juges et Magistrats protecteurs de nostre liberté, et establis de tous temps pour punir les larcins de l'argent public et sacré, empescher telle oppression, par tous les moyens légitimes et licites aux vrais Catholiques, Apostoliques et Romains; pour repousser toutes sortes de satellites que ces trésoriers nous menacent d'envoyer à nos maisons; bref, pour nous délivrer d'une si misérable servitude, en laquelle on nous veut contraindre de donner ce que nous n'avons pas, sans rendre compte de ce qu'on a levé sur nous.

Servitude d'autant plus abjecte et infâme que la condition est vile des autheurs qui ne se sont enrichiz et enorgeuilliz que par ceste mort cruelle qui a causé tant de malheurs à la France!

Chose estrange que ce qui est à nostre plus grand regret soit le comble de la félicité de ces zélez, qui autrement seroient très misérables; qui ont chacun, en peu de mois, plus ravy de richesses qu'un homme de bien n'en peut acquérir en quarante ans.

Les Hérétiques se sont extremement resjouiz de la mort de feu Monseigneur de Guise d'heureuse mémoire, et ceux-cy s'en sont extrêmement enrichiz.

Pendant que l'afflixion receüe de ceste mort assoupit nos esprits, ces gens esveillez et ardans du prouffit nous prennent nos bourses.

Et quand nous en appercevons, ils ne veulent pas que nous nous en plaignions et que nous demandions compte;

ils nous veulent faire accroire que qui demande compte
est Hérétique et Navarriste. Quelle nouvelle sorte d'hérésie inventée pour l'impunité de tant de voleurs? Feu
Monseigneur de Guise eust bien donc favorisé les Hérétiques, car il eut benignement ouy nos plaintes et noz
raisons.

Il nous feist descharger, en l'an 1588, de l'emprunt
commencé à lever sur nous, parce qu'il n'y avoit que
deux ans que nous en avions payé un autre. Et ceux-cy
nous en demandent, non tous les ans, mais tous les mois,
voire tous les jours : l'on ne parle que d'argent, de billets,
de dons, de prest sans rendre, de garnisons, [de] fouiller
maisons, de faire vendre nos meubles et autres marchandises assez affectées à nos créanciers.

Ce bon prince, qui aimoit tant Paris, et qui y estoit
tant aimé, eust-il bien peu endurer de la voir si misérablement tourmentée par tels Trésoriers? Ne les eust-il
point contraints de rendre compte de ce qu'ils ont receu,
devant que leur permettre d'en demander de nouveau,
lui qui s'estoit tant plaint aux Estats de ceux qui des-
roboient l'argent destiné à la guerre contre les Hérétiques?
Eust-il permis que ceux qui se disent surpasser tous les
Catholiques en zèle, eussent mis en leur bourse, à son
veu, ce mesme argent sacré? Sans doute, il ne l'eust
jamais enduré, mais bien plustot eust fait punir sévère-
ment tels brigandeaux, par le moyen desquels les affaires
de la guerre sont appauvries de douze cens mil escuz et
plus.

Monseigneur son frère feroit volontiers le mesme,
mais un seul ne peut ce que trois pouvoient contre ces
gens si audacieux, si outrecuidez, si impudens, qu'ils ont
bien osé dire qu'ils l'avoient fait, et qu'ils le defferoient
quand ils voudroient.

Misérable canaille! Que pouvez-vous sans le consentement universel de tout le peuple, justement indigné d'un tel assassinat, et affectionné à sa religion, comme il devoit?

C'est tout ce peuple aujourd'huy qui vous demande compte, qui le crie tout haut, qui s'en tourmente. Pensez-vous le pouvoir destruire, et son chef aussy, pour une si juste demande ?

Vous faites jecter des monitions, pour sçavoir qui approuve ceste protestation et qui se plaint de vous : faites-en plustot jecter pour sçavoir qui ne s'en plaint point : car il y a plus de milliers de ceux qui se plaignent que de douzaines des autres.

Il n'est point besoin de monitions : envoyez des garnisons en nos maisons, pour aider à manger ce qui reste de pain à nos enfans, et vous cognoistrez qui sont ceux qui ne veulent payer que premier vous n'ayez rendu compte; vous pourrez tesmoigner après si ce sont quelques partisans du Biernois, ou bien le général de tous les bons Bourgeois de Paris, qui n'ont point fait leur prouffit particulier des deniers publics : vous cognoistrez que, pour un larron, il y a cent hommes de bien à Paris.

Sans doute Dieu, pour avancer les effets de sa justice, ostera la crainte à ces nouveaux tyrans; il les laissera en leur hardiesse : ils poursuivront leur pointe, pour se faire rembourser de 50,000 escus par eux avancez, qui n'est la moitié de la dixme de leurs larcins. Mais ce sera le moyen par lequel ils seront payez, en une heure, de tout ce qu'ils méritent. Dieu, par sa grace, conduise nos actions et nous donne autant de résolution en nostre juste plainte et d'affection à nous deffendre et nos voisins comme ces méchans ont d'impudence et d'audace en leurs larcins publics !

XXIX

LE VRAY PORTRAICT D'UN HOMME

LEQUEL S'EST APPARU A HENRY DE VALOIS
DEDANS LE CHASTEAU DE BLOIS.

Placard, gr. in-fol., à 3 col., sans nom de lieu ni date.

Au centre est la figure, gravée sur bois, d'une sorte d'Ermite à longue barbe, nu jusqu'au-dessus des reins, et vêtu d'une tunique qui descend au-dessous du genou. H. de cette figure, 0ᵐ240.

En haut, cette inscription : PENITENCIAM AGITE. A droite, une sorte de forteresse emblématique, entourée de cette légende : FORTITUDO MEA ET LAUS MEA DOMINUS FACTUS EST MICHI IN SALUTEM.

Henry de Valois, amende-toy !
Les ames crient vengeance après toy !

Amendez-vous, ou périrez :
O voix de Dieu espouventable !
Amendez-vous, au Ciel yrez :
O douce voix et amiable !

H ÉLAS ! *hélas ! que j'ay grande douleur*
Dedans mon cœur, esmotion cruelle,
Quand prospérer l'Hérétique infidelle
Je vois partout avoir succès et heur !

Je dis succès en maudite entreprinse
A ruiner saincte Eglise de Dieu
Et déposer le Roy hors de son lieu,
Tuer les bons, quand une ville est prinse.

Je crois qu'on met puissante armée aux champs
Tant d'estrangers que du cœur de la France,
Et toutesfois rien en mieux ne s'advance :
L'ennemi règne il y a si longtemps !

O Jésus-Christ, d'où vient un tel desastre ?
Veux-tu, Seigneur, la France exterminer ?
Ta saincte foy à d'autres résigner ?
L'abandonner au Hugnot, pour l'abatre ?

Plus de mil ans, tu l'as fait triompher
En premier nom, pour sa grande vaillance,
Et de ta Loy la première deffence :
Ton nom avoit très précieux et cher.

Contre les Turcs et ennemis du Pape,
Faicts belliqueux et stratagemes haults
Elle a laissé dans ses mémoriaux :
Et aujourd'huy elle-mesme se frappe !

Elle se perd par civile discord,
De son cousteau se transperse la gorge,
Et sa fureur sur soy-mesme desgorge :
De sa main propre elle a juré sa mort !

Hélas ! bon Dieu, quelle civile guerre !
Qu'elle est terrible et de piteux deduit,
Non seulement pour le bien fortuit,
Mais pour ravir un plus grand que la terre !

Or, pleust à Dieu que chascun y pensast
Et qu'on ne fust tant adonné au monde,

Aux biens caducs auxquels meurt, si n'abonde,
Et qu'à iceux tout son cœur ne penchast !

Onc Jésus-Christ ne perdroit par folie,
Pour les tenir en sa possession;
Onc ne voudroit changer religion
Bonne en meschante, et loger Hérésie.

Quoy, que dict-on, pour le sac engarder?
Aux ennemis les gens d'Eglise on livre,
A prophaner l'Eglise on leur délivre
Indigne faict, Dieu nous veuille garder!

O peuple sot! quel bien plus te demeure,
Ayant perdu ce qu'avois précieux,
Les sacremens et gens religieux,
Sans quels ne peux estre Chrestien une heure!

Pire en ce faict te trouve qu'un payen :
Pour les autelz, en premier lieu, bataille;
Et son foyer veut qu'au second il aille,
Que prennes Grec, Latin, ou Caldéen.

Me diras-tu que la guerre est au Prestre,
Qu'il est meschant, et veut le chastier
Dieu tout puissant, qui ne le peust plier
A s'amender, sinon qu'à mort le mettre?

Dans son œil vois, possible est, un festu,
Et dans le tien ne regardes la poutre,
Qui hors le poche et le passe tout outre :
Prens bien ceci, et ne sois trop testu.

Tous offencé avons, en tant de sortes,
Qu'esmerveiller on se peut justement
Comme endurer Dieu peust si longuement
Iniquitez si grandes et si fortes.

Et dès encor le plus grand crèvecœur
Que j'y peux voir, c'est que pour tant de verges
Nul n'est correct, de dire ne retarges,
Que l'An passé est toujours le meilleur.

Qu'est-ce, sinon que ressembler à l'asne,
Qu'au serf mauvais s'endurcir au fouet
De nostre Dieu, que de faire un jouet
Tousjours en pis de noircir sa bazane ?

Si est-il temps de plus ne se mocquer.
Me semble voir Dieu lever la coignée,
Pour, à ce coup, non l'arbre estre rongnée,
Mais estre mise à bas, sans révoquer.

De toutes parts sait Huguenots en armes,
Bruslans, pillans, mettans les bons à mort,
Et au tiers coup faisant leur grand effort
De l'emporter par chevaux et gendarmes.

Du bon costé, j'ay peur que par trop froids
Ne soyons veuz ; puis est morte une Roine
De grand valeur, en temps fort mal idoine :
Assez, vray Dieu ! pour y penser dix fois.

Las ! retenons ceste main vengeresse,
En abaissant nostre orgueil insolent,
Ambition et larcin violent,
Lasciveté, tout mal qui nous oppresse.

Si contre Dieu tousjours nous roidissons,
Nous coupera, n'en faut faire de doute.
C'est le Seigneur, il veut qu'on le redoute,
Que nos forfaitz, marris, amoindrissons ;

Que librement nous confessions la dette ;
Démérité qu'avons vers sa bonté

Trop lourdement ; qu'à son trosne monté
Est nostre mal, pour en avoir recepte.

Des maux passés que satisfaction
Soit par nous faicte, en jeusne avec prière,
Aumosne aussi, toute œuvre singulière,
Des maux cherchans la réformation.

Si, faicts petits à l'équierre chrestienne,
Au sacrement venons communier
Du sang et corps qu'on ne peut renier,
De Jésus-Christ, en l'Eglise ancienne,

Dieu pourra bien oublier sa fureur,
Car il est bon, plein de miséricorde,
Et de l'Enfer ne veut donner la corde
Aux pénitens d'escient et de cœur.

De charité chaudement embrasée,
En voix piteuse, à mercy recourir
Nous faut, qu'à vice avons peu encourir,
Mais que sa foy onc n'avons effacée ;

Qu'aux destructeurs de sa religion,
Aux conculqueurs de son corps (saincte hostic),
Aux grands haineux des saincts (sa compagnie)
Ne donne France en laide irrision ;

Que reprendrons les traces de noz pères
Et marcherons au sentier vertueux,
Nous retirans loing du défectueux
Plain de serpens, de lezars et vipères.

Recommandons nostre cause à la cour
De benoicts Saints, confirmez en sa grace,
En lieu ancrez duquel on ne deplace ;
Supplions-les de cordiale amour.

Furent jadis mortels en nostre fange ;
Sont immortels aujourdhui pour jamais.
Ils sçavent bien que portent humains faicts :
Jésus, par eux, nostre cause revange.

Il le fera, si n'est que l'empeschons
Par ord peché : doncques, avant qu'on tasche
A savonner ceste vilaine tasche,
De son opprobre or la nous depeschons.

Ce sera lors que ceux qui ont la charge
De dispenser les biens et les honneurs
A gens de bien en seront purs donneurs,
Tiendront la main que chascun s'en descharge,

Quand les Preslatz et tous austres pasteurs
Reputeront avoir les bénéfices,
Non pour dormir, ains pour belles offices ;
N'entretiendront fénéans et flatteurs ;

Plustost seront vrays nourriciers de pauvres,
Leurs bienfaicteurs, deffenseurs en soulas,
Et de prescher jamais ne seront las,
Du haut degré vacquer aux dignes œuvres ;

Quand les Seigneurs leurs subjects garderont
Et jugeront ceux qui meinent les causes
En depeschant, sans faire tant de pauses,
Esgalement à chacun droict feront.

Or, pleust à Dieu que si bien conseillez
Nous fussions tous, que suyvre l'ordonnance
De nostre Dieu, en vraye repentance,
Et du sommeil de la mort resveillez !

Que voulussions mourir pour la querelle
De Jésus-Christ et de l'Eglise saincte,

A tout effort faire cause si saincte,
Dieu ayderoit nostre vouloir et χèle,

Et si, je croy, tant de gens ne faudroit
Pour rebeller la tourbe à Dieu contraire,
Que peu pourroient la forcer et deffaire,
Si bon vouloir les tenoit par le doigt.

Car nous avons infinité d'exemples
Que peu de gens loyaux et courageux
En ont deffaict un nombre advantageux,
Dieu leur donnant ses victoires très amples.

Il les guidoit et les rendoit hardis,
Espouvantoit la vilaine canaille :
Aux pénitens qui livroit la bataille
Un en tuoit, mille grandy par dix.

Mais quoy ! celuy qui veult se laisser prendre,
Merveille n'est si tost est surmonté :
Son ennemy n'est onc par lui dompté.
Bien facile est que de soy-mesme rendre.

Et qu'est cecy ? Sommes-nous cœurs faillis ?
Devant frapper, concéder la victoire !
Comme couards, nous aura en mémoire
L'âge futur, enfans de nous saillis !

Craignons, craignons que n'usons de clémence
Envers ceux-là qui nous seront bourreaux,
De lascheté françoise vrais fléaux :
Car au Diable est propre l'inclémence.

Et c'est justice à mort meschans ruer,
Gens obstineχ, rebelles, partiaux,
Indignes d'estre entre les entiaux,
Gastans les bons, tout leur cœur à tuer.

Peuple François, pour fin, je te supplie
De prendre garde à tout, et de penser
Les grands dangers qui se veulent lancer
Sur toy, si n'est que Dieu bon t'en deffie.

Je le prieray, avec toy, humblement,
Ne nous donner selon nostre desserte,
Ains que sa grace au regard ayt offerte,
Qu'il nous soit père indulgent, bon, clément.

Je le prieray, au surplus, de ne prendre
En male part ceste exhortation,
Laquelle a mis hors moy dilection,
Ayant pitié de voir France en esclandre.

FIN

Dieu soit loué!

XXX

DE CÆDE HENRICI III

FRANCORUM REGIS
A MONACHO PERPETRATA P. St JUDICIUM[1].

Non est crudelior in orbe terrarum ira,
quam Ecclesiæ sanguinariæ et Hipocritarum.

Non audet Stygius Pluto tentare quod audet
Effrenis Monachus plenaque fraudis Anus.

---

1. Ce titre et les quatre lignes qui suivent sont de la main de L'Estoile.

XXXI
ASSASSINAT DE HENRI III
PAR JACQUES CLÉMENT.

Gravure sur cuivre. H. 0^m276, L. 0^m360. Deux scènes différentes sur la même estampe. A gauche, Henri III, lisant un placet, reçoit un coup de couteau que lui donne Jacques Clément. A droite, l'assassin tué à coups de hallebarde par les gardes du Roi.

Moyse, suivant le mandement de Dieu,
Hors la captivité rend le peuple Hébreu
Que ce Roy Pharao affligeoit par envie.
Ainsi un Jacobin, pour sauver le François,
De Paris va trouver seul Henry de Vallois
Et, d'un coup de cousteau, luy fait perdre la vie.

L'Estoile a écrit en tête de cette estampe :

Satan, dedans ces sombres lieux
N'aiant trouvé personne idoine
Pour meurtrir un Roy très pieux,
S'est servi de la main d'un Moine.

XXXII
LA MORT DE HENRY DE VALLOIS
AVEC LE MEURTRE COMMIS ENVERS LE RELIGIEUX
QUI EN DÉPÉCHA LE FAÏS.

Gravure qui semble être une copie (sur bois) de la précédente. H. 0^m198, L. 0^m320. On a seulement ajouté, dans le haut, deux scènes : d'Épernon s'arrachant les cheveux devant le lit de mort du Roi, et le cadavre de Jacques Clément jeté dans le feu.

Un jeune Jacobin, nommé Jacques Clément,
Dans le Bour de Saint-Clou, une lectre présente
A Henri de Vallois, et vertueusement
Un cousteau fort pointu dans l'estomach luy plante.

Sitost que Despernon, grand mignon de ce Roy,
Congnut qu'il estoit mort, les cheveux il s'arrache,
Il enrage, il sanglotte, il renonce la loi,
Et hurle, dépitté, comme une vieille vache.

Le bon Religieux, après le coup donné,
Est occis et brullé par la troupe Hérétique.
O gentil Jacobin, le Ciel t'a ordonné
Pour délivrer l'Eglise et peuple Catholique.

L'Estolle a écrit à la marge :

'Aux Ligueux, sur le Tombeau de leur Jacobin.

Ligueux, pleurez sur ce Tombeau
De Freslon qui vous fait la figue,
D'avoir eu le meilleur morceau
Qui fust en toute vostre Ligue.

Semé à Paris par les Politiques.
1589.

XXXIII

LES ARTICLES DU DERNIER TESTAMENT
DE HENRY DE VALLOIS
Où ceux qui tiennent pour le jourd'huy le party contraire
de la sainte Union sont bien et deuëment
salariez, chascun selon leurs mérites.

Gravure sur bois, en travers. H. 0m134, L. 0m180. Placard petit
in-fol., s. l. n. d., qui a été coupé en deux, dans la partie du texte.
Les quatre premiers vers sont imprimés dans un cartouche au bas
de l'estampe. L'estampe, divisée en deux compartiments, représente,
dans le premier, le Roi défunt sur son lit de parade et d'Epernon
s'arrachant les cheveux devant le corps; dans le second, l'ouverture
enflammée de l'enfer et le démon emportant l'âme d'Henri III.

Lecteur, voicy le Testament
De Henry, qui fut, en sa vie,

Le plus exécrable tyran
Qui fut jamais en Barbarie.

PREMIER ARTICLE, A JEAN D'ESPERNON.

SOIT *donné à d'Espernon*
Une fluste et un bedon,
Avec un bout de bougie,
Et le prés de Gentilly,
Qui est plaisant et jolly,
Pour exercer sa magie.

2e ARTICLE, A L'AISNÉ LA VALETTE.

Quant à l'aisné Nogaret,
Qui est mon royal valet,
Il aura, pour récompence
Des services qu'il m'a faits,
Les vidanges des retraits
Des bonnes villes de France.

3e ARTICLE, A D'O ET D'AUMONT.

Qu'on face d'O et d'Aumont
Cheminer à recullont
Dessus une neufve eschelle,
Au milieu d'un carrefour,
Dansant chascun à son tour
Une gaillarde nouvelle.

4e ARTICLE, A D'ANTRAGUES ET D'ANTRAGUET:

Puis, d'Antragues et d'Antraguet,
Que l'on les traine au gibet,
Pour y faire la grimasse,

Bien que jadis ayent esté
Gouverneurs de la cité
D'Orléans, qui les menasse.

5e ARTICLE, A CHASTILLON.

Soit donnée à Chastillon,
Pour estre le postillon
Des Enfers, où git son père,
La mulle de Pacolet,
Qui fut jadis le valet
De feu Madame ma mère.

6e ARTICLE, AU COMTE DE SOISSONS ET A LA NOUE.

Quant au comte de Soissons,
Aura tous les morpions
Des morveux de la Rochelle,
Et La Nouë au bras de fer
Sera, au profond d'Enfer,
Le fourbisseur de vaisselle.

7e ARTICLE, A TINTEVILLE ET BIRON.

A Tinteville et Biron
Je donne un million
De fortes fièvres quartaines,
Et la peau de mon marmot,
Qui depuis deux jours est mort,
Pour leur faire des mitaines.

8e ARTICLE, AU GAST ET A L'ARCHANT.

Et puis, au Gast et L'Archant,
Qui sont tristes et dolents
De ma piteuse advanture,

Ne veux qu'après mon trespas
Ils viennent avec moy là-bas,
Pour y faire leur demeure.

9ᵉ ARTICLE, A MIRON, SON MÉDECIN ORDINAIRE.

A Miron, mon médecin,
Je donne mon ord bassin,
Et ma fiolle à l'urine :
Si de cela n'est content,
Qu'il prenne le fourniment
Et que plus il ne rechingne.

10ᵉ ARTICLE, AU COMTE DE MAULEVRIER, ROSTAIN ET HUMIÈRES.

Qu'on donne à Mauleuvrier,
Sur la teste, d'un levier,
Et à Rostain et Humières,
Qui sont deux bons compagnons,
De la dragée de canons,
Au travers de leurs visières.

11ᵉ ARTICLE, A SES COUPES-JARETS, PAGES ET LAQUAIS, ET A SON APPOTICAIRE.

Quant à mes coupes-jarets,
Avec mes pages et lacquais,
Et mon pauvre appoticaire,
Yront après mon cercueil,
Couverts de robbes de deuil,
D'une dolente manière.

12ᵉ ET DERNIER ARTICLE. AU ROY DE NAVARRE.

A propos, je m'en allois
Sans laisser au Biarnois
Quelque chose qu'ay de reste :

Qui est de feu Sibillot
Le chappeau gay et fallot,
Qui sera propre à sa teste.

Fin.

XXXIV

La Sorcellerie de Jean d'Espernon
avec les Lamentations d'iceluy et du Roy
de Navarre
sur la mort de Henry de Vallois.

Grande gravure sur bois, en travers. H. 0ᵐ210, L. 0ᵐ265. L'estampe est divisée en deux compartiments, et les vers sont au-dessous sur 3 col. A gauche de l'estampe, d'Épernon conjurant les démons, avec cette inscription : *Dy moy maintenat* (sic) *que c'est qu'il faut que ie fasse.* A droite, le Roi mort sur son lit de parade ; d'Épernon et un autre courtisan désolés, que Satan vient de mettre à la chaîne, pour les conduire dans l'enfer, avec cette inscription : *Vien excommunie*; au bas, sur le devant, les corps de Jacques Clément.

Messager *des Enfers, fais demande à Pluton*
Que maintenant il ayde à son Jean d'Esparnon,
En m'envoyant conseil, des bas lieux des Enfers,
Là où je dois aller et ce que je dois faire,
Pour absenter les maux qui, jour à jour, me cherre,
Que l'on me prepare par des tourmens divers.

Pluton *à toy m'envoye, et t'a mis en ma garde,*
Pour affin que [bien] mieux tu obtienne le grade
D'estre mis promptement, ainsi que le mérite,
Sur un bon eschaffaut, pour ta vray récompence,
Avec le Navarrois, qui ruine la France,
Pour venir aux Enfers escumer la marmite.

Hélas! hélas! hélas! à qui aurons recours,
Puis que le Roy est mort, qui nous donn'ra secours?
Dis-moy [donc], d'Espernon, que t'en a dit Thimerre?
Il dit que aux Enfers bientost nous faut aller,
Et qu'il nous tient bien [fort] d'une chesne de fer,
Et que n'eschapperons qu'il nous face bon' chère.

XXXV

HISTOIRE ABRÉGÉE
DE LA VIE DE HENRY DE VALOIS

COMPRINSE EN 50 QUATRAINS, PROPRES A TOUT
LE PEUPLE FRANÇOIS,

avec le portraict de Fr. Jacques Clément, Religieux
de l'Ordre S. Dominique, qui l'occit
le premier jour d'Aoust 1589.

PAR A. D. R. L.

A Paris, par Pierre Mercier, imprimeur, rue du Bon Puys,
à l'Escrevisse.

Placard gr. in-fol. carré, avec texte sur 4 col. Au bes, dans le
cadre, ces quatre vers :

Contemplez icy, Lecteur, frère JACQUES CLÉMENT,
Qui exposa sa vie à la mort franchement,
Et pour l'honneur de Dieu et foy des Catholiques,
Tua Henry, tyran, l'amy des Hérétiques.

Portrait de Jacques Clément, gravé sur bois. H. 0m150, L. 0m190.
Tête tournée à gauche; il est vêtu de son froc de moine, il a les
mains jointes. En haut : F. JAQUES CLÉMENT.

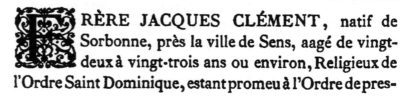

RÈRE JACQUES CLÉMENT, natif de
Sorbonne, près la ville de Sens, aagé de vingt-
deux à vingt-trois ans ou environ, Religieux de
l'Ordre Saint Dominique, estant promeu à l'Ordre de pres-

trise, voyant les grandes et insuportables cruautez et tyrannies que Henry de Valois exerçoit de jour à autre
envers les Catholiques, se délibéra de mettre et abandonner sa vie en proye, moyennant qu'il pleust à DIEU luy
faire la grace et lui donner force de tuer ledit de Valois :
parquoy il continua, par une longue espace de temps, en
jeusnes, prières et oraisons, invoquant DIEU à son ayde,
considérant en soi-mesme que son entreprise n'estoit en
rien moindre que celle de Judith, lorsqu'elle tua Holo-
fernes : pourquoy, après s'estre mis en bon estat, print
congé de ses Frères Religieux, se recommandant à leurs
prières, leur disant : Mes frères, j'espère, moyennant
l'ayde de DIEU, qu'avant qu'il soit peu de temps vous
oyrez parler de mon faict. Et, sur ce propos délibéré,
partit dudit Couvent des Jacobins de Paris, le lundy, dernier jour de Juillet, et, le lendemain, qui estoit le mardy,
premier jour d'aoust, après avoir présenté quelques lettres
au susdit de Valois, ce pendant qu'il s'amusoit à les lire,
tyra un cousteau qu'il avoit porté exprès, et, craignant
qu'il ne fust armé, lui en donna souz la ceinture à l'endroit du petit ventre, environ sur les huict à neuf heures
du matin. Et mourut ledit Henry de Valois, entre la nuit
du mardy et mercredy, sur les deux heures après la mi-
nuict. Quant au susdit Religieux qui le mit mort, fut à
l'instant pris et massacré. O très-heureux personnage, par
lequel la France poura desormais vivre en repos ! O très-
saint et Religieux homme, qui, sans suscitation de personne, as voulu librement exposer ta vie à la mort ! Hélas !
nous sçavons et confessons, très-heureux martyr, combien
la France vous est redevable, l'ayant délivrée des cruautez
et tyrannie de son vray Pharaon. Pourquoy je prie DIEU
qu'il lui plaise vous mettre avec les bienheureux au
Royaume de Paradis. Ainsi soit-il.

I

EUPLE, qui crains, et révères aussi
Ce puissant Dieu, à chacun honorable,
Jette les yeux dessus ces vers icy,
Et tu liras une histoire admirable.

II

Tu congnoistras que ce n'est rien d'un Roy
Lequel ne fait ce que la loy demande,
Et que bientost il va en désarroy :
Car ainsi Dieu le veut et le commande.

III

Tesmoing en est cest Henry de Valois,
Qui, aiant eu le François diadesme,
S'est faict tyran et mesprisant les loix :
Enfin est cheu en deshonneur extreme.

IV

Je te supply' qu'il ne t'ennuye point,
Ami Chrestien, si je te dis sa vie :
Je seray bref, allant de poinct en poinct,
A celle fin que je ne t'attedie.

V

Dès le moment et l'infortuné jour
Que ce tyran prit au monde naissance,
Il monstra bien qu'il n'avoit point d'amour
Et qu'il n'auroit jamais point de clémence.

VI

Il a esté eslevé et nourry
En tous pechez et voire en hérésie,
Qui luy avoit son meschant cœur pourry
Et quant et quant son orde ame moisie.

VII

Lorsqu'il alloit, soubs Charles bataillant,
Il soustenoit en tout les Hérétiques,
Et, du secours par soubs main leur baillant,
Il oppressoit les loyaux Catholiques.

VIII

Il a faict perdre et mourir à crédit
Un nombre, hélas! infiny de Gendarmes,
Et de plus a, le meschant et maudit,
Remply partout nostre France de larmes.

IX

Il n'avoit point aucun autre plaisir
Que de fureur, que de sang, que de rage;
Il n'avoit rien planté en son desir,
Que feu, que fer, que meurtre, que carnage.

X

Les Rochelois estoient du tout vaincuz
Et jà desjà s'apprestoient pour se rendre;
Mais il ayma beaucoup mieux leurs escuz,
Que les dompter, les ranger et les prendre :

XI

Monstrant par là que vrayment il estoit
L'aide et support de tous nos adversaires,
Et que tousjours faveur il leur prestoit
Pour empirer et aigrir les affaires.

XII

Après cela, en Pologne il passa,
Qui pour son Roy l'avoit voulu eslire :
Mais tout soudain, legier, il la laissa
Et s'en revint, sans mot aucun luy dire

XIII

Et vistement en France retourna,
Pour la vexer, tourmenter et destruire,
Car œuvre aucun jamais sceu faire il n'a,
Que perdre l'heur de ce François empire.

XIV

Le peuple, hélas ! partout s'esjouissoit
De son retour et de sa revenuë :
Mais le haut Ciel, qui mieux le cognoissoit,
Pleura longtemps d'une pluye menuë.

XV

Or, dès qu'il fut en France de retour,
En tous endroicts tout le peuple et l'Église
Jamais n'a eu cesse d'avoir tousjour
La pauvre main dedans la bourse mise,

XVI

Pour entasser de l'argent à ce Roy,
A ce tyran malin et exécrable,
Qui a tout mis en piteux désaroy,
Rendant partout son peuple misérable.

XVII

Il a, meschant, mesprisé les seigneurs
Et desdaigné les princes de hauts tiltres,
Et a poulsé à ses plus grands honneurs
Je ne sçay quels coquineaux et bélistres.

XVIII

Il n'eust jamais aucune piété,
Ny point de loy durant toute sa vie,
Mais hypocrite il a tousjours esté,
Dissimulant ainsi son infamie.

XIX

A la parfin, voulut faire mourir,
Dedans Paris, beaucoup de Catholiques,
Ne les faisant à autre but périr
Que pour aider aux meschants Hérétiques.

XX

Voila pourquoy le peuple se banda,
Pour ne souffrir ses desseins détestables,
Et promptement lors se baricada,
Pour n'endurer choses si exécrables.

XXI

Dès ce jour-là, le faux tyran, fasché
De voir ainsi sa volonté déceuë,
Et qu'on l'avoit bravement empesché
Qu'elle ne vint à sa cruelle issuë :

XXII

Il sortit hors de Paris, en jurant
Que tost après il la mettroit en cendre,
Et que, devant que voir la fin de l'an,
Pour se venger, feroit le peuple pendre.

XXIII

Et, pour venir aisément à la fin
De son vouloir et barbare entreprise,
Il fit semblant, comme estant caut et fin,
D'aimer le haut et bon seigneur de Guyse.

XXIV

Puis commanda les Estats assembler
Et se tenir à Blois, au bord de Loyre :
Mais, las ! c'estoit pour tout encor' troubler,
Ce que pour lors personne n'eust sceu croire.

XXV

Les Estats donc estans ainsi dresseȝ
Et assembleȝ de toutes les provinces,
Et voire jà plusieurs poincts avanceȝ
Et discourus par luy et par les Princes :

XXVI

Il fit (ô cœur et acte de tyran !)
Assassiner les hauts seigneurs de Guysse,
Qui aux Estats tenoient le premier rang,
Pour la Noblesse et aussi pour l'Église.

XXVII

Il fit après emprisonner tous ceux
Qui là estoient deputeȝ des provinces,
N'ayant esgard ou respect, ny à eux,
Ny à la foy des Rois et des hauts Princes.

XXVIII

Henry vit lors tout son peuple irrité
Encontre soy, pour tant de faicts iniques,
Et tout soudain accreut sa malheurté
Et se joignit avec les Hérétiques.

XXIX

Et furieux s'en vint devant Paris,
Y conduisant une puissante armée,
Menaçant feux, fers, flammes et périls
A la cité sur toutes estimée.

XXX

Si bien que jà tout le peuple trembloit,
Craignant beaucoup sa furie enragée,
Et jà desjà à un chacun sembloit
De voir partout la ville saccagée.

XXXI

Mais le grand Dieu, qui secourt au besoin
Le peuple sainct, qui tout en luy se fie,
Par sa bonté immense a eu le soin
Des Parisiens, de leurs biens et leur vie.

XXXII

Mouvant ce bon et sainct Religieux,
Jacques Clément, né au bourg de Sorbonne,
Lequel estoit prestre dévotieux,
Et qui tousjours eust l'ame saincte et bonne,

XXXIII

A réprimer ce tyran très maudit :
Ce qu'il a faict, voire de galant-homme,
Voyant que jà il estoit interdit
Par le décret du Saint Père de Rome.

XXXIV

Avec un glaive et cousteau bien petit,
Il a tué ce Tyran très inique,
Lequel n'avoit aucun autre appétit
Que de fouler le party Catholique.

XXXV

Et, luy ayant, hardy, donné les coups
Qu'il luy falloit pour l'oster de ce monde,
Il se jetta et mit à deux genoux
Et pria Dieu d'affection profonde.

XXXVI

Lors, les Archers des Gardes, furieux,
Voyant Henry lequel plaignoit la pance,
Frappèrent tous ce bon Religieux,
Le massacrans et navrans à outrance.

XXXVII

Religieux propice et fortuné,
Tu es vrayment généreux et louable,
Et heureux est le jour que tu fus né,
Pour estre à tous si bon et secourable !

XXXVIII

Tu as tout seul beaucoup plus entrepris
Que nostre Camp et toute nostre armée :
Tu dois avoir un grand los et grand prix,
A jamais doit florir ta renommée.

XXXIX

Près de la Seine, et au [bourg de Saint-Cloud,]
L'auguste jour des Liens [de Saint Pierre,]
Fut fait ce beau et salut[aire coup,]
Qui rompt les nœuds et [liens de la guerre.]

XL

Or, ce fut l'an mil[quatre vingt et neuf]
An très heureux, an [de joie et de grace]
Que ce Clément, avec [un couteau neuf,]
Tua Henry, le dern[ier de sa race.]

XLI

Roy de Navarre, [à présent tu n'as plus]
Aucun crédit, ny [puissance quelconque.]
Tu es matté, tu es [foible et perdu :]
Quand est de Roy, tu ne [le seras oncque.]

XLII

Car le François ne peut [et ne veut pas,]
Puisqu'il est bon, loyal et [Catholique,]
Avoir un Roy qui s'est dit [aux Estats]
Le protecteur de la bande [Hérétique.]

XLIII

Nous n'avons peur, ains[i que tu le vois,]
Ny de ton camp, ny de ton [exercite,]
Puisque desjà le Tyran [de Valois]
S'en est allé dans les ea[ux de Cocyte.]

XLIV

Mais je reviens à ce [Jacques Clément,]
Religieux très-dévot [et honneste,]
Qui a tué cest Henry incl[ément,]
Nous remettant en liesse [et en feste.]

XLV

Il faut, il faut qu'en un [temple honnoré,]
Il soit posé avec pompe [et grand' gloire,]
En or, ou bien en cuivre [eslaboré,]
Pour une ferme et dura[ble mémoire,]

XLVI

Et qu'à l'entour de son [noble portrait]
Et de sa claire et luisante [effigie,]
Le sculpteur grave avec [son meilleur trait]
Cest Epitaphe et discours [de sa vie :]

XLVII

Voicy, Chrestien, ce Clément bien-heureux,
Lequel jadis délivra [nostre France]
De ce Valois, dernier [Roy malheureux,]
Qui tint seize ans [tout le peuple en souffrance.]

XLVIII

Donc, mes François, [que chacun, d'an en an,]
Garde joyeux ceste [feste honnorée,]
Et que partout bien [solennellement]
Sa vertu soit à jamais [célébrée.]

XLIX

Faictes partout da . . . .
Le beau portraict et . . . .
De ce Clément, et fai. . . . .
Sa droicte main et son . . . .

L

Car cy après nostre . . . .
Parlant de luy, fera au. . . . . . .
Du los lequel vous at. . . . .
Qui à jamais vous orne . . . .

A Paris, par Pierre Mercier, imprimeur, rue du bon Puys, à l'Écrevisse.

XXXVI

PORTRAIT DE F. JAQUES CLÉMENT[1].

Portrait, gravé sur bois, qui paraît être une copie du précédent. Petit placard in-4, s. n. d. l.

Celuy qui (asseuré par divin mouvement),
Pour délivrer d'oppresse et l'Eglise et la France,
Frappa Henry-tyran, d'un cousteau, à outrance,
Est icy en tout poinct pourtraict naifvement.

FRÈRE JACQUES CLÉMENT, natif de Sorbonne, près Sens, aagé de vingt et deux ou vingt et trois ans, Religieux de l'Ordre Saint-Dominique, depuis un an promeu à la dignité de Prestrise, fort simple, mais dévotieux, voyant que Henry de Valois s'efforçoit en tout, par ses tyrannies et intelligences qu'il avoit avec les Princes Hérétiques de l'Europe, ruiner en France l'Eglise Catholique et ce Royaume très Chrestien, résolut d'y remedier à l'exemple de Judic (laquelle délivra

1. *L'Estoile a écrit à la suite du titre :* Honoré publiquement, à Paris, du nom de Martir par les prédicateurs mesmes : tant le Diable tenoit, en ce temps, ensorcelés les esprits des hommes !

la ville de Béthulie des cruelles mains d'Holoferne), et, pour ce faire, il se meit en prières vers Dieu, qu'il continua par jeusnes et veilles, depuis le mois de Janvier dernier, l'invoquant à son ayde pour achever une entreprise tant nécessaire pour le repos de l'Eglise et du Peuple, jusques à ce que lundy, dernier jour de Juillet, il partit du Couvent des Jacobins à Paris, et dit adieu à quelques Religieux, leur faisant entendre qu'il alloit à Orléans et qu'il se recommandoit à leurs prières, adjoustant que, premier qu'il fust trois jours, ils entendroient parler de luy. Néantmoins, au lieu de prendre le chemin d'Orléans, il s'en alla au Bourg du pont Saint-Cloud, distant deux [lieues] de Paris, où estoit Henry de Vallois, qui la tenoit assiégée. Et là, le lendemain, environ sur [les huit] à neuf heures du matin, qui estoit le mardy, premier jour d'Aoust, luy présentant quel[ques let]tres, par mesme moyen il luy donna un coup de cousteau dans le petit ventre, dont. . . . . Valois mourut la nuit ensuivante, sur...

XXXVII
PORTRAIT DE F. JAQUES CLÉMENT.

Portrait du même, gravé sur cuivre, H. 0^m120, L. 0^m122. En haut de l'estampe : F. Jaques Clément. L'Estoile a écrit au-dessus du nom : *C'est l'Enfer qui m'a créé.* Au bas, 4 lignes gravées sur cuivre.
    Ce portrait est vraisemblablement l'original, d'après lequel les deux précédents ont été gravés sur bois.

O très heureux personnage par lequel la France pourra désormais vivre en repos! O très sainct et Religieux homme, qui, sans suscitation de personne, as voulu librement exposer ta vie à la mort!

XXXVIII

Pourtrait des charmes et caractères de Sorcellerie de Henry de Valoys, IIIe du nom.

Grand placard in-fol., sans nom de lieu ni date.

Sigillum Dei vivi.

ORRIONA verus Deus Trinus et Unus Æternus, adjuva me et succure mihi peccatori ad te demo-clamanti, qui es Rex Regum et Deus Dominantium, te deprecor, miserere mei et libera me, HENRI DE VALOIS, ab omnibus inimicis meis visibilibus et invisibilibus! Kyrie eleyson, indica nocentes me, expugna impugnantes me. Messias, Sotter, Emanuel, apprehende arma et scutum. O Jesu bone, salva me, et exsurge in adjutorium meum, et fac que ego, HENRI DE VALOIS, in quocumque periculo belli aut alio fuero, non possim aliquando capi, lædi et occidi, sed securus evadam manus inimicorum meorum. Non intrent gladii in carne mea s-ti, per te JESUM, Salvatorem meum, confundantur inimici mei, et non confundar ego: paveant illi et non paveam ego. Indue super eos, Domine, afflictionem; fiant illi et anima illorum tenebræ et lubricum, et Angelus Domini coarctans eos, et sicut deficit fumus, sic deficiant illi a facie mea. Irruat super inimicos meos formido, et pavor in magnitudine brachii tui, Domine, et fiant immobiles, quasi lapis, donec transeam ego. JESUS autem transiens per medium illorum ibat: et ego transibo in nomine Adonay † Jaspar, Melchior, Balthasar, sim invinsibilis, illesus, non captus, non occisus, per sanctum nomen JEHOVA vivens et regnans secula seculorum Amen. JESUS.

Au bas de cette pancarte encadrée se trouvent, à chaque coin, deux médaillons portant les légendes suivantes :

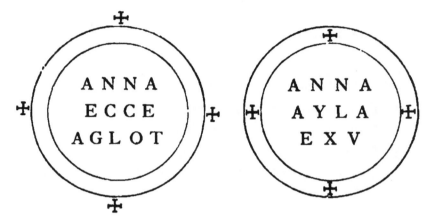

Au-dessous de la pancarte est une constellation de médailles, dont vingt-cinq forment la ceinture d'un petit cercle, qui renferme huit autres médailles, rayonnant autour d'un grand cercle intérieur qui contient une légende figurée de signes cabalistiques.

Ce dernier cercle central présente des signes et lettres bizarres, parmi lesquels on croit reconnaître les lettres R et F; des croix; les syllabes *et, do, ac, lo, tior;* les mots *Enoc, magot, co, Mech., so.*

Les huit médaillons qui entourent le petit cercle intérieur portent les inscriptions de face et les légendes circulaires suivantes :

a. Pour apaiser la cholère et se faire aymer de tous.
  † *Iram tollit multum et dat amorem omnium personarum.*

— † *Amor — et ab omnibus me et ibis Jnc.*

b. Pour se faire aimer des hommes et des femmes. † *Amorem hominum ac mulierum habebis et ab omnibus diligibis* (sic).

—† V † 3 † O †   †   † A † N † S † 6 A † (en légende autour d'une croix cabalistique, aux quatre bras de laquelle on lit : *tua ut illa A.*)

c. Pour estre délivré de tout empeschement. † *Ab omni † impedimento † respiciendo † liberaberis.*

d. Pour commander aux Diables, aux Puissances de l'air, au feu et à la flamme. † *Dæmones ei obedient et potestates aereas* (sic), *ignis, flamma.*

e. Contre les Serpens, le Diable et le fer. † *Serpentes* †
Demones † *Ferrum.*

Ely h bolyer Jhael. † *Agios et cos at anaiæ ysquiros
ysmes eleyson.*

Autour du cercle qui environne ces huit médaillons sont tracées
les vingt-cinq autres médaillons que nous décrivons, en suivant d'a-
bord l'ordre de ceux qui portent un numéro :

1. Pour ne pouvoir point estre trahi. † *Qui hoc signum
secum portavit ab aliquo tradi non poterit.*

2. Pour ne craindre point la haine de son maistre. †
*Qui hoc signum secum portabit non timebit odium
domini sui.*

3. Pour mourir en la grâce de nostre Seigneur. † *Qui
hoc signum secum portabit in graciam Domini
nostri Jesu Christi morietur.*

4. Contre les phantosmes et les embusches du Diable.
† *Qui hoc signum videbit vel portabit fantasmata
vel demonii.*

5. Contre tous dangers. † *Hoc est inefabile nomen
Domini contra omnia periculla.*

6. C'estoit icy le nom merveilleux, qu'il dit qu'Aaron
portoit sur le front. † *Hoc mirabilissimum nomen
in fronte tulit Aaron, et sanctum est.*

7. Pour ne craindre point les phantosmes. † *Qua die
hanc figuram videbis carceres nec mala fantasmata
timebis.*

8. Pour ne mourir point ès armées. † *Qui hoc signum
secum portabit non morietur in armis.*

11. Pour ne craindre point son adversaire ny aucun
crime. † *Qui hoc signum secum portabit non timebit
adversarium nec aliquod crimen.*

12. Pour ne mourir point de mort soudaine. † *Portans
hanc figuram subitanea morte non morietur.*

13. Pour ne se fourvoyer point en chemin. † *In qua-*

cumque die videbis et tecum portabis non errabis in via.

14. Pour faire qu'une femme soit délivrée et enfante promptement. † *Mulier in partu hanc figuram et eis pariet.*

15. Pour ne mourir point par les armes. † *Qui hoc signum portabit non armis morietur.*

16. Le signe (ce dit-il) de Moyse, quand Dieu s'aparust à luy. † *Sanctum signum Dominus apparuit facie Moysi, et est cum eo qui secum portabit.*

17. Pour ne périr point le jour qu'on auroit veu ceste marque, qu'il nomme de la Trinité. † *Hoc est signum sancte Trinitatis, et in qua die videbis non peribis.*

Quatre autres médaillons en dehors de ce cycle, et accostés aux médaillons de droite (nos 4 à 7), portent, au lieu de chiffres de repère ou de numération, les lettres F. G. H. I. :

F. Pour ne craindre point les phantosmes. † *Qui hoc signum secum portabit fantasmata non timebit.*

G. Contre le tonnerre et la tempeste. † *Qua die hoc signum videbis, tonitruum nec tempestas tibi nocebit.*

H. Pour surmonter les malings esprits. † *Hanc figuram dedit Dominus Karolo gimagno per quam superavit malignos spiritus.*

I. Pour estre en la bonne grace de tous. † *Qua die hanc figuram videbis gratum amorem omnium habebis.*

Deux autres médaillons sont intercalés, sans chiffres ni lettres, entre les médaillons nos 7 et 8 et 8 et 11 du grand cycle :

— † ANNA EXE AGLOTH (en légende, autour d'une croix, dans laquelle sont deux signes cabalistiques).

— † *Ictis permanebis in placito* (en légende, autour d'une figure octogone).

Le médaillon suivant se trouve en dehors du cycle, et il est accosté au médaillon précédent et au médaillon no 11 :

— † *Qua die videbis omnia* (autour d'une figure formée de trois signes cabalistiques).

Un quatrième médaillon, sans chiffres ni lettres, est aussi en dehors du cycle, et se trouve accosté aux médaillons nᵒˢ 15 et 16 :

— † *Qua die hanc figuram videbis, potens hibis et atis* (en légende, autour d'une croix, dont les quatre bouts semblent des croix de Lorraine, et renferment quatre signes cabalistiques, posés 1, 2 et 1).

Enfin, une seconde pancarte, placée au-dessous de la constellation de tous ces médaillons, en contient deux autres, qui sont encastrés dans lapartie supérieure de son cadre :

DVLCISSIME JESV QUI RESPONDISTI JVDEIS

Volentibus te capere : Ego sum. Tunc abierunt retrorsum et ceciderunt in terram, ita quod illa hora tibi nocere non potuerunt, sicut verum esse confiteor ita me Domine Jesu Christe. HENRI DE VALOIS liberare digneris ab omnibus inimicis meis mihi nocere quærentibus et eos retrorsum abire facias, nec aliquot malum mihi possint inferre, sed securus evadam manus inimicorum meorum, ad laudem nominis tui, quod est bene dictum in secula seculorum Amen JESUS. Dissipa, Domine, gentes et omnia consilia maligna inimicorum meorum per ista sanctissima nomina tua, Jesus, Salvator, Emanuel.

Les deux médaillons encastrés, comme on l'a figuré ci-dessus, portent ces légendes :

1° Pour faire fleschir tout sous soy. † *In nomine omnes gentes flectantur cœlestium, terrestrium, inferorum.*

2° (Signes cabalistiques).

† *Qua die anc figuram videbit dam. Africas.*

Et, à droite et à gauche de cette pancarte, se trouvent ces deux médaillons avec leurs légendes :

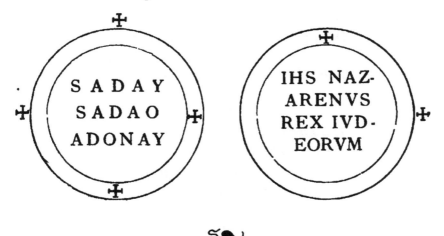

SADAY
SADAO
ADONAY

IHS NAZ-
ARENVS
REX IVD-
EORVM

XXXIX

CHANSON SPIRITUELLE

Et action de graces, contenant le discours de la vie
et tyrannie de Henry de Valois, et la louange
de frere Jacques Clément, qui nous a
délivré de la main cruelle de ce Tyran,
le premier jour d'Aoust,
l'An de grace 1589.

Dédiée a tout le peuple Catholique de FRANCE,
par A. D. R. L.

Placard in-fol., sur 3 col., s. n. d. l. ni d'imprimeur. Cette chanson est une répétition souvent littérale, dans un autre mètre proso-
dique, de la pièce ci-dessus, p. 105 à 113.

CELUY *qui avoit tant trompé*
Le peuple François et l'Eglise,
Est mort, et a esté frappé
D'un qui pour nous sa vie a mise.

I

Henry de Valois, dès le jour
Qu'il prit en ce monde naissance,
Monstra qu'il n'avoit point d'amour,
Point de piété, point de clémence.

II

Il a esté tousjours nourry
En vices et en hérésie,
Où son cœur estoit tout pourry
Et son ame toute moisie.

III

Soubz le Roy Charles bataillant,
Il soubstenoit les Hérétiques,
Et, secours soubs main leur baillant,
Il oppressoit les Catholiques.

IV

Il a faict mourir à crédit
Un nombre infiny de gens d'armes,
Et a, le meschant et maudit,
Remply nostre France de larmes.

V

Il n'avoit point d'autre désir
Que de sang, de meurtre et de rage;
Il n'avoit point d'autre plaisir
Que la cruauté et carnage.

VI

Les Rochelois estoient vaincus
Et à luy jà se vouloient rendre :
Mais il ayma mieux leurs escus,
Que les surmonter et les prendre.

VII

Monstrant bien par là qu'il estoit
Le support de noz adversaires,
Et que faveur il leur prestoit,
Pour aigrir tousjours les affaires.

VIII

Puis, en la Pologne il passa,
Qui pour Roy l'avoit faict eslire,
Mais tost après il la laissa
Et s'en revint, sans mot luy dire.

IX

Et en la France retourna,
Pour la tourmenter et destruire :
Car jamais rien sceu faire il n'a
Qu'affliger le François Empire.

X

Las! chacun se resjouissoit
De son retour et revenue :
Mais le Ciel, qui le cognoissoit,
Pleuroit d'une pluye menue.

XI

Dès qu'il a esté de retour,
Le Peuple François et l'Eglise
N'a eu cesse d'avoir tousjours
La main dedans la bourse mise,

XII

Pour fournir argent à ce Roy,
A ce tyran très exécrable,
Qui a tout mis en désarroy,
Rendant son peuple misérable

XIII

Il a mesprisé les seigneurs
Et les princes de plus hauts tiltres,
Et a advancé aux honneurs
Des petits coquins et belistres :

XIV

Tel qu'a esté un d'Espernon,
Lequel se nomme Jean Valette,
Qui a esté son seul mignon
Et qui faisoit tout à sa teste.

XV

Il n'avoit point de piété,
Ny point de foy : durant sa vie,
Tousjours hypocrite a esté,
Dissimulant son infamie.

XVI

Enfin voulut faire mourir,
Dans Paris, plusieurs Catholiques,
Et ne les faisoit point périr
Que pour ayder aux Hérétiques.

XVII

Parquoy, le peuple se banda
Contre ses desseins détestables,
Et partout se baricada,
Pour ne [pas] veoir chose exécrable.

XVIII

Dès ce jour, le Tyran, fasché
De voir sa volonté deceue,
Et qu'on l'avoit bien empesché
Qu'elle n'eust point jà fière issue,

XIX

Il sortit de Paris, jurant
Qu'il la réduiroit tout en cendre,
Et que, devant qu'il fut un an,
Il feroit tout le peuple pendre!

XX

Et, pour mieux venir à la fin
De son vouloir et entreprise,
Il fit semblant, comme estant fin,
D'aymer le haut seigneur de Guyse.

XXI

Puis fist les Estats assembler
A Blois, près le fleuve de Loyre,
Mais c'estoit pour mieux tout troubler:
Ce que pour lors l'on n'eust sceu croire.

XXII

Les Estats donc estant dressez,
Et venuz de toutes provinces,
Et plusieurs propos prononcez
Par luy et par les autres princes,

XXIII

Il fit (ô acte de tyran!)
Massacrer les seigneurs de Guyse,
Qui là tenoyent le premier rang
Pour la Noblesse et pour l'Eglise,

XXIV

Et fit emprisonner tous ceux
Qui estoient esleuz des provinces,
Sans avoir esgard ny à eux
Ny à la foy des Roys et princes.

XXV

Puis, voyant son peuple irrité
Contre luy, pour ce faict inique,
Il a accreu sa malheurté,
Il s'est joinct avec l'Hérétique.

XXVI

Il est venu devant Paris,
Avec une puissante armée,
Menaçant dangers et périls
A la ville tant renommée.

XXVII

Si bien que le peuple trembloit,
Craignant sa furie enragée,
Et jà à un chacun sembloit
De veoir la ville saccagée.

XXVIII

Mais Dieu, qui secourt au besoin
Le peuple qui en luy se fie,
Par sa bonté a eu le soin
Des Parisiens et de leur vie,

XXIX

Mouvant le cœur dévotieux
De Jacques Clément, de Sorbonne,
Bon prestre et bon Religieux,
Qui tousjours a eu l'ame bonne,

XXX

A tuer ce Tyran maudit :
Ce qu'il a faict, le galant-homme,
Voyant qu'il estoit interdit
Par nostre Sainct Père de Rome.

XXXI

Avec un cousteau bien petit,
Il a tué ce Roy inique,
Ce tyran meschant et maudit,
Vray ennemy du Catholique.

XXXII

Et, luy ayant donné les coups
Qu'il falloit pour l'oster du monde,
Il s'est jetté à deux genoux,
Priant Dieu d'amitié profonde.

XXXIII

Les Quarante-cinq malheureux,
Voyans Henry, plaignant la pance,
Ont frappé ce Religieux,
Le massacrant à toute outrance.

XXXIV

O Religieux fortuné !
O heureux ! ô vrayment louable !
Heureux le jour que tu es né,
Pour nous estre si secourable !

XXXV

Tu as tout seul plus entrepris
Que nostre camp et nostre armée :
Tu mérites un trèsgrand prix
Et une grande renommée !

XXXVI

Près de Seine, au bourg de Saint-Clou,
Le jour des Liens de Sainct Pierre,
Fut faict ce beau et heureux coup,
Qui rompt les liens de la guerre;

XXXVII

Roy de Navarre, tu n'as plus
Ny force ny pouvoir quelconque.
Tu es foible, tu es perclus :
De Roy, tu ne le seras oncque.

XXXVIII

Le peuple François ne veut pas,
Puisqu'il est bon et Catholique,
Avoir un Roy qui, aux Estats,
S'est declaré pour hérétique.

XXXIX

Nous n'avons peur, comme tu vois,
De toy ni de ton exercite,
Puisque le tyran de Valois
Est allé aux eaux de Cocyte.

XL

Mais je reviens à ce Clément,
A ce Religieux honneste,
Qui a tué le faux Tyran
Et nous a tous remis en feste.

XLI

Il faut, qu'en un temps honnoré,
Il soit mis, avec grande gloire,
En or, ou cuivre, eslaboré,
Pour une éternelle mémoire !

XLII

Et, qu'à l'entour de son portraict
Et de sa luysante effigie,
L'on mette, avec un brave traict,
Cest épitaphe de sa vie :

XLIII

C'est icy ce Clément heureux
Qui jadis délivra la France
Du dernier Valoys malheureux,
Qui tenoit le peuple en souffrance.

XLIV

Parquoi, que chacun, d'an en an,
Célèbre la feste honnorée,
Et que bien solennelleman
Sa louange soyt célébrée.

Sur le chant : *France reduicte en vertu.*

XL

L'ADJOURNEMENT

FAIT A HENRY DE VALOIS

POUR ASSISTER AUX ESTATS TENUS

AUX ENFERS.

A Paris, pour A. du Brueil. Avec permission et approbation des Docteurs
de la Faculté de Théologie[1]. — M.D.LXXXIX.

Gravure sur bois, en tête du placard. H. 0^{m}100, L. 0^{m}215. Gr. in-fol. Texte sur 2 col.

Au milieu de la gravure, Satan, sous la figure d'un homme couvert de poil, à tête de porc cornu, avec queue et pieds à trois griffes, tend la main à Henri de Valois; à droite, la bouche de l'Enfer. Dans le haut, un démon ailé emporte le Roi.

L'HUISSIER INFERNAL.

HENRY, *je suis venu du profond de l'Enfer,*
Par le commandement du monstrueux Lucifer,
Affin de t'advertir qu'en la présente année

---

1. *L'Estoile a ajouté de sa main:* Notable attestation!

Cinq cens quatre vingts neuf, *est faite une Assemblée*
De tels fautifs que toy, et mesme, si tu vois
En quelque lieu escart Henri le Biarnois,
Raconte-luy aussi le mesme adjournement,
Fait ainsi que dessus, par le commandement
De celuy qui souvent accolle Proserpine.

HENRY DE VALLOIS.

Dites-luy, mon mignon, que son âme et la mienne
Sont tout d'un mesme poids et mesme égalité :
De luy je la receus, dès ma nativité,
Pour le gage promis de ma meschante vie,
Qui, ainsi que l'on sçait, tousjours s'est ensuyvie :
Car je suis asseuré, depuis que me congnois,
Et qu'indigne ay porté le sceptre des François,
Je ne feis bien aucun, mesme dès mon enfance ;
J'ay quitté la vertu pour faire résistance
Aux vices plus fréquents, comme vray bordelier,
Et puis après, je fus et suis encor sorcier.
Bref, je suis si meschant, que mon inique vie
A mes plus grands amis le plus souvent ennuie,
Et voudroyent me voir mort, ou que m'eust emporté
Avecques celle-là qui mon corps a porté.

L'HUISSIER INFERNAL.

De vivre, mon Henry, ne soiez si tost las :
Le Prince des Enfers va tenir ses Estats,
Où j'entens que serez son digne secrétaire,
Et Henry Biarnois, son grand apoticaire.
Quand au petit valet, maistre Jean d'Espernon
Sera de Lucifer le grand porte-cotton.
D'O, d'Aumont, et Biron, et l'aisné La Valette,
Seront vestus à neuf d'une longue jaquette,
Et puis l'on donnera aux chiens coupes jarrets,

A chascun un cordeau, pour pendre leurs sifflets.
Bref, l'on ordonnera si bien de vos affaires,
Que jamais les François ne vous seront contraires.

HENRY DE VALLOIS.

A ton dire, monsieur le Sergent diabolique,
Lucifer renge bien sa noire république.
Mais que feray-je, moy qui n'entends son jargon?
Il faudra que je sois son perroquet mignon
Et que sois enfermé longtemps dans quelque cage,
Avant qu'avoir apprins son marmotin langage?

L'HUISSIER INFERNAL.

Ne te chaille, Henry : allons légèrement,
Car je te serviray de fort bon truchement,
Et n'aye soucy de rien, je ferai ton affaire.
Despeschons vistement, car il est nécessaire
Que tu sois sur le banc des assis les premiers,
Pour débattre à ton tour la cause des sorciers;
Mais non seulement toy, mais toute ta quenaille,
Affin que des François soit hors mis la raquaille,
Pour à chascun d'iceux faire la récompence,
Selon les braves faits qu'ils ont forgé en France.

HENRY DE VALLOIS.

J'ay si mal aux tallons, que je ne puis trotter;
Mais je suis bien content, si tu m'y veux porter,
D'y estre promptement, puisqu'il est nécessaire
Pour à ce grand seigneur au vouloir satisfaire.
Je sçay bien que je suis l'un de ses favoris
Et que je suis du rang de ses plus grands amis.
Pourquoy, de différer je serois grosse beste,
Et mesme j'aurois peur qu'il fit dessus ma teste
Tomber quelque malheur, de collère irrité.

L'HUISSIER INFERNAL.

Tu as dit vray, Henry, et si as mérité
D'estre le premier chef de la gent Diabolique,
Car tu sçais mieux qu'aucun la secrette pratique.

(Ici il l'emporte aux Enfers.)

Ayeζ le cœur joyeux, anjance misérable,
Et faictes de là bas venir le plus grand Diable
Au devant de Henry, vostre grand serviteur,
Qui fut de tant de maux en son temps inventeur.
Hasteζ-vous vistement! Quoy? Vous n'en teneζ compte?
Mais sereζ esbahis, mais que je vous racompte
La volonté qu'il a de faire le debvoir,
Si bien que, s'estant fuy, vous le voudrieζ ravoir.
Veneζ donc vistement, et, soudain, qu'on le happe
Et saisisse au collet! car j'ay peur qu'il m'eschappe.

XLI

L'HERMITAGE
PRÉPARÉ POUR HENRY DE VALOIS.

A Paris, pour A. du Breuil. Avec permission, et approbation des
Docteurs de la Faculté de Théologie[1]. — M. D. LXXXIX.

Gravure sur bois, en tête du placard, in-folio, texte sur 2 col.
H. 0^m140, L. 0^m242.

A droite, Henry de Valois, accompagné de deux hermites infernaux,
à pattes d'oiseaux de proie, dont l'un porte un chapelet à la main,
et l'autre au col, lesquels ne sont autres que des Pénitents du Roi,
s'avance vers l'entrée de l'Enfer, qui vomit des flammes.

LES HERMITES INFERNAUX.

Laisseζ, Henry, laisseζ les monastères humains,
Et cesseζ de hanter Feuillans et Capuchins,

1. *L'Estoile a ajouté :* Notable attestation pour des Docteurs de Sorbonne!

Qui sont les lieux ausquels avez fait l'hipocrite,
Et venez avec nous porter l'habit d'Hermite.
L'Hermitage est tout prest, nous l'avons préparé,
Et de chesnes et de fers tout à neuf réparé.
Pourquoy, ne feignez point : tout y est en bon ordre.

FRÈRE HENRY DE VALOIS.

Je le veux bien, Fratres, mais il faut sçavoir l'ordre,
Et qui est le pater de ce lieu retiré.
Car, ès qu'en iceluy vous m'eussiez attiré,
J'aurois, à mon advis, un peu par trop affaire,
Si je changeois d'advis à m'en pouvoir deffaire.

LES HERMITES INFERNAUX

Le pater, frère Henry, est un homme incogneu,
Monstreux, noir, enfumé, fort puissant et cornu,
Qui n'a nul blanc en l'œil. Mais ne perdez courage
Pour cela, car je suis du susdit hermitage
Fidelle secretain, tellement que je peux,
Au dire coustumier, faire d'un diable deux.

FRÈRE HENRY DE VALOIS.

Fratres, s'il est ainsi, vous m'estes agréables :
Aussi bien suis-je au rang des hommes misérables.
Je veux vivre avec vous et mourir désormais
Et délaisser ça bas chasteaux, villes, palais,
Et sceptre couronné, à cil qui le mérite,
Et veux tout maintenant porter l'habit d'hermite ;
Mais je suis en soucy de tous mes serviteurs
Qui seront, à l'instant, coquins ou crocheteurs,
Ou bien trop assurés auront pour récompense
La corde autour du col, au bout d'une potence.

LES HERMITES INFERNAUX.

Nous ne sommes, Henry, en ce lieu assemblez
Pour vous faire aucun tort. Je vois que vous tremblez.
Dites-nous quel' frayeur assaut vostre personne?
Car de vous voir craintif grandement je m'estonne,
Et non seulement moy, mesme mon compagnon
A de ceste frayeur mauvaise opinion.
Dites-nous donc le mal qui poinçonne vostre ame
Et quel est le chagrin qui vostre cœur entame?
Vous avez la couleur d'un moine renyé,
Morne, pasle et deffait, comme un excommunié.
Il est vray que jamais le trahistre, de nature,
Ne porte gayement une belle figure,
Ains, recellant dans soy un tas de passions,
Couve dedans son sein cent mille trahisons.

FRÈRE HENRY DE VALOIS.

Or, je voy maintenant que je suis descouvert
Et que rien sous le ciel n'est caché ne couvert!
Les Dieux advisent tout et prennent cognoissance
Des maux faits et commis depuis nostre naissance.
Tout se monstre à leurs yeux, quelque caché qu'il soit,
Et puis salaire seur un chascun en reçoit.
C'est maintenant qu'il faut, hélas! qu'il faut que die,
Moy meschant de Vallois, où gist ma maladie.
Mes frères, entendez-moy, qui jà estes grisons,
Qui me voulez mener dans vos noires prisons,
Entendez, s'il vous plaist : je vous diray l'affaire
Et le mal qu'esperois, après icelle faire ;
Pourquoy j'ay commandé à cinq ou six bourreaux
Mettre à mort les Guisards, des François les flambeaux,
Esperant, par après, que leur mort innocente
Deust faire ma fureur dessus tous triomphante.

LES HERMITES INFERNAUX.

Nous le sçavons, Fratres, car les Princes infernaux
Ont fait pour ce malheur chauffer tous leurs fourneaux.
Mesme quasi Pluton chascun jour croist sa rage,
Qui ne vous tient captif dedans nostre Hermitage,
Où serez bien venu... Hastez-vous vistement
De venir avec nous, pour faire le serment.
Je sçay bien que l'habit de gris vous sera propre :
Changeons, prenez le mien et me baillez le vostre.

FRÈRE HENRY DE VALOIS.

O que je suis heureux de sçavoir où loger,
Non comme vagabondis en pays estranger,
Mais avec mes amis qui, jour et nuict, sans cesse,
Pour me desennuyer, me chatouillent et caressent !
O bien heureux celuy qui peut vivre avec eux
Et qui peut comme moy leur estre gracieux !
O bien heureux, Fratres, bien heureux l'hermitage
Que vous avez receu pour infini partage !
Pourquoy, tout maintenant je veux me despoüiller,
Et d'un long manteau gris, comme vous, m'habiller.

XLII

La Marmitte renversée des Huguenots, Politiques, Atheïstes, Espernonistes, Libertins.

Avec la complainte des Ministres et Predicans du Royaume de France.

Gravure sur bois, en travers. H. 0ᵐ284, L. 0ᵐ370.

Au milieu de l'estampe, la Marmite, contenant cinq personnages dont on ne voit que les têtes. A gauche, Henri de Valois cherche à faire pencher la Marmite, pendant que Jacques Clément lui enfonce un couteau dans le ventre, et que, de l'autre côté, le roi de Navarre s'efforce de soutenir ladite Marmite. Derrière eux, les mignons du Roi, d'Aumont, Biron, d'O, etc. A droite, on voit Jean d'Espernon le Souffle-feu, comme l'indique l'inscription gravée au-dessous de lui. Les vers (?) sont sur deux col., dans un cadre au-dessous de l'estampe.

Las! *Prince des Navarrois, tu te romps la teste*
De penser relever nostre pauvre Marmite,
Puisque nostre bon Roy, qui en estoit le support,
Par un Frère Jacobin a esté tué et mis à mort.
Je pense qu'en Angleterre il nous faudra aller,
Puisqu'en ton païs ne pouvons pas retourner.

Toy, *Jean d'Espernon, tu as beau y souffler,*
Le bois que fais apporter ne sert de rien au feu.
Le brouët est espandu, que tu avois fait dresser :
Il faut que tu en sois banny et aille en autre lieu,
Et aussi d'Aumont, Biron, et d'O, tous tes compagnons,
Qui en une nuict estes venus, comme les champignons.

XLIII

Le Départ du Roy de Navarre du bourg Saint-Clou, et la conduite du corps de Henry de Vallois à Poissy, accompagné du désespéré Despernon, Du Gastz, et de Larchant, et leurs alliés.

A Paris, par Roland Guérard et Nicolas Prevost, demeurant
ruĕ Montorgueil, au bon Pasteur.

Gravure sur bois, en travers, avec inscriptions gravées sur la planche. H. 0^m199, L. 0^m325.

Le cortége funéraire défile de gauche à droite; en tête du convoi : AVEN-GARDE DU ROY DE NAVARE. Ensuite : LE CORPS DE HENRY DE VA-LOIS, sur un char couvert d'un drap noir semé de larmes d'argent, avec l'initiale couronnée du défunt (H.). Auprès du char, trois pleureurs à cheval : ÉPERNON, LEGAS, LARCHAN; derrière, LE ROY DE NA-VARRE et sa suite, tous à cheval. Dans le lointain : SAINT-CLOU, LES BOIS DE POISCY (sic), et POISCY.

Les vers sont sur trois col., dans le cadre de l'estampe.

L'homme, à quelque grandeur qu'il puisse parvenir,
Soit par l'effort des armes ou par succession,
De mourir, chacun jour, il luy fault souvenir,
Et que subject il est à putréfaction :
Par quoy, durant le temps d'une tant briefve vie,
A employer ses ans à bien faire ayt envie.

Las ! nous le voyons bien, entre nous, Despernon,
Du Gast, et de Larchant, à la mort d'un tel Roy,
Qui tant se promettoit d'eslever nostre nom !
Nous ne luy saurions moins qu'aprester ung charoy
Et tous ses officiers le conduire à Poissy,
Avec deuil, pleurs et larmes, ayans le cœur transy.

Combien ceste grand' trouppe et armée furieuse,
Par laquelle esperoit soubz-boulleverser Paris,
L'accompagnant, sera grandement doulloureuse !
En pleurs se sont changés leurs désespérés cris :
Et ce Roy Navarrois, qui le maine à Compiègne,
Preine exemple sur luy, qu'ainsi ne lui en preigne.

XLIV

ORDRE DE L'OFFICIALITÉ DE PARIS

Pour faire annoncer aux Prosnes, que toute
personne qui détiendra des meubles ou
de l'argent, etc., provenant des Hérétiques et autres estans du parti contraire
à la Saincte Union des Catholiques, sans
en rendre immédiatement compte au
Procureur de ladite Union, sera excommunié.

Placard in-fol. en longueur, sans nom de lieu ni d'imprimeur.

Officialis *Parisiensis omnibus Presby-*
teris et notariis nobis subditis, Salutem
in Domino. Vobis mandamus Que, de
nostre part, vous admonnestiez, aux
Prosnes de voz Eglises, et à la requeste
du Procureur de la Chambre establie au Trésor, sur
le faict de la vente et aliénation des biens des Hé-

Hérétiques, leurs fauteurs et adhérans et autres tenans le party contraire à la Saincte Union, complaignant, et ce suivant l'arrest de MM. du Conseil Général de l'Union des Catholiques, en date du xxiiij Avril dernier passé, signé SENAULT. Tous ceux et celles qui sçavent, ou ont cognoissance d'avoir esté pris ou saisis, depuis la feste de Noël dernier passé, en quelque sorte et manière que ce soit, aucuns meubles, deniers, argent monnoyé, ou non monnoyé, bleds, vins et autres denrées, sur les hérétiques absens ou présens et autres estans du party contraire à la Saincte Union des Catholiques, en ceste ville de Paris et lieux circonvoisins d'icelle. Ceux et celles qui ont vendu, ou faict vendre lesdicts biens, sans en avoir rendu ny tenu loyal compte, ou qui retiennent encores de présent lesdicts biens, ou partie et portion d'iceux, ou les deniers qui sont procedez de la vente d'iceux, sans avoir rapporté et représenté les inventaires et procès-verbaux fidelles et véritables qui en doivent avoir esté faicts, et iceux mis ès mains dudict Procureur, suyvant ledict arrest, ou justifié qu'ils ont esté par eux deposez en autre lieu public, et ès mains de qui. Ceux qui sçavent que auxdicts inventaires et procès-verbaux de vente y a eu quelque obmission, recellement, ou défectuosité : et qu'au lieu d'en faire loyal inventaire et procès-verbal de vente, lesdits meubles ou partie d'iceux ont esté destournés ou appliqués au proffit particulier d'aucuns qui en ont disposé sans l'auctorité et ordonnance expresse du magistrat. Ceux qui gardent, retiennent ou recellent, et ont en leur puissance, soit par forme de dépost, ou autrement, aucuns biens meubles, or, argent, grains, vins et autres denrées appartenans aux Hérétiques, leursdicts fauteurs ou adhérans et autres tenans le party contraire à la Saincte Union, ou qui leur doivent aucunes sommes de deniers, rentes et autres choses, soit par prest ou autrement, ou qui sçavent que lesdicts deniers et autres choses sont deües auxdicts Hérétiques et leursdicts fauteurs. Ceux qui retiennent les deniers qui ont esté levez sur les volontaires, ou autrement, en ceste ville de Paris. Qui des choses susdites, ou aucunes d'icelles, ont veu, sceu, cogneu, entendu, aperceu, ou ouy dire aucunes choses, et icelles latité, occulté et recellé, comme encores à présent latitent, occultent, et recellent induement et injustement, au grand préjudice, perte et dommage de la Cause. *Ut ipsi, infra sex dies proxime venturos postquam hæ nostræ præsentes literæ ad eorum notitiam devenerint, quorum sex dierum duos pro primo, duos pro secundo, et reliquos duos dies pro tertio et peremptorio termino ac monitione canonica assignamus, eidem conquerenti in præsentia Notarii ac testium revelent ac denuntient. Alioquin ipsos omnes et singulos, cujuscunque gradus, sexus vel conditionis existant, sex primis diebus elapsis, exnunc prout et extunc et e contra, his in scriptis excommunicamus. Quam excommunicationis sententiam si in se, præter alios sex dies præfatos, sex immediate sequentes sustinuerint, ipsos in eisdem scriptis aggravamus. Si vero præfatas excommunicationis et aggravationis sententias in se per alios sex dies sequentes corde et animo indurati in se sustinuerint, ipsos in eisdem scriptis reaggravamus, excomunicatos, aggravatos et reaggravatos a nobis in Ecclesiis vestris palam et publice nuncietis. Datum Parisiis, sub sigillo Curiæ nostræ, una cum signeto nostro, anno Domini millesimo quingentesimo octuagesimo nono, die 13 mensis Septembris.*

Signé :   CORDONNIER.

Collatio præsentis copiæ facta est ad originales Litteras sanas et integras, non vitiatas, non cancellatas, nec in aliqua harum

parte suspectas, per nos, publicos, autoritate Apostolica, Curiæ-
que Episcopalis Parisiensis Notarios Juratos et immatriculatos.
Anno Domini millesimo quingentesimo octuagesimo nono, die
14 mensis Septembris.

XLV

Extrait des Registres de la Chambre
establie au Trésor,
pour l'execution de l'Édict d'Union.

Placard petit in-4°, sans nom de lieu ni d'imprimeur.

Ce jourd'huy, sur la Requeste faicte à la
Chambre par le procureur d'icelle, A
esté ordonné que deffences sont faictes à
tous Receveurs de Maisons de Ville,
Payeurs des rentes, et tous autres Rece-
veurs comptables, tant généraux que particuliers, ensemble à tous fermiers et autres débiteurs, de payer aucune
chose deüe aux Hérétiques leurs fauteurs et adhérans,
absens et autres, tenans le party contraire à la Saincte
Union, soit à cause de rentes, fermes, gaiges, cédules,
obligations, loyer de maisons, ou autres debtes, sur peine
de payer deux fois; réservé toutesfois à ceux qui préten-
dront droict ou hypothecque sur lesdictes rentes, fermes,
gaiges et debtes, soit par cession ou autrement, de se
pourveoir pardevers ladicte Chambre, pour leur estre,
par icelle, avec cognoissance de cause, pourveu ainsi

qu'il appartiendra. Faict en la dicte Chambre, le 13 jour de Septembre 1589.

XLVI

De par Monseigneur le Duc de Nemours et de Genevois, et les Prevosts des marchans et Eschevins de la Ville de Paris.

Placard in-fol. en longueur, sans nom de lieu ni d'imprimeur.

MONSIEUR,

La nécessité de fortifier promptement cette ville contre l'invasion des ennemis de Dieu et de l'Estat, qui en menassent la ruine, nous a contrainct d'employer les bourgeois, manans et habitans de vostre quartier, à la fortification d'icelle, en quoy ils se sont dignement employez. Mais, ayans recogneu l'impossibilité d'y continuer et de faire les gardes èsquelles le devoir de la guerre les semond, tant sur les remparts durant la nuict, qu'ès portes et quartiers ordonnez pour le guet de jour, nous avons estimé autant raisonnable de les en descharger, comme nécessaire et charitable de nourrir infinité de pauvres bourgeois valides, que la mesme nécessité a quasi réduits à mandicité, par l'inutilité de leurs mestiers et arts ordinaires deffaillis par l'injure du temps. Et c'est pour-

quoy nous vous avions, par nostre mandement du dernier jour de Mars dernier, ordonné de faire une cueillette
et levée, en chacune dixaine de vostre quartier, d'un escu
par jour durant un mois seulement, pour estre employé
à l'entretenement et nourriture desdicts pauvres valides
qui seront employez auxdictes fortifications. Mais, d'autant
que, depuis l'envoy de nostre mandement, nous n'avons
sceu quelle diligence vous avez faicte au recouvrement
dudict escu par chacun jour, sur chacune dixaine de vostredict quartier, nous avons bien voulu vous faire ceste re-
charge, par laquelle nous vous prions, conjurons et ordonnons, sur tant que vous aimez le bien et conservation
de cettedicte ville et des bons bourgeois, manans et habitans d'icelle, que, appellé avec vous vos Capitaines et
chefs de bandes, Quarteniers, Dixeniers, et autres que
vous voudrez appeler, vous faictes une cueillette gratuite
ou forcée, en chacune des dixaines de vostredict quartier,
dudict escu par jour, pour chacune d'icelles, durant un
mois seulement, qui sera par vous receu, et aussi tost mis
ès mains de Me Denis Beguyn, commis à la fortification
de cette ville, pour estre employé au payement desdicts
pauvres valides qui seront employez auxdictes fortifications et non ailleurs. Et, moyennant ce, nous avons des-
chargé et deschargeons tous lesdicts bourgeois, manans
habitans de vostredict quartier, de servir en personne,
ou d'envoyer auxdictes fortifications, nous contentant
qu'ils facent les gardes qui leur seront par Nous et Vous
ordonnées pour le faict des armes; et pource que la diligence en ce faict importe au salut de cestedicte ville, vous
vaquerez sans intermissions à ceste cueillete, de sorte
quelle puisse estre faicte pour employer lesdicts valides
au premier jour. Et cependant, jusques à ce que le fonds
susdict soit faict, et que l'ordre des atteliers desdits vali-

des soit estably, vous ferez continuer le travail desdicts
bourgeois en la manière accoustumée, afin que, par le
retardement, il n'advienne aucun inconvénient à ladicte
ville. De ce faire, nous vous avons donné et donnons
tout pouvoir, prions, requerrons, et ordonnons à tous
de vous y obéir, d'autant que c'est pour l'utilité publique.
Faict en l'Hostel commun de ladite Ville, ce 7 jour
d'Avril l'an mil cinq cens quatre vingts dix.

Signé : Charles E. de Savoye, Marteau, Roland,
de Compans, Costeblanche, Desprez.

XLVII

Le Duc de Genevois et de Nemours.

Placard in-4°, sans nom de lieu ni d'imprimeur.

 ONSIEUR _____ Collonnel,
Nous vous avons cy devant fait en-
tendre à bouche, et depuis, par noz
mandements, que vous eussiez à faire
description du nombre des bourgeois
volontaires de vostre quartier (aptes
à porter armes), qui voudroient s'enrooller, et nous en
apporter les roolles, pour, au besoing et selon que l'occasion s'offriroit, faire sortie sur noz ennemis, nous ouvrir
les passages des vivres, et marcher souz nostre conduite

et de Monsieur le chevalier d'Aumalle, ainsi que plus au long le contiennent nosdicts Mandemens. Néantmoins nous n'en avons encores jusques icy rien peu cognoistre. Et, pource que nous sommes très asseurez que Monseigneur le duc de Mayenne, nostre frère, s'approche de nosdits ennemis, avec une forte et puissante armée, Nous désirons l'assister de quelque belle trouppe de cavallerie et infanterie volontaire et soldoyée, pour faire quelque bel effect : ce qu'il nous est impossible d'effectuer, sans sçavoir le nombre desdicts volontaires. A tant nous vous prions et exhortons sur tant que vous désirez le bien de ceste saincte cause et la délivrance de ceste Ville, de nous apporter, dans_____, pour tous délais, les roolles signez des capitaines de vostre collonnelle, contenant les noms et surnoms desdicts volontaires, afin que nous en puissions faire estat au vray, leur faisant sçavoir qu'avant que de partir de ceste ville, leur sera pourveu de munitions de vivres, pour le lieu et temps qu'ils seront employez. Faict à Paris, le jour de Juing 1590.

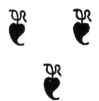

XLVIII

DÉCLARATION ET RÉSOLUTION

DE PAR LES MAIEUR, PREVOST ET ESCHEVINS
DE LA VILLE ET CITÉ D'AMYENS.

Placard in-4°, sans nom de lieu ni d'imprimeur.

L E Roy, par ses Lettres du 24ᵉ jour de décembre, nous ayant mandé comme il avoit faict perdre la vie à Monseigneur le duc de Guyse, et après qu'avons esté advertis que autres plusieurs bons Princes deputez des provinces, zelés à l'honneur de Dieu et au restablissement de ce pauvre Royaume, y ont perdu la vie, et qu'il se prépare encor de faire mourir ce qui reste de gens de bien détenuz prisonniers : Les habitans de la ville d'Amyens se sont résolus de prendre les armes pour la manutention de la religion Catholique, Apostolique et Romaine. Se délibérans d'y exposer leurs corps et leurs biens : à quoy ils excitent tous et chascuns les bons gentilshommes, de les assister, et à ceste fin d'eux acheminer promptement en ladite ville, pour donner advis et faire ce que sera expédient, pour la conservation et seureté de ladite province. Déclarant ceux qui prendront party contraire, ennemis et trahistres à Dieu et à la patrie. Faisant défense, sur peine de la vie, à toutes personnes, de quelque qualité et condition qu'ils soyent, de s'eslever en ladite province, qu'ils n'aient pouvoir, mandement et adveu signé des Majeur, Prevost et Eschevins de ladite ville. Enhortant chascun à son regard de faire le semblable. Publié audit Amyens, à son de trompe et cry public, par les carrefours ordinaires de ladicte ville, le lundy deuxiesme de janvier 1589.

DE PAR LES MAIEUR, PREVOST ET ESCHEVINS

DE LA VILLE ET CITÉ D'AMYENS.

COMME nous avons, en l'Assemblée par nous faite, avec les trois Estats, esté deuement certifiés et advertis, qu'aucuns, peu zelés et affectionnez en la cause de Dieu, à son service et honneur, à nostre Religion Catholique, Apostolique et Romaine, et à la conservation d'icelle et de ceste ville et patrie, sement et font semer et courir plusieurs faux bruits et rapports, tendant à nous désunir et desgouster d'embrasser ceste cause qui importe du tout à nous, et à nostre postérité. Estant par ce moyen un subjet à plusieurs bons citoyens et habitans, et autre menu peuple, pour les refroidir de l'ardeur, bons offices et devoir que chacun y doit apporter pour obvier aux périls et ruines éminantes et proches qui nous menassent et tallonnent de près, si, par prompts et bons remèdes, n'y estoit obvié et pourveu. A ces causes, défenses sont faites à tous habitans et tous autres, de quelque qualité et condition qu'ils soyent, à peine de la vie et d'estre tenus comme suspects, sectateurs, fauteurs et adhérans des massacres, assassinats et trahisons n'aguères commises et perpetrées aux Estats de Bloys, d'user de propos tendant à telles inthimidations, afin de nous distraire et que nous ne nous opposions aux malheureux et pernicieux desseins, projets et machinations des ennemis de Dieu et de son Eglise ; et, par mesme moyen, commandemens sont faicts, sur certaines et grandes peines, à tous ceux qui entendront quelque chose, de nous le venir dire et dénoncer promptement, afin que justice en soit faite, et la ville nettoyée et repurgée de telles gens apostez, factieux et mal-sentans de la Foy, et à faute de le venir déclarer, d'encourir pareille peine que les délinquants. Publié à Amyens, par les carrefours ordinaires, le deuxiesme jour de janvier mil cinq cens quatre vingts neuf.

XLIX

DE PAR MONSEIGNEUR

DE RECLAINVILLE, GOUVERNEUR EN LA VILLE DE CHARTRES, ET PAYS CHARTRAIN.

Placard in-4, sans nom de lieu ni d'imprimeur. En tête, un écusson aux armes de la ville de Chartres : *De gueules, à trois besants d'argent, chacun dauché de cinq pièces à dextre, chargé d'une fleur de lis à senestre, de trois tourteaux en pal, et d'une sorte de figure hiéroglyphique, le tout de sable, au chef cousu de France.*

L EST ENJOINCT à tous les Nobles et Gentilshommes de ce Bailliage de Chartres, et pays Chartrain, de comparoir audit Chartres, par devant ledit sieur Gouverneur, pour faire et prester le serment de l'Union, jurer et signer les articles de ladite Union, qui leur seront par ledit sieur présentez et ce, dedans quinzaine, pour tous delaiz. A peine aux défaillans d'estre déclarez rebelles et ennemis de la dicte Union, et de confiscation de leurs biens, tant meubles que immeubles.

Faict et arresté, en Chambre de ladicte ville de Chartres, le jeudy seiziesme jour de Mars, mil cinq cens quatre vingts neuf.

Ainsi signé : DE RECLAINVILLE.

Et plus bas :   ROBERT.

L'AN *mil cinq cens quatre vingts et neuf ledict seiziesme Mars, le contenu cy dessus a esté, par moy, Jean Goret, Guet Concierge et Buccine de la Tour de Monseigneur le duc de Ferrare et de Chartres, leu et publié à son de trompe et cry publicq, par les carrefours de ceste ville et faulxbourgs de Chartres, à ce que aucun n'en puisse prétendre cause d'ignorance.*

Signé : GORET.

L

Extrait des Registres de la Chambre establie au Trésor, pour l'exécution de l'Edict de l'Union.

Petit placard in-4, sans nom de lieu ni d'imprimeur.

L est ordonné et enjoinct à tous les Baillifs, Séneschaux et Juges, ou leurs Lieutenans, et à tous les Substituts du Procureur général ès Bailliages, Séneschaucées et Jurisdictions de ce Royaume, de faire procéder, chacun en son ressort, à la requeste du Procureur de la Chambre

establie au Trésor, par nouvelles saisies sur tous les biens
tant de ceux qui sont notoirement Hérétiques, leurs fauteurs, adhérans, et qui sont en armes avec eux, qu'autres
tenans le party contraire à la saincte Union des Catholiques, et qui ne l'auront jurée, conformément au Règle-
ment général sur ce faict et publié en la Court de Parlement, le 20e jour d'avril dernier passé. Et ce, nonobstant
toutes mainlevées que lesdits Hérétiques et leursdits fauteurs en pourroient avoir cy-devant obtenues de tout ou
partie, permissions de recevoir portion de leur revenu
par les mains des commissaires y establis, et certifications
qu'ils ayent envoyées, et puissent cy-après envoyer, de
leurs retraictes, en lieux cy-devant approuvez, auxquelles
l'on n'aura aucun esgard. Et seront les baux cy-devant faits
desdits biens (s'ils ont esté faits à leur juste et raisonnable prix et sans fraude), continuez et entretenuz pour le
temps qui en reste à escheoir : si non, sera, par lesdicts
Baillifs, Séneschaux et Juges, procédé à nouveaux baux
à plus haut prix que faire se pourra, eu esgard à la valleur
notoire du revenu desdicts biens. Et de tout feront iceux
Baillifs, Seneschaux et Juges, ou leurs Lieutenans, chacun en son ressort, leurs procès-verbaux, qu'ils envoye-
ront, avec les estats sommaires desdictes saisies et baux à
ferme, tant en ladicte Chambre qu'aux Trésoriers généraux ès charges dont leurs Bailliages, Séneschaucées et
Jurisdictions dépendent. En outre, est enjoinct à tous lesdicts Substituts de tenir la main à l'exécution de ce que
dessus. Et de certifier ladicte Chambre du devoir qui
y aura esté faict, dedans quinzaine après la réception de
la présente ordonnance. Faict en ladicte Chambre, le
3e jour d'avril 1589.

LI

ARREST DE LA COUR DE PARLEMENT

Sur la plainte et remonstrance faicte à icelle, par les Religieux, Prieur et Couvent de l'Abbaye Monsieur Sainct-Germain Desprez lez Paris, contenant la réformation ordonnée estre faicte par ledict Arrest, des propos injurieux contre eux et leurdicte maison, contenuz au 31ᵉ fueillet du livre intitulé : « LE MARTYRE DE FR. JACQUES CLÉMENT, DE L'ORDRE SAINCT-DOMINIQUE. » Composé par Maistre Charles Pinselet, Chefvecier de Sainct-Germain Lauxerrois.

Petit placard in-fol., sans nom de lieu ni d'imprimeur.

Extraict des Registres du Parlement.

NTRE les Religieux, Prieur et Couvent Sainct Germain des Prez lez Paris, demandeurs et requérans l'entherinement d'une requeste par eux présentée à ladicte Cour, le septiesme septembre dernier passé, tendant à fin que les propos injurieux, escriptz contre lesdictz demandeurs, et l'honneur de ladicte Abbaye, au livre intitulé : « Le Martyre de frère Jacques Clement, de l'Ordre de sainct Dominique », au

feuillet 31, comme injurieux et scandaleux, feussent rayez et biffez, d'une part; et maistre Charles Pinselet, Chefvecier de Sainct Germain de Lauxerrois, défendeur, d'aultre part, sans que les qualitez puissent nuyre ne préjudicier. Après que Richard, procureur desditz Religieux de Sainct Germain des Prez, et aucuns desdictz Religieux, présens en personne, et maistre Charles Pinselet, chefvecier de Sainct Germain Lauxerrois, aussi en personne, ont été ouïs ensemble; le Maistre, pour le Procureur general du Roy qui a dict, qu'ayant oüy les parties au parquet, il leur avoit déclaré qu'il en falloit passer à l'amyable avec la bonne réputation desdictz Religieux, et que l'imprimeur referoit la fueille, et mettroit qu'il n'y avoit de la faute desdictz de Saint Germain. Ou bien, s'ilz ne s'en vouloient contenter, que ledict Pinselet nommast ses tesmoings; lequel a déclaré qu'il n'a entendu y comprendre ne taxer lesditz Religieux, Maison et Couvent de Sainct Germain des Prez, se rapportant à la Cour de ordonner si l'article sera rayé et osté. La Cour, après la déclaration du défendeur, qu'il n'a entendu taxer les Religieux, Maison et Couvent de Sainct Germain, a ordonné et ordonne qu'ilz en auront acte, et, en ce faisant, ordonne que l'article concernant lesdictz Religieux sera rejecté du livre dont il est question, et sera la fueille en laquelle est inséré ledict article, refaicte et réformée, et, jusques à ce, demeureront les exemplaires dudict livre supprimez. Permet auxdicts Religieux de les faire saisir et arrester, ensemble de faire imprimer le présent Arrest, pour leur servir ainsi que de raison. Faict en Parlement, le douziesme jour de septembre, l'an mil cinq cens quatre vingtz neuf.

Signé : DU TILLET

LII

ARTICLES ACCORDÉS, JURÉS ET SIGNEZ

ENTRE [LE] ROY DE FRANCE ET DE NAVARRE

ET LES PRÉLATS, PRINCES, SEIGNEURS, GENTILSHOMMES, SOLDATS FRANÇOIS ET ESTRANGERS, A LA SUITTE DE SA MAJESTÉ, A MELUN, le treiziesme jour d'Avril 1590[1].

Placard in-fol., sans nom de lieu ni d'imprimeur.

Articles accordés avec les factions des Hérétiques.

QUE ses bons et fidels serviteurs, demeurez à Paris, pourront chevir et composer, à quelque condition et prix que ce soit, avec ceux qu'ils cognoistront avoir plus de puissance de mettre ladite ville ès mains de sa Majesté.

Que tous ceux qui voudront entendre audit parti, seront réputez ses bons et fidelles serviteurs, et outre le payement de ce qui leur aura esté promis, ils demeureront absouz de tous cas, jusques à huy, mesmement de prinse de biens, fusse de la Couronne, exceptez ceux qui qui sont au Roolle baillé au seigneur de Richelieu.

Articles accordez aux Parlemens de Tours.

Que tous agens et intendans audit parti demeureront sacrez et inviolables, le jour de la prinse de ladite ville, leurs maisons et famille, souz le mot et couleur qui leur sera donné la nuict par lesditz agens, et la prinse exécutée,

---

1. *L'Estoile a écrit ceci en marge :* J'ai trouvé ce jourd'hui, dernier avril 1590, ledit placcart soubs ma porte, comme je sortois de mon logis : avec l'escriture à la main en marge, qui y est, sans avoir jamais peu connoistre l'escrivain.

(*L'écriture à la main dont parle L'Estoile est celle-ci : on a biffé dans le titre le mot* Melun, *pour y mettre* Paris, *et l'on a ajouté :* Tout cela est faulx.)

il leur sera loisible de sortir le Royaume, changer de province, ville ou quartier, comme bon leur semblera, avec liberté de leurs biens.

Articles accordez aux Estrangers.

Sa Majesté entrée, sera cryé partout : *Vive le Roy Henry !* ses armes plantées partout, et tous ceux qui seront trouvez ayans les armes en main, seront taillés en pièces, s'il n'ont ladite marque et mot du guet : et sa Majesté se retirera dedans le Palais, sans qu'il y ayt lieu de supplication, plainte ny requeste, les trois premiers jours : ce que sa Majesté deffend très-expressément à tous, sur peines d'encourir son indignation.

Articles accordez à l'Armée en général.

Que dedans les vingt-quatre heures sera publié, à son de trompe, commandement à tous Catholiques rebelles et qui auront demeuré en ladite ville, de porter en personne leurs armes, jusques aux dagues et poignarts, en l'Hotel de Ville, qui seront receuz et les noms des personnes enregistrez, présent le sieur de Chastillon, garde dudit Hostel de Ville, avec deffenses à tous de tenir autres fermens en leurs maisons qu'un cousteau, la forme duquel leur sera donné par ledict sieur, sur peine de la vie.

Articles accordez à la Noblesse.

Que, outre les conquestes des biens et rençons, sera levé incontinent la somme de cinq cens mil escuz, tant pour payer ceux qui sont entrez au parti que (pour) soudoyer l'armée, et faire un fond pour l'entretenement d'icelle, jusques à la réduction des autres villes, dont le Clergé de Paris portera cent mille escus, pour sa cotte part.

Les gentilshommes auront en propriété les maisons desquelles ilz se pourront saisir, et les soldatz les biens, la vie excluze, la fureur passée de vingt-quatre heures, horsmis les maisons des chefs des Eglises, qui demeureront particulièrement affectées pour loger les ministres de Sa Majesté, et non autres.

Articles accordez aux Estrangers.
Articles pour tous en général.

Les estrangers pourront rafraichir un moys entier, du jour de l'entrée en ladite ville, et pourront prendre femme de gré à gré; quant aux veufves et filles des morts, pourront prendre de force, et au bout dudit moys sera assigné aux mariez un certain canton de la ville pour leur demeure, et demeureront lesdicts étrangers mariez exemps, l'espace de trois ans, de toute fraction, subsides et gabelles : hors le péril éminent, demeurera le commerce libre entre les nations anglaises et françoyse.

Article expresse pour la Noblesse de France.

Tous princes, prélats, seigneurs, gentilhommes, officiers, soldats et personnes qui ont suivy Sa Majesté sont déclarez et demeureront quittes et réallement deschargez de toutes debtes civiles, personnelles, réelles et mixtes, et leurs immeubles déchargez de toute hypotecque envers tous Catholiques, demeurans toutes sedulles et obligations, signatures et recognoissances, sentences, jugemens et arretz de condamnation de nul effect et valleur.

Pour récompenser les princes, seigneurs, gentilshommes, qui ont suivi Sa Majesté, et employer leurs biens pour la conservation de son Estat, leur sera donné en propriété les immeubles de l'Église plus proches de leurs

Maisons, le plus raisonnablement qu'il sera advisé en son Conseil, exemptz de services, decimes, dixmes, terrages, monalles, champars et redevances foncières, fors le droict de fidelité à la Couronne, qu'il recognoistront tous en foy lige.

Articles accordez aux Parlemens de nouvelle élection.

Tous officiers de judicature et finances, jusques aux simples sergentz, qui ont demeuré aux villes rebelles depuis le massacre du feu Roy, seront banny de France, leurs femmes et enfans, tous leurs biens acquis et confisqués à Sa Majesté, et seront tenuz issir le royaume, vingt-quatre heures après la troisiesme publication qui leur aura esté faite : et deffences d'y rentrer, sur peine de la hard sans miséricorde : lesquels estatz et offices pourront estre indifféremment conférez tant aux estrangers que Françoys.

Clause indifférente.

Que la Maison des Jacobins de Paris sera réduite en citadelle : sera les dessus des portes teints de jaune, pour marque de trahyson, et deffences seront faites à tous Religieux dudit Ordre de jamais entrer en France, sur peine du feu : les autres Maisons qui sont aux villes demeurans razées et bruslées, pour en perdre la mémoire.

Article suivant le Jugement donné contre le feu Prieur de ladicte Maison.

Qu'il ne sera loisible à aucun de tenir escoles pour instruire la jeunesse en France, sans s'estre présenté à l'examen pardevant les ministres de Sa Majesté, et sans lettres de permission, sur peine de punition corporelle, comme corrupteur de la Jeunesse.

Sa Majesté ordonnera de la succession à la Couronne de France, comme il luy plaira, sans qu'elle soit astreinte garder la Loy Salicque, ny proximité de sang et parentelle.

Article poursuivi par les ministres.

Quant au fait de la religion, il sera advisé, sous le bon plaisir de Sa Majesté, l'exercice de la prétendüe Réformée demeurant libre en tous endroictz et villes du Royaume, et ne sera loisible faire baptiser enfans, mariages et sépultures, sans en avoir adverty les ministres auxquels seulz seront conférez les bénéfices Curez, afin de réduire l'Evangile à sa pureté et première innocence.

Articles accordez avec la Royne d'Angleterre.

Que Sa Majesté ne pourra faire paix avec les rebelles, et où ils seront contraints feindre s'y accorder, il ne pourra néantmoins innover, ny enfraindre ledit présent Accord, ny préjudicier à iceluy. Et ainsi l'a juré et promis en parolle de Roy, nonobstant toute signature, foy et promesse contraires qu'il seroit contrainct de faire. Le semblable sera parfait, pour toutes les autres villes rebelles, liguées et confédérées ensemble contre Sa Majesté, et pour effectuer sa promesse envers la Royne d'Angleterre, Sa Majesté luy envoyera six des séditieux prédicateurs et perturbateurs de ladite ville, avec les trois principaux jouysans de et la Sainte Chapelle, moyennant quoy et ladite somme de cent mil escuz, outre les villes promises tant en Normandie que Picardie, Champagne, Sa Majesté demeurera quite envers ladite Dame du secours que le feu Roy et luy ont tiré d'icelle.

Articles accordez pour le général.

Messieurs, afin de vous roidir tousjours davantage contre vostre mortel ennemy, j'ay bien voulu, pour ne point veoir tomber sur voz testes le glaive furieux qui y est appresté, vous faire part de sa résolution : à celle fin que la vostre soit si résolue à resister jusques au mourir, plus tost de mille morts si faire se pouvoit, que de vous laisser prendre aux pièges d'une maudite et malheureuse Paix : qui seroit vous mettre vous-mesme le cousteau dedans la gorge. Quant à nous, nous aymions mieux mourir entre ses mains, puisque nostre mal'heure et la créance que nous avons en ceux qui nous ont vendu et livrez traitreusement, nous y ont réduitz, Dieu vous en face la grace, que de veoir advenir telle désolation : vous jurans, en foy de confrères, vostre ruyne estre preste, si n'y advisez.

LIII

CONTRE LES LIGUEURS.

Fragment manuscrit de 4 pages, et dont le commencement manque[1].

...auquel on a fait cent tyrans. — Mais qui sont ceux qui, par la Paix, pourront entrer dedans la Ville ? Ceux mesmes qui en sont sortis, qui y sont nez, et leurs grands-pères, et des plus illustres familles, premiers en biens et piété, en suffisance et en estats. Qui sont ceux qui, par ces con-

---

1. L'Estoile a écrit à la fin de ce fragment, en travers : *Response*. 1590. La copie est de la main d'un des copiste de L'Estoile.

seils, t'empeschent de les recevoir? Cent coquins, qui les ont chassés, pour s'enrichir de leurs despouilles, et qui craignent qu'à leur retour chacun redemande le sien. — Estimes-tu que ces zelés, qui les ont vollés, et te vollent, craignent pour toy tant que pour eux? Non, non; car c'est le désespoir qui les aveugle et les emporte. Malheureux, qui ne jugent pas que un bon roy aimeroit trop mieux oublier leurs meschanchetés, pour sauver le reste des bons, qu'en les punissant, perdre tous ses biens, disant: Ils serviront à un Prince nécessiteux pour faire la guerre à leurs frères. — Quelles grandes exactions a-il fait aux villes qu'il tient, que tu n'ayes eu mille fois pire? Il n'a point envoyé toucher aux lieux ny aux choses sacrées : Nous n'avons pardonné à rien. Il n'a point fait emprisonner ceux qu'il a pensé estre riches, ny accuser par faux tesmoins, pour les rançonner et piller : Nous l'avons fait et le faisons. Si bien qu'aujourd'hui, parmi nous, c'est un grand crime d'estre riche. Il n'a point encore employé leur bien en l'acquit de ses debtes : beaucoup s'en alloient au saffran, qui se sont acquittez du tiers. — Où sont seize cent mil escus, portez en la Maison de Ville, et dont on faisoit tant d'estat, pour faire si longtemps la guerre? Où sont treize cent mil escus, que l'Espagnol vous a fournis, tesmoin le commandeur Moreau? et presque autant qu'on a levé et qu'on lève, chacun jour, par finesse ou par violence? Les soldats n'ont pas eu un sol, et n'ont fait que des monstres seiches. Pauvre peuple! et tu te plaignois de ton Roy pour un peu de laine! Et tu es muet aujourd'huy contre ceux qui t'ont prins la peau! Ils te menacent que le Roy ne perdra jamais la mémoire du jour de la Saint-Barthélemy, et que les fils de l'Admiral l'induiront à venger leur père, et les serviteurs du feu Roy à punir la mort de leur maistre. Il est très discret et trop juste pour t'accuser de ces conseils et te punir de ces deux crimes : car, en l'un, tu n'as qu'obéy à la volonté de ton Roy, et, en l'autre, tu as loué ce qu'on t'a donné pour miracle. Ils te veulent espouvanter, que tous les Princes Catholiques et les villes associées te courront sus, faisant la paix ? — Voyons un peu qui sont ces Princes. Ils ne t'en sçauroient nommer un qui ait en France autre pouvoir que celui qui leur vient de toy. Sans toy, que pourroit-il donc faire ? Si ce sont Princes estrangers, je ne voy que le Roy d'Espaigne, jà vieil et assez empesché à empescher que l'on ne l'attaque. Cestui-là, certes, auroit raison d'estre marry de la grandeur d'un Prince qu'il a offensé, et ne doit point estre blamé, s'il cerche la possession de ce dont il n'a que le tiltre. Outre que, pour confirmer mieux les siens, depuis si peu de temps, amenez à la foy Chrestienne, il ne voudroit autre miracle que les guérir des escrouelles. Ce sont de très mauvais voisins, pour espérer qu'ils soient bons hostes, et de très dangereux amis, pour les espérer bons seigneurs. Quant aux villes de l'Union, c'est erreur de t'en menacer, car la plus affectionnée est tantost lasse de patir. Pourquoy dirois-tu qu'elles ont si librement pris ta brisée ? C'est que Paris seul est la mer où ils doivent verser leurs eaux, et que, sans luy, tous leurs trafiqs seroient maigres ou inutiles. Que serviroient leurs magasins, s'ils n'ont lieu pour s'en descharger ? Où iront-ils donques qu'à Paris, puisque Paris leur est un monde, et que le gain, pour qui que ce soit, y est tousjours plus grand qu'ailleurs ?

Or, venons à ce beau secours, tant promis par M. du Mayne ! Deux mois sont jà escoulés depuis qu'on presche sa venue, et n'y a jour en la sepmaine où il n'ait esté attendu mil petits billets en chiffres par le Président Vetus. Ces petits lacquais desguisez, que on a fait partir et arriver quelque fois en une mesme heure, et ces nouveaux empeschemens qui l'ont si souvent retardé, tantost au siége d'une ville, et tantost pour joindre quelcun, ne te devroient-ils point suffire à voir comme tu es pippé? Il estoit à Meaux dès jeudi, avec quatre mil chevaux et seize mille hommes de pied, force canons et force vivres. Tu devois, dès hier, sentir quelque allégement à tes maux. Aujourd'huy il est reculé, et luy manque quelque autre chose. On attend le prince de Parme, qui a bien quarante mille hommes. Te voylà repeu pour un mois. Cependant tu es attaqué de deux forces inévitables, l'une que tu ne peux fléchir, l'autre que tu ne peux forcer : de sorte que tu es conduit, par l'espérance, au désespoir : car ceux qui sont perdus en eux te veulent voir perdre avec eux. J'en demanderois la résolutionprise en leur dernière Assemblée chez le bon curé de Saint-Cosme, à l'issue de son sermon, qui fut que, n'ayant d'espoir, ils brusleroient tous les Registres du Parlement, du Chastellet, de la Chambre des Comptes et de l'Hostel de Ville; puis, s'assemblant par leurs quartiers, mettre le feu chacun chez soy et s'efforcer d'esteindre ceux qui s'efforceroient de l'esteindre. Voylà, par des gens bien zélés et bien croyans et craignans Dieu, quel zèle de faire mourir tant de pauvre peuple de faim, et d'exposer à la fureur tant de personnes innocentes! Ils disent qu'on te blasmera d'accorder avec l'Hérétique, et pourtant n'ont point différé de se servir de l'Hérétique et le soudoyer des deniers provenans de l'Eglise mesme. Peuple, reprens donc tes esprits, et secoue l'indigne joug, que des petits faux monnoyeurs athéistes et sacriléges t'ont fait porter jusques icy, pour en recevoir un plus doux, utile et plus honorable!

LIV

TROIS NOTES

DE LA MAIN DE L'ESTOILE

Au verso du feuillet, in-folio maximo, sur lequel sont collées les deux dernières pièces.

Le 10 avril 1591, jour du Mercredi saint, le prédicateur de la Sainte Chapelle à Paris (au sermon duquel j'estois) engagea son ame au Diable, devant toute l'assistance, au cas que le Béarnois entrast dans Chartres, « pour ce, dist-il, qu'il a faict Dieu cocu, et a couché avec nostre Mère l'Église »; l'appela « Chien, hérétique, fils de putain, athée, et tiran ».

Et toutefois, deux jours après, qui fust le Vendredi saint, durant le service, arrivèrent les nouvelles de la composition et reddition de la ville, et l'âme du bon Cordelier demeura, pour les gages, à son maistre.

Le 14ᵉ avril dudit an 1591, jour de Pasques, les prières estans à la Chapelle de la Roine, puis les Filles Repenties, les Hespagnols accoustrèrent trois bateaux de foin en damoiselles, auxquelles ils firent des yeux de plastre, leur baillans des robbes de tafetas et des masques, tels qu'on en vend sur les quinquailliers, à porter mommons. Et, ainsi équippées, les placèrent devant le Grand-Autel, vis à vis du Saint-Sacrement.

De quoi tout le peuple se mist à murmurer et scandalizer si fort, qu'on fust contraint de les oster. Il fust dit tout haut par un honneste homme, grand catholique, que les Hespagnols montroient bien par là que leur religion n'estoit que masque et plastre.

Le Vendredi 10ᵉ may, audit an 1591, jour et feste de Saint Job, les Walons firent une masquarade de la Patience de Job, allans et se promenans par les rues de Paris, avec tout plain de gens à moictié nuds, qui avoient les bras sanglans, et les corps peints, accompagnans avec des violons un homme, monté sur un asne à reculons, qui représentoit le bon homme Job. Lequel, tenant la queue de l'asne, d'une main, en donnoit la bénédiction aux passans, et avoit à ses costés un Diable, et une femme, derrière, qui se moquoit de lui.

Et combien que ceste farce fust à la mode de leur pays et assez plaisante pour amuser des badaux, si fust-elle mal receue de ceste populasse parisienne : tellement que, passant par dessus le pont Nostre-Dame, le peuple s'esmeust et commença à crier après eux, disant qu'il les faloit jetter dans l'eau, et que cela estoit fait en dérision de la Religion, pour l'amour de l'asne qui donnoit la bénédiction de sa queue.

Dont les Seize, à Paris, furent mal contens, pource que tout ce qui venoit des Estrangers leur estoit bon et catholique.

LV

INDULGENCES

Accordées par Monseigneur l'illustrissime Legat
et Stations données et octroyées aux Eglises de Paris
pour le temps de la Quarantaine

Placard in-fol. à 3 colonnes, sans nom de lieu ni d'imprimeur.

PHILIPPES, par la grace de Dieu, cardinal de Plaisance, du tiltre de Onuphre,
*Legat Latéral de N. S. Père et Seigneur Clément,
par la Providence divine, Pape VIIIe de ce nom,
et du S. Siege Apostolique, au Royaume de France.*

A tout le Clergé et peuple de Paris, noz bien-aimez
en Jésus-Christ, Salut et Apostolique benediction.

Nous entendons, d'heure à autre, à nostre grand
contentement, de quelle affection sont conti-
nuées les prières ordonnées, pour, en ceste dé-
plorée saison, appaiser l'ire de Dieu, et ce tant ès Eglises
qu'ès Oratoires particulières, où chacun à son tour s'efforce à requérir l'ayde et miséricorde du Tout puissant.
Ce que nous devons faire en tout temps, mais principalement en ceste saincte Quarantaine, destinée par l'ordonnance des Apostres au sacrifice de noz corps par le
Jeusne, de noz ames par l'Oraison, et de noz biens par
l'Aumosne, selon le pouvoir d'un chacun. A la persévérance desquels exercices desirans de nostre part vous

enflammer de plus en plus, et faire qu'à voz autres œuvres pies soient encore joinctes les visites des lieux saincts et dévotes Eglises de vostre ville, nous avons bien voulu départir à ceux qui, durant ce sainct temps, visiteront dévotement chacune d'icelles, au jour qui luy sera particulièrement assigné, les Indulgences mentionnées à la fin du Cathalogue et dénombrement desdites Eglises, cy dessoubs contenu. Recevez donc ces spirituelles graces, d'une affection vrayement chrestienne, à la gloire de Dieu et expiation de voz fautes passées, et vous souvenez, en faisant lesdictes visites, de prier Dieu pour l'accroissement et manutention de nostre saincte Foy et Religion Catholique, Apostolique et Romaine; pour la conversion des pécheurs et extirpation des hérésies; pour le salut et prospérité de N. S. Père; pour la concorde et union des Princes Catholiques, à ce qu'il plaise à sa divine Majesté leur départir conseil et force suffisante pour obtenir victoire à l'encontre des ennemis de son Église, et particulièrement contre les Turcs et Hérétiques. Priez pour le restablissement de ce pauvre Royaume, et qu'à cest effect, il plaise à Dieu luy donner bien tost un Roy très Chrestien et selon son cœur. Priez finalement pour nous-mesmes, afin que sa divine bonté nous face la grace de si bien nous acquitter de la charge qu'il a pleu à sa Saincteté nous commettre en ce mesme Royaume, que le tout puisse réussir à la gloire et louange de son sainct nom, à vostre soulagement et entière consolation. Pour impétrer lesquelles faveurs, Nous joindrons incessamment noz prières aux vostres, ayant tousjours une ferme espérance que Dieu ne nous refusera sa saincte miséricorde, pourveu que nous en rendions dignes.

Donné à Paris, le 27 de février 1593.

STATIONS DONNÉES ET OCTROYÉES
aux Églises de ceste ville de Paris, pour tout
le temps de la Quarantaine, par l'Illustrissime
Cardinal de Plaisance, Légat député par
le S. Siége Apostolique au Royaume
de France.

E Mercredy des Cendres, aux Pénitentes.
Le Jeudy, aux Quinze-Vingts.
Le Vendredy, à Saincte Geneviefve du Mont.
Le Samedy, à St Josse.

Le Premier Dimanche de Caresme, à St Landry.
Le Lundy, au St Esprit.
Le Mardy, à l'Hospital St Gervais.
Le Mercredy, à St Jean en Grève.
Le Jeudy, aux Enfans Rouges.
Le Vendredy, à St Martial.
Le Samedy, aux Haudriettes.

Le second Dimanche, à St Severin.
Le Lundy, aux Augustins.
Le Mardy, à St Eustache.
Le Mercredy, à St Éloy, au lieu de l'Hospital St Germain des Prez.
Le Jeudy, à St Pierre des Arcis.
Le Vendredy, à la Ste Chapelle.
Le Samedy, à Ste Geneviève des Ardens.

Le troisiesme Dimanche, à St Benoist.
Le Lundy, à l'Hospital de la Trinité.
Le Mardy, aux Carmes.
Le Mercredy, à Saincte Marie Magdeleine.
Le Jeudy, jour de l'Annonciation Nostre Dame, aux

Religieuses de l'Ave Maria, et y a indulgence de plenière remission pour ceux qui seront confez et repen-
tans et auront receu le précieux corps de Nostre Seigneur Jesus Christ ; et pour ceux qui autrement visiteront le mesme jour, ou l'Église Cathédrale de Nostre
Dame de Paris, ou bien la mesme Eglise desdictes Religieuses de l'Ave Maria, il y a dix ans de pardon et
indulgence.

Le Vendredy, aux Jacobins.

Le Samedy, à Saincte Croix de la Bretonnerie.

Le quatriesme Dimanche, à Sainct Germain le Vieil.

Le Lundy, à l'Hostel-Dieu.

Le Mardy, à Saincte Croix de la Cité.

Le Mercredy, à St Pierre aux Bœufs.

Le Jeudy, à St Martial.

Le Vendredy, aux Filles-Dieu.

Le Samedy, à St Éloy, pour les Cordelieres St Marceau.

Le Dimanche de la Passion, à St Cosme.

Le Lundy, à St André des Arts.

Le Mardy, à St Leu St Gilles.

Le Mercredy, à St Loys.

Le Jeudy, à St Martin des Champs.

Le Vendredy, aux Cordeliers.

Le Samedy, aux Billettes.

*Le Dimanche des Rameaux, à St Jacques de la Bou-
cherie.*

Le Lundy, à l'Hospital Ste Catherine.

Le Mardy, à St Denis de la Chartre.

Le Mercredy, à St Germain de l'Auxerrois.

Le Jeudy, aux Saincts Innocens.

Le Vendredy Sainct, aux Quinze-Vingts.

Le Samedy, à St Méderic.

Le jour de Pasques, à l'Hostel-Dieu de Paris.

Le Lundy, au Temple.

Le Mardy, à St Paul.

Le Mercredy, aux Blancs Manteaux.

Le Jeudy, à St Sauveur.

Le Vendredy, à St Estienne du Mont.

Le Samedy, à St Gervais.

Le Dimanche de Quasimodo, à S. Nicolas des Champs.

———

Ceux qui visiteront les Églises qui sont assignées aux jours ouvriers, selon qu'il est cy-dessus contenu, gaigneront, pour chaque jour, sept ans de pardon et Indulgences.

Et ceux qui visiteront celles qui sont ordonnées pour les Dimanches et pour le Jeudy et Vendredy Sainct, gaigneront dix ans de pardon et Indulgences.

Item, ceux qui, en faisant lesdictes Stations ou visites, passeront dans quelque Cemetière, et y diront un *Requiem Æternam, etc.*, avec un *Pater* et un *Ave,* ou autrement, prieront Dieu pour l'ame des fidèles trespassez, selon leur dévotion, gaigneront sept ans d'Indulgences.

ℭ

L'Estoile a ajouté, de sa main, au bas de cette pancarte :

Ung peu devant ces Pardons octroiés par le Légat, les Filles Repenties l'estant allé voir, pour essaier à tirer quelque argent de lui pour les grandes nécessités de leur Maison, leur aiant dit qu'elles auroient bientost des pardons, une d'entre elles, voiant qu'il les vouloit paier de cela, lui respondit « qu'on faisoit pour le jourd'hui aussi

peu d'estat de ses pardons que de ses bénédictions, et
que le peuple se soucioit aussi peu de l'un que de l'autre ».

LVI

PARDONS OCTROYEZ

PAR MONSEIGNEUR L'ILLUSTRISSIME LEGAT, POUR LES FESTES
SUYVANTES LE JOUR DE NOEL[1].

Placard in-folio, sans nom de lieu ni d'imprimeur, avec petite gra-
vure sur bois, d'un joli travail, en tête. La Vierge prosternée devant
Jésus, qui vient de naître dans l'étable de Bethléem. Derrière elle, saint
Joseph, debout, appuyé sur son bâton de voyage.
Aux deux côtés de l'estampe, les armes du Pape et celles du Légat,
Cardinal de Plaisance. — Au bas, à gauche, un monogramme, sinon
le chiffre 32, qui indiquerait que cette pièce appartient à une suite
de gravures du Nouveau Testament.

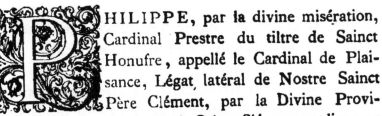

HILIPPE, par la divine misération,
Cardinal **Prestre** du tiltre de Sainct
Honufre, appellé le Cardinal de Plai-
sance, Légat latéral de Nostre Sainct
Père Clément, par la Divine Provi-
dence Pape huictiesme, et du Sainct Siége apostolique au
Royaume de France, Provinces, Domaines, Duchez,
Citez et lieux subjects audit Royaume, et autres où
il nous conviendra aller à cause de nostre Légation : à

1. *A la marge, L'Estoile a écrit de sa main :* Ce Légat, Cardinal de Plaisance, estoit fils d'un vendeur de saucisses de Plaisance, avoit peu ou point de
sçavoir, mais d'esprit et de jugement beaucoup. Au surplus, grand homme
d'Estat et bon serviteur de son maistre. Ne disnoit point, mais souppoit bien,
et, après avoir souppé (qui estoit ordinairement sur les quatre heures), se
faisoit sangler les mullets pour avoir sa digestion. Huit heures du soir
venu, on le venoit dessangler et mettre au lit, où Monsieur Laze s'esgaioit et
baudouinoit à bon escient, jusques à ce que le sommeil le prist. Estant
esveillé (qui est de grand matin), se mettoit aussitost à la besongne, escrivoit
lettres, et faisoit force affaires et despesches de tous costés.

tous fidels Chrestiens qui verront ces présentes, Salut en Jésus-Christ. Puis que l'office de la Légation Apostolique, à Nous donné (la qualité des choses et temps présens bien considérée), requiert que Nous nous efforcions d'implorer l'ayde salutaire, et qu'à ce faire Nous mettions peine, par dons et graces spirituelles, de rendre plus prompt le peuple de ce jadis très florissant royaume. Nous confiant à la miséricorde de Dieu tout puissant, et de ses Apostres Sainct Pierre et Sainct Paul, et de l'authorité Apostolique que nous exerçons en ceste part, à tous fidels Chrestiens de l'un et l'autre sexe, vrays pénitens et confez, ou ayans volonté de se confesser, qui dévotement visiteront, ès festes prochaines, les Églises cy-après déclarées, à sçavoir :

Le jour et feste de Sainct Estienne, l'Église parochiale du dit Sainct Estienne et l'Église de Nostre-Dame des Carmes;

Le jour Sainct Jean l'Évangéliste, l'Église parochiale de Sainct Jean et l'Eglise des Religieuses Saincte Clere, dictes les Filles de l'Ave Maria, et l'Eglise de l'Hospital du Sainct Esprit;

Le jour des Saincts Innocens, les Églises parochiales des Saincts Innocens et Sainct Josse, et l'Eglise des Religieuses de Saincte Marie Magdeleine, dictes les Filles Penitentes;

Le jour de la Circoncision de Nostre Seigneur, les Églises des Religieuses de Sainct Loys, dictes les Filles-Dieu et de l'Hospital de la Très Saincte Trinité;

Le dimanche immédiatement suivant, les Églises de Saincte Geneviefve du Mont, et des Frères Prescheurs, dicts Jacobins;

Le jour de l'Epiphanie Nostre Seigneur, l'Eglise parochiale de Saincte Geneviefve des Ardents et l'Eglise des Augustins. A commencer dès les premières vespres, jusques à soleil couché, de chacune desdictes festes : et là feront dévotes prières à Dieu, pour l'union entre les Princes chrestiens, extirpation des hérésies, l'exaltation de nostre mère Saincte Eglise, et pour l'élection d'un Roy très Chrestien de nom et de faict, et qu'il plaise à Dieu nous donner un heureux progrès au deub de nostre Légation. De la mesme authorité Apostolique que nous tenons en ceste part, suyvant le contenu des présentes, leur relaschons et remettons en nostre Dieu et par miséricorde spéciale, par chacun jour desdictes festes, et en chacune desdictes Eglises où ils feront les susdites prières, dix ans et autant de quarantaines des pénitences à eux enjoinctes, ou qui de droict leur devroient avoir esté enjoinctes ou, en quelque sorte que ce soit, deuës, selon la forme et manière accoustumée en l'Eglise.

Finalement, à tous les susdicts fidèles Chrestiens, qui, après avoir visité chacune des susdites Eglises, ès mesmes jours que dict est, et estans vray pénitens et confez, auront receu le Sainct Sacrement de l'autel : puis que n'est de présent l'accez asseuré à l'Eglise des Religieuses Saincte Clere, vulgairement appelées les Religieuses Saint Marcel, size aux faux bourgs dudict Sainct Marcel, que Nous avions, à cest effect, choisi à bonne et juste cause ; au lieu d'icelle, visiteront les Eglises des Frères Mineurs Sainct François, dicts les Cordeliers, et l'Hostel-Dieu de Paris, le dimanche prochainement, suyvant tous les susdicts jours, à commencer dès les premières vespres jusques à soleil couché dudict jour, et là feront prières, pour les causes cy-dessus mentionnées. Par l'authorité et forme susdicte, soubs la grace de Nostre Sauveur, donnons et octroyons planière indulgence et remission de tous leurs pechez. Et ne seront ces présentes d'aucune valleur lesdicts jours expirez. Donné à Paris, l'an, après la Nativité de Nostre Seigneur, mil cinq cens quatre vingts et douze, le vingtiesme ·jour de décembre, du Pontificat de nostre Sainct Père l'an premier.

LVII

La Criée
et Proclamation du Pape

CONTRE LES LUTHÉRIENS, LES HUGUENOTZ, ET AUTRES
TENANT LE PARTY DE L'EVANGILE,
NOS ENNEMIS CAPITAUX.

Placard petit in-folio, sans nom de lieu ni date, et au bas duquel se trouve la CHANSON PAPALE, dont quelques vers ont été enlevés par des déchirures.

* *
* * * * * * * * * * * * * * * * * *
* * * * * * *
* * * *

DE par la supresme et souveraine authorité, donnée, de Sathan, à nostre Sainct Siége de Rome, et à nostre Vicaire : Pius Pape, aux Antechristinos Cardinaux, Archevesques, Evesques, Abbés, Prieurs, Moynes et Moyneaux, Curés, Vicaires, Frères Man[dians], Suffragants, et autres, telle vermine de nostre sequele.

VE.

L'ON fait asçavoir : à tous Luthériens et Huguenoz, lesquels taschent, par la parole de Dieu, nous oster la commodité et liberté deshontée, qu'avons eüe par cy

devant, et avons de présent, d'user de toutes choses disso-
lüement, et sans contredire, comme idolatries, impiétés
manifestes et barbares blasphèmes, meurtres, extor-
sions, paillardises exécrables, bougreries, incestes, ra-
vissements, usures, empoisonnements, gourmandises,
yvrongneries, dances, jeux, emprisonnements, et autres
voluptez et plaisirs désordonnez, auxquels Nous nous
plaisons à les raconter, comme grandes vertus, chacun le
sçait et le cognoit : dont noz prédécesseurs (qui valoyent
autant comme nous) ont jouy et usé longtemps, et sans
grand contredit (soubs ombre de Religion et par une
hypocrisie fardée, couverte de saincteté). Par ce moyen,
peu à peu, Nous nous sommes ainsi agrandis, jusques à
devenir Monarque, comme les histoires tesmoignent
qu'avons mis le pied sur la gorge d'un Empereur, par le
moyen de nostre capitaine et protecteur, le grand Lucifer d'Enfer, lequel a fait jusques icy fumer nostre cuisine
à la grande sorte : ce qu'avons en grande recommandation.

Parquoy Nous commandons, de nostre authorité,
aux dessusdicts Luthériens et Huguenotz, sur la
promesse qu'ils nous doyvent, et par laquelle ils nous
sont obligez, que doresenavant ils ayent à eux taire, sans
nous incommoder ni inquiéter, sur peine d'estre excommuniés de l'authorité de nostredit Saint Siége apocriphe,
lequel nous tenons de Sainct Pierre (comme nous disons),
et faut que le croyez sur les peines contenues cy après.
Autrement, et à faute de ce que dessus, Nous vous faisons entendre que, venans à estre les plus fortz, comme
Sathan nous promet (si Dieu ne l'empesche et retient),
Nous procéderons envers eux avecques la plus grande
fureur et cruauté que nous pourrons adviser, ainsi qu'ont
faict Néron, Domitian, Julian l'Apostat, autheurs de

nostre Siége Papal, et compagnons et suppostz de nostre dessusdict Grand Maistre, leurs Inquisiteurs, Juges, tenans nostre querelle; lesquelz, de nostre [temps], en ont faict mourir de diverses sortes, pour tascher d'esteindre et du tout suffoquer la pure vérité de l'Evangile. A tous lesquels Nous avons promis et promettons, et à tous ceux qui voudront faire le semblable, aussi bonne récompense, à la fin de leurs jours. . . . Nous attendons, estans asseurez d'aller droit en Enfer, à la conduite de nostredict maistre Lucifer.

Et, au cas que lesdicts Luthériens et Huguenotz voudroient eux déporter de suyvre leurs entreprises, et vivre selon noz conditions, comme on a faict depuis neuf cens ans en ça, Nous promettons les absoudre, de nostre authorité, de les récompenser s'ils veulent venir vers Nous, pour nous faire l'hommage tel, comme ont faict les Princes et Roys jusqu'icy, auquel se baize nostre pantouffle, comme chose saincte et digne. Ce faisant, Nous vous osterons hors de nostre malegrace, et vous chargerons d'Eveschés, Abbayes, Prieurez, Bénéfices, de telle sorte qu'en peu de temps Nous vous rendrons gras comme Moynes, et lourds Ignorantins docteurs de la Sorbonne. Qui est le moyen par lequel Nous avons gagné à Nous, et attirerons, si on nous veut croire, le reste des hommes.

Car Nous serions fort desplaisantz de perdre le bon moyen qu'avons eu et avons de vivre en oisiveté, et sans rien faire de nos mains, horsmis le travail qu'avons ordinairement au service du Vin, pour un peu d'espérance qu'on nous met en avant de Vie éternelle, de laquelle n'avons aucun sentiment, quoy qu'en facions bonne myne.

Vray est que, d'autant que Nous sentons le Jugement de Dieu tomber sur nous, volontiers Nous rangerions à la pure vérité du Sainct Evangile de Jésus Christ et à la forme de vivre des saincts Apostres, selon laquelle Nous voudrions volontiers vivre, n'estoit que nous ne pourrions vivre de nostre façon accoustumée, sans travailler de noz mains pour ceste miserable vie, en laquelle toutesfois Nous avons constitué nostre paradis.

Item, il nous seroit grand mal et desplaisir, d'estre cy-après exposez en risée et servir de fable à tout le monde, estant decouverts comme vrays Hypocrites, Séducteurs, Abuseurs, Athéistes (sans Dieu ny religion : telz que nous sommes) : qui est la cause pourquoy Nous entretenons le povre peuple en des Idolatries, Superstitions controuvées en la boutique de Sathan, lesquels toutesfois Nous confessons estre contre la pure parole de Dieu et contre nostre conscience. Car tel est le bon plaisir de nostredict Grand Maistre le Diable, auquel entièrement Nous obéissons.

Donné a Rome, a nostre Conclave, par le conseil de nos bien-aimez Cardinaux,

Ce premier jour d'Aoust mil cinq cens soixante et *douze*, et de nostre règne environ neuf cents.

¶ Si donnons en mandement à tous ceux qui tiennent nostre party, ayant nostre honneur en grande révérence, qu'ils ayent à lire et enregistrer le contenu cy dessus.

Ainsi signé :   LE PAPE.

Et audessous : Ambition, Avarice et le Ventre, *ses loyaux Secrétaires.*

CHANSON PAPALE

Sur le chant : *Pourquoy font bruit, etc.*

POURQUOY *font bruit ces faux Luthériens*
Encontre moy ? Qui les meut de ce faire ?
Si j'idolatre, ainsi que les Payens,
Mais qu'en ont-ils, je vous supply, à faire ?

    Bandez se sont pour me vouloir destruire,
Et, d'un accord, ensemble ont appointé
De disputer, crier, precher, escrire,
Pour descouvrir ma grand' meschanceté ;

¶ *Disans entr'eux : Il nous convient parler*
Contre le Pape et sa maudite ruse.
Car en Enfer le peuple fait aller
. . . nts, hélas ! dont il l'abuse.

    . . . . . ay, car ma troupe maudite,
Avec. . en qui ne soit mensonger :
Mais q. . . . aut-il qu'en tel poinct on m'irrite ?
Je saur. . . . . en bref temps m'en venger

¶ *Car . . . tost, par despit je prendray,*
En me . . . . . ire que du grand Diable
Tous . . . . esperdus les rendray,
Par. . . . . . mort espouvantable

    M. . . . . . ux à tort se deulent.
En fe . . . .
Dans. . . . .
Qui me. . . . .

¶ *. . . . .*
. . . .
Il leur plaist bien de m'adorer aussi
Et célébrer ma haute renommée.

Ils m'ont donné puissance et avantage :
Par quoy subjets eux mesmes les tiendray,
Les contraignant de me porter hommage,
Jusqu'à baiser mon pied, quand leur tendray.

¶   Verge et espée en la main porteront,
Pour ceux lesquels [doivent] obéissance
A mes cagots, et statuts ne seront,
Qui n'ont vouloir d'honnorer ma puissance.

*   Maintenant donc entendez, Luthéristes,*
Et me servir encores revenez,
Ainsi qu'au temps qui est passé vous fistes,
Ou à torment et mort serez menez.

¶   Sus, venez donc humblement m'obéir ;
Chacun de vous à me servir travaille :
Vueillez de Christ le Testament haïr,
Lequel me damne et toute ma prestraille.

*   Faites honneur aux loix que vous envoye,*
Suivez le mal, et délaissez le bien,
Et avec moy aurez liesse et joye,
Tant que vivrez en ce val terrien.

¶   Finalement, du maudit Lucifer,
En ce faisant, vous acquerrez la grace,
Et en Enfer vous pourrez triompher
Auprès de moy, qui desja y ai place.

LVIII

JUBILÉ

DE NOSTRE SAINCT PÈRE LE PAPE GRÉGOIRE,

XIIIᵉ DE CE NOM,

Afin d'implorer, à l'entrée de son Pontificat, l'ayde de Dieu pour le régime salutaire et nécessitez de ce Royaume de France.

Imprimé à Paris, par Jean Le Blanc, rue du Paon, à l'enseigne du Soleil d'or, près la porte S. Victor.

Placard grand in-folio, sans date.

GRÉGOIRE, *Evesque, serviteur des serviteurs de Dieu, à tous fidèles Chrestiens en général, et à chacun en particulier, qui liront ces présentes, Salut et bénédiction Apostolique.*

COMME ainsi soit que plusieurs de nos prédécesseurs, Papes de Rome, induits par le tesmoignage des Escritures Sainctes et exemples de leurs devanciers, entreprenans la charge du gouvernement de l'Eglise Catholique, ayent accoustumé de demander l'ayde de Dieu et inviter les fidèles Chrestiens à pénitence, oraisons et œuvres de miséricorde, afin que par ce moyen ils peussent conserver et maintenir iceux fidèles, qui sont membres de l'Eglise, en persévérance en la foy Catholique, soubs l'obéissance du Pape de Rome, leur chef; et qu'eux aussi estans en ceste charge et ministère, ils eussent le moyen et pouvoir, par les prières et mérites de l'Eglise militante, d'amener ceux qui leur sont baillez en charge, par la grace du sainct Esprit, à la béatitude éternelle. Considéré aussi que cela mesme a esté faict et practicqué, ces années passées, par les mesmes Papes, excellens et recommandables, tant pour leur saincteté de vie que pour les mérites de leurs rares vertus, au grand profit et advantage de l'Eglise, Nous nous sommes persuadez certainement estre très expédient et nécessaire, que Nous faissions la mesme chose, en ce misérable temps auquel la navire de sainct Pierre, par les énormes peschez et trop coustumières offenses des hommes, comme par grands orages et vens impetueux, croissans d'heure en heure, est tant agitée, et ce encor davantage que Nous nous recognoissons estre inférieurs en mérite de vertus à tous noz prédécesseurs Papes, et qui ne ressentons point seulement les adversitez présentes, mais aussi craignons les futures, car combien plus de sortes et plus grands maux et plus particuliers à la présente tempeste nous affligent! Nous sommes tourmentez par les fléaux de la juste ire de Dieu, nous sommes pressez à la famine, nous sommes vexez de maladie, nous sommes accablez de guerre; et si encor craignons-nous de ressentir d'autres misères et calamitez plus grandes. Bref, la charité des hommes estant refroidie, l'iniquité et malice s'est augmentée. Et néantmoins toutes ces choses ne nous retardent ny destournent aucunement de nostre entreprise, mais nous enflambent et esmeuvent davantage à nous employer, avec tout soing et diligence assidue, à ces œuvres de piété et de charité. Pour ces occasions, Nous avons estimé estre de besoing d'invoquer l'ayde de nostre Sauveur Jésus-Christ, qui, lors mesme qu'il se venge de ses créatures, exerce toutefois sa miséricorde, et à ceste fin aussi décreter des prières, processions et indulgences publiques. Préparons doncques, et avec grand zèle d'ardeur de dévotion, eslevons noz cœurs à Dieu, et frappons à la porte de sa bonté divine, accompagnons noz clameurs et prières de bonnes œuvres; importunons nostre bon Dieu, par exemples et effects aussi bien que par voix et parolles, de peur que, nos actions estans mauvaises et reprochables, nos oraisons aussi soient infructueuses et inutiles. Nostre Dieu est juste et pitoyable, et comme il se rend farouche et rigoureux à ceux qui ne font pénitence de leurs peschez, aussi se monstre-il bening et miséricordieux à ceux qui, avec regret de l'avoir offensé, se convertissent à luy. Avec une grande contrition en noz cœurs de toutes noz fautes, ayons soigneusement recours à luy, et requérons-luy humblement secours et ayde, pour nostre restablissement, qui a accoustumé de garantir de toutes tribulations ceux qui s'amendent et corrigent durant ceste vie présente, et par après les amener à la vie éternelle. Et encores que Nous ne soyons point incontinent exaucez en noz requestes, ne laissons point pourtant à continuer nos prières, mais plustost, en poursuivant nos dévotions, importunons-le. Dieu veut estre prié, il veut estre contrainct, et, aucunes fois aussi, il veut estre comme vaincu par importunité. A ceste cause, commençans à ceste noble ville de Rome, laquelle nostre Seigneur Jésus-Christ a estably pour chef et premier siége de la saincte Eglise Catholique, Nous ordonnons que prières et processions solennélles seront faites aux Eglises de S. Pierre, prince des Apostres, au Vatican, et de Saincte Marie Majeur, la première semaine qui escherra après la feste de l'Epi-

phanie , environ le neufviesme jour de Janvier présent
mois; auxquelles Eglises avons proposé d'assister aux
susdictes prières et processions, en toute humilité et ab-
jection d'esprit et de corps, ensemblement avec noz
vénérables frères les sérénissimes et révérendissimes
Evesques, Cardinaux, Patriarches, Archevesques, et
qui seront pour lors en ceste ville de Rome, et pareillement avec les Seigneurs, Ambassadeurs des Roys et
Princes Chrestiens qui se trouveront auprès de nous, et
autres Prélats et Officiers de nostre Cour Romaine, et
avec les magistrats du Peuple Romain, estans aussi accompagnez de tout le Clergé et du Peuple. Ores, afin
que Nous, qui, pour la petitesse de noz mérites, ne nous
confions pouvoir acquérir ce que nous desirons et espé-
rons, le puissions toutesfois impétrer par multiplica-
tions d'intercesseurs, Nous enhortons, au nom de Dieu,
et tant qu'en Nous est possible, tous et chacun fidèles
Chrestiens, de quelque sexe et condition qu'ils soient, et
en quelque lieu qu'ils facent leur demourance, et de paternelle affection les admonestons que, aussitost que les
présentes viendront à leur congnoissance, ils se disposent
d'un cœur devot et allègre, pour impétrer l'ayde de Dieu,
et pour rechercher, par vraye pénitence, et recouvrer la
médecine propice et salutaire à tous les griefs maux qui
nous environnent de toutes parts : et d'abondant rendent
très humbles actions de grace à Dieu, père de miséricorde, de ce qu'il donne si bénignement et abondamment, non seulement la vie, substances, biens, honneurs,
mais encore aussi les dons spirituels à ses subjects pauvres fidèles, quoy qu'ils soyent pescheurs. Et, pour cest
effect, que ceux qui seront en ceste ville de Rome, la première sepmaine ou la prochaine après, selon qu'il leur
sera plus commode, ayent à jeusner la quatriesme, sixies-

me férie, et le samedy d'icelle sepmaine, et visiter dévotement les Eglises du bien heureux Sainct Pierre, et celle de Sàincte Marie Majeur, ou l'une des deux, et là faire prières dévotes à Dieu, pour la conservation et augmentation de l'Eglise Catholique, extirpation des hérésies, pour la paix entre les Princes chrestiens, et afin qu'il luy plaise nous donner force et vertu pour nous purger, illuminer, et nous rendre plus parfaicts, et qu'outre cela ils facent aumosnes, et distribuent de leurs biens à leur volonté, et qu'aussi, en dedans ce mesme temps, ils confessent tous leurs peschez, et le jour du dimanche immédiatement après le samedy prédict, ou bien un autre jour de la sepmaine suyvante, ils se presentent en toute reverence au très sainct Sacrement de l'autel, pour y recevoir le précieux corps de nostre Sauveur Jésus-Christ. Ce que nous entendons et desirons aussi estre faict et observé par tous et chacun de ceux qui sont hors la ville de Rome, en quelque lieu qu'ils demeurent, la première ou seconde sepmaine après que la copie des présentes aura esté publiée aux lieux et endroicts où ils habitent. Et quant aux religieux et religieuses qui sont enfermez en leur monastère, et aussi ceux qui sont detenus aux prisons, ou qui pour leur infirmité de maladie ou autre légitime empeschement ne pourront accomplir toutes ces choses cy dessus déclarées, ou aucune d'icelles, Nous permettons qu'ils pourront différer à les faire en un autre temps le plus proche, toutes fois qu'il leur sera commode, et mesmes de changer et commuer les choses susdites en autres œuvres pieuses selon le conseil et advis de leurs confesseurs, lesquels mesme leur sera loisible d'élire à leur volonté. Commandant au surplus à tous noz venerables freres Patriarches, Archevesques, Evesques, et à tous autres Prélatz des Eglises et lieux ordinaires, en

vertu de la saincte obédience, qu'aussi tost que les présentes, ou copies d'icelles souscrites de la main du Notaire public, et signées de quelque Prélat ou autre personne constituée en quelque dignité ecclésiastique, leur
auront esté rendues, ils ayent à décréter et ordonner
prières et processions solennelles, auxquelles eux-mesmes
y assisteront, au jour qu'ils adviseront et détermineront,
en une ou plusieurs Eglises, selon que bon leur semblera, aux fins que dessus; qu'ils facent aussi publier les
présentes ou la copie d'icelles, par toutes leurs Provinces, Eglises ou Diocèses. Ce que, à fin que tous et
chacun s'efforcent d'exécuter d'autant plus soigneusement qu'ils recognoistront estre par Nous repeus et re-
fectionnez des dons et graces spirituelles, nous confians
en la miséricorde de Dieu tout puissant, et sous l'authorité de sainct Pierre et sainct Paul Apostres, de la
puissance de lier et deslier, que Dieu nous a imparty et
communiqué, quoy qu'en soyons indignes, ouvrans lar-
gement les thrésors de l'Eglise, desquels Nous sommes
establis dispensateurs, Nous donnons et octroyons, à tous
et chacun qui accompliront les choses susdites, planière
indulgence et rémission de tous leurs péchez, par la teneur des présentes, telle qu'elle a accoustumé d'estre
elargie et octroyée à ceux qui visitent, en l'an du Jubilé,
les Eglises qui sont dans et hors la ville de Rome. Et si,
outre plus, leur donnons puissance et liberté de choisir
un confesseur séculier ou régulier, de quelque Ordre que
ce soit, pourveu qu'il soit approuvé de l'Ordinaire du
lieu, qui pourra les absoudre de toutes excommunications, suspensions, interdits, et autres sentences et censures ecclésiastiques, et de toutes peines décrétées, et ordonnées *à jure vel ab homine*, en quelque manière et
pour quelque cause que ce soit, mesme aussi de tous pes-

chez, excès, crimes, délits, quelque graves et énormes qu'ils soient, voire encore ès cas réservez, tant aux Ordinaires des lieux qu'à Nous et au Sainct Siége Apostolique, estans mesme contenus en la Bulle accoustumée d'estre leue, par chascun an, *Cœna Domini,* et par quelques Constitutions que puissent estre de noz prédécesseurs Papes, la teneur desquelles Nous voulons estre réputée pour expresse et contenue aux présentes : mais ce seulement *in foro conscientiæ,* et pour ceste seule fois, et aussi de commuer et changer toutes sortes et espèces de vœux (réservez les vœux de religion et de chasteté) en quelques autres œuvres pieuses et salutaires, après leur avoir enjoinct à chacun d'iceux, en tous ces cas susdits, selon la gravité de leurs offenses, bonne et salutaire pénitence et toutes autres choses qui doivent estre raisonnablement ordonnées et imposées à tels excez. Ores, Nous n'entendons point dispenser, par ces présentes, d'aucune irrégularité publique ou occulte, ny d'aucune inhabilité, contractée en quelque sorte et manière que ce soit. Et si, outre plus, Nous déclarons que ces présentes pourront servir seulement pour obtenir absolution au for de conscience, et de pénitence sacramentelle, non point au for exterieur et contentieux, et non à ceux qui seront excommuniez, suspens et interdicts par quelque juge, ou qui seront déclarez avoir encouru quelques sentences, censures et autres semblables peines, ou bien auront esté dénoncez publiquement, sinon à cest effect pour gaigner et obtenir le fruict du présent Jubilé, si ce n'est qu'en ce temps préfix ils ayent satisfait ou accordé avec leurs parties, nonobstant aucunes Constitutions et ordonnances apostoliques, principalement celles par lesquelles la puissance d'absoudre de certains cas exprès en icelles, est si spécialement reservée au Pape séant pour lors , que ny semblables ou diverses concessions et octrois d'indulgences de Jubilé ou autres pareilles facultez (si non que d'icelles soit faicte mention expresse ou spéciale dérogation) ne pourront servir à aucun : nonobstant aussi toutes autres permissions, priviléges, indults, concédez et octroyez à quelque Ordre que ce soit des réguliers, ny toutes autres permissions contraires. Nous voulons aussi que telle et mesme foy soit ajoustée aux copies des présentes, estans mesmes imprimées, moyennant qu'elles soient subscrites et signées de la main d'un notaire public et scellées du sceau de quelque personne constituée en quelque dignité en l'Eglise, qui seront adjoustées à ces présentes, mesmes si elles estoient exhibées et représentées. Donné à Rome, au Palais de Sainct Pierre, l'an de l'incarnation de Nostre Seigneur mil cinq cens quatre vingt et unze, le cinquiesme jour du mois de janvier, et en la première année de nostre Pontificat.

LEQUEL Pardon Jubilé estant parvenu à la cognoissance de l'illustrissime et reverendissime Cardinal de Gondy, nostre evesque et pasteur, iceluy, desirant se conformer à la saincte volonté et attention de Nostre Sainct Père le Pape, et de sa part aussi procurer le salut et avancement de son troupeau, et l'exciter de plus en plus à la recognoissance des graces qu'il reçoit journellement de la bonté divine, et suyvant l'admonition salutaire de nostre dict Sainct Père, exhorter ses ouailles, au milieu des grandes afflixions de tout ce Royaume de France et de toute la Chrestienté, invoquer l'ayde de Dieu tout puissant par dévotes prières et toutes œuvres de charité, à ce principalement qu'il luy plaise, par sa sapience divine et immense, pourvoir au régime salutaire de ce Royaume, et mettre fin aux nécessités et misères présentes, par la continuation et augmentation desquelles il est presque du tout destruit et ruiné : a ordonné mondict seigneur Cardinal que le présent Jubilé et indulgences de plenière remission seront leuës et publiées par les curez et vicaires de toutes les Eglises, tant de ceste ville et fauxbourgs de Paris que de tout le diocèse : enjoignant auxdits curez et vicaires d'exhorter leurs paroissiens à gaigner ce Pardon, selon sa forme et teneur, et spécialement les advertir d'assister en toute humilité et dévotion à la procession générale qui sera faicte le dimanche immédiatement devant la feste de Pentecoste, et le mercredy, vendredy et samedy ensuyvans, jeusner bien dévotement, et, après avoir faict entière confession de tous leurs péchez à tels confesseurs qu'ils voudront choisir, selon la permission du présent Jubilé, recevoir, ledict jour de la Pentecoste, la communion du précieux corps de Jésus-Christ, ou bien quelque autre jour de la sepmaine suyvante et prochaine. Et d'autant que ledit seigneur Cardinal est deuement informé et adverty de la grande pauvreté et nécessité qui est aux maisons et couvents cy après nommez, il a aussi ordonné que ceux qui désireront gaigner des indulgences dudict Pardon Jubilé, le mercredy de la susdicte sepmaine, visiteront les Eglises des Augustins, Carmes et Quinze Vingts. Le Vendredy, les Eglises des Jacobins, Cordeliers et Filles de l'Ave-Maria. Le Samedy ou Dimanche, jour de la Pentecoste, l'Hostel-Dieu, et les Eglises des Filles-Dieu et des Filles Pénitentes, et feront, avec un grand ardeur et zele, bien dévotes prières, aux fins que dessus, et icelles aussi accompagneront de charitables aumosnes envers les pauvres de chacun desdicts lieux. Et quant à ceux qui seront détenus de quelque infirmité de maladie, ou qui sont enfermez en quelques monastères ou prisons, ou qui seront retenus par quelques légitimes et raisonnables empeschemens, ledict seigneur Cardinal et pasteur leur donne pouvoir, suyvant le contenu audict Jubilé, de commuer et changer lesdictes visitations en telles œuvres pieuses qui leur seront ordonnées par leurs confesseurs ou supérieurs.

Signé : HATON.

LIX

JUBILÉ

DE NOSTRE SAINCT PÈRE LE PAPE CLÉMENT VIIIe

séant à présent, afin d'implorer l'ayde divin, au commencement de son Pontificat, pour l'heureux gouvernement de l'Eglise Catholique et pour les nécessitez présentes.

Imprimé à Paris, par Jean Le Blanc, imprimeur, demeurant en la rue du Paon, à l'enseigne du Soleil d'or, près Saint Nicolas du Chardonneret.

Placard grand in-folio, sans date.

OSTRE Sainct Père le Pape Clément, séant à présent, donnant sa Bénédiction apostolique à tous fidelles Chrestiens, et considérant que, en ce temps calamiteux auquel l'Église Catholique est agitée de grands troubles, estant appellé (n'y pensant point) par la Divine Bonté au souverain gouvernement d'icelle Eglise : Il doibt principalement penser à commencer ses actions par Celuy auquel il doibt diriger et rapporter toutes ses intentions et desseings, attendu que le faix et la grandeur de ceste charge sur-passent la ténuité de ses forces, et les dangers et hazars qui menacent le peuple Chrestien de toutes pars le re-quièrent et le forcent de ce faire, à l'exemple de quelques-uns de ses prédécesseurs, afin qu'il plaise à Dieu tout puissant l'assister de sa spéciale grace, au commence-ment de son Pontificat. Il a jugé qu'il luy estoit néces-saire d'avoir recours à Dieu, et le rendre propice par pénitence, espérant que, combien que quelques fois il retarde d'exaucer les prières de ceux qui le réclament, néantmoins, en temps opportun, il exaucera les vœux communs, tant de luy que de tous les fidèles Chrestiens, d'autant que, s'il diffère à nous oüyr, il ne nous prive, pour cela, de ses misérations, et n'oublie à nous faire grace, et, lorsque de sa verge il visite noz iniquitez, il retient en son ire ses miséricordes. Pour ceste cause, in-vite et exhorte, tous et chascun, les fidèles. . . . . soy de humilier leurs ames devant Dieu, et briser leurs cœurs par vraye contrition, et s'employer unanimement en tous fruicts dignes de pénitence, en oraisons et jeusnes, et tous autres œuvres de piété, avec persévérance, à ce que, par les communs suffrages des pénitens, nous soyons mutuel-lement aydez.

OR, pour commencer à la ville de Rome, où nostre rédempteur Jésus-Christ a estably le Saint Siége Aposto-lique, et qui est la Mère et Maistresse de toutes les autres Eglises, a ordonné que, la sepmaine immédiatement après le premier Dimanche de Caresme, se facent pro-cessions solennelles aux Églises de ladicte ville, à sça-voir : à celle de Sainct Pierre, Prince des Apostres, au

Vatican, et de Saincte Marie Majeure : èsquelles processions nostredict Sainct Père, en toute humilité d'esprit et de corps, assistera, accompagné de tous Messieurs les Cardinaux et de tous Patriarches, Archevesques et Évesques estant pour lors en ladicte ville, comme aussi de tous les Orateurs ou Ambassadeurs des Roys et Princes chrestiens estans audict lieu, et de tous autres Prelats, Officiers de la Court de Rome, Magistrats du Peuple Romain, et de tout le Clergé et peuple dudict lieu. Et, afin que telles prières et supplications soient plus efficaces et plus fructueuses, exhorte en Jésus-Christ, que tous fidèles chrestiens, estans alors en ladicte ville, ladicte sepmaine ou celle d'après immédiate, et, quant aux autres provinces, régions et lieux, aussi tost qu'il auront receu ces présentes, à sçavoir la première ou seconde sepmaine après la publication d'icelles, que ils présentent à Dieu leurs sainctes prières, à ce qu'il luy plaise maintenir et conserver la Saincte Eglise, et signamment assister de son ayde céleste le Royaume de France, estant pour le présent en extreme danger ; le restituer en une vraye paix tant desirée, extirper toutes hérésies, et conserver et augmenter la foy Catholique, et donner à nostredict Sainct Père les forces et moyens pour se pouvoir acquiter heureusement de sa charge, à la gloire de Dieu et au salut de tout le trouppeau de Jésus-Christ : et que ceux qui sont présents en ladicte ville visitent les susdictes Eglises de Sainct Pierre et Saincte Marie Majeure, ou l'une d'icelle à leur choix. Mais, quant à ceux qui sont hors de ladicte ville, qu'ils visitent l'Eglise ou les Eglises qui leur seront députées par les Ordinaires des lieux, ou par leurs vicaires, ou, au défaut d'iceux, par ceux qui auront charge des ames èsdicts lieux, un jour ou plusieurs jours de la susdicte sepmaine, à tout le moins une fois : et outre ce, qu'ils jeusnent le mercredy, vendredy et samedy de ladicte sepmaine, ou de la sepmaine immédiatement suyvante, et, selon leur dévotion et moyens, exercent aumosnes envers les pauvres ou envers les lieux pieux : et dedans cedit temps facent confession entière de tous leurs péchez à un prestre approuvé de l'Ordinaire, et, le jour du Dimanche immédiatement suyvant, ou autre jour de la sepmaine suyvante, selon l'advis et conseil de leur confesseur, reçoivent dévotement le très sainct sacrement de l'Eucharistie. Et, quant à ceux qui seront en voyage par mer ou par terre, après leurdict voyage accompliront ces choses susdictes. Et quant aux Réguliers, de quelque sexe qu'ils soient, detenuz en cloistres, et ceux qui seront en prison ou captivité, ou, pour infirmité corporelle ou autre empeschement, ne pourront accomplir les choses susdictes, ou quelque partie d'icelles, pourront, par l'advis et conseil de leurs confesseurs, commuer et changer toutes les choses susdictes ou quelque partie d'icelles en autres œuvres de piété, ou bien pourront différer en quelque autre temps, le plus proche que faire ce pourra.

Toutes lesquelles choses, afin que ils les exécutent d'une plus franche volonté, d'autant qu'ils se verront plus amplement réfectionnez des dons et graces spirituelles : Nostredict Sainct Père, se confiant à la miséricorde de Dieu tout puissant, et en l'authorité de Sainct Pierre et Sainct Paul, au moyen de la puissance de lier et de délier laquelle luy est donnée, ouvrant les trésors de l'Eglise, desquels il est, par la grace de Dieu, dispensateur : Donne, à tous ceux et celles qui auront accomply les charges susdictes, pleine et entière indulgence et rémission de tous leurs péchez, comme, en l'an de Jubilé, est donnée à tous ceux qui visitent certaines Eglises, dedans et hors la ville de Rome.

Davantage, à tous et un chacun desdicts fidèles, de quelque ordre et congrégation qu'ils soient, donne puissance et faculté de eslire et choisir tel prestre qu'ils voudront pour leur confesseur, tant régulier que séculier, approuvé de l'Ordinaire des lieux, lequel les puisse absouldre de toute sentence d'excommunication, suspension, interdit, et toutes censures ecclésiastiques décrétées ou infligées ou de droict, ou par le juge, en quelque manière que ce soit : comme aussi de tous péchez, excez ou délicts, de quelque gravité et énormité qu'ils soient, et mesmes de tous cas réservez, tant aux Ordinaires des lieux que à nostredict Sainct Père et au Siége Apostolique, voire de ceux qui sont portez et contenuz en la Bulle *De cœna Domini*, ou par toutes autres Constitutions de ses prédécesseurs Papes, desquelles Constitutions il veut et entend que la teneur soit tenüe pour expresse par ces présentes, et ce au for de conscience et de confession auriculaire, pour ceste fois seulement.

Et au surplus, leur pourra ledict confesseur commuer et changer tous vœux (excepté les vœux de religion et de chasteté) en autres œuvres pieux et salutaires, en leur joignant toutesfois à un chacun d'iceux pénitence salutaire pour tous les cas susdicts.

Et afin que l'intention de nostredict Sainct Père parvienne à la cognoissance d'un chacun, mande à tous les Patriarches, Archevesques, Evesques et autres Prélats des Eglises, en vertu de saincte obédience, que, ayant receu copie ou exemplaire de ces présentes, incontinent ils les publient et facent publier, par les Provinces, Eglises et Diocèses de leur ressort, chacun en leur endroict, et que ils ordonnent et facent célébrer solennelles processions et supplications, tant par le clergé que par le peuple à eux subject, comme nostredict Sainct Père a ordonné en ladicte ville de Rome.

Or, notamment, nostredict Sainct Père n'entend dispenser aucun de irrégularité publique et occulte, ni d'aucune défectuosité, incapacité ou inhabilité, contractée en quelque manière que ce soit, voire au secret de conscience et de confession, ny de donner puissance à aucun d'en dispenser.

Comme aussi il déclare que ces présentes ne pourront servir à personne, si non qu'au for de conscience et de pénitence secrette, et non au for contentieux et extérieur, et mesme, quant au for de secret de conscience, ne veut aussi qu'ils servent à ceux qui seront excommuniez, suspens et interdits, et déclarez, par sentence de quelque juge, sinon au cas que, dedans le temps de la célébration de cedict Jubilé, ils ayent satisfaict ou accordé avec les parties.

Et, pareillement, n'entend que ces présentes puissent servir aux Hérétiques ou Schismatiques, spécialement et nommément déclarez ou condamnez, nonobstant toutes Constitutions et ordonnances apostoliques, principalement celles par lesquelles la puissance d'absoudre seroit réservée, en certain cas exprès, spécialement au Pape pour lors séant, comme aussi que semblables ou dissemblables Jubilez ne leurs puissent servir, si n'est faict une expresse mention ou spécial derogatoire en iceux. Nonobstant aussi le serment de quelque Ordre ou Congregation regulière, ou statuts, priviléges, indults et lettres apostoliques, confirmées par authorité apostolique, données, approuvées ou renouvellées auxdicts Ordre et Congregation, à toutes lesquelles et chacunes Constitutions, encores que d'icelles soit faicte speciale et singulière mention, et non par clauses générales, nostre-

dict Sainct Père, pour ceste fois spécialement et expressément, déroge, pour l'effect de ces présentes, et à toutes
autres contraires.

Veut aussi et ordonne que pareille foy soit adjoutée à
à toutes les copies exemplaires de ces présentes imprimées et soubsignées de la main de quelque notaire public et scellées du sceau de quelque personne constituée
en dignité ecclésiastique, comme en l'original desdictes
lettres, si elles estoient exhibées et présentées. Donné à
Rome, l'an de l'Incarnation mil cinq cens nonante et
deux, le quinziesme febvrier, l'an premier de son Pontificat.

Lequel Jubilé ayant esté receu par Monseigneur le
Révérendissime Cardinal de Gondy, Evesque de Paris,
ou par ses grands vicaires, désirant de satisfaire à la volonté et saincte intention de nostredict Sainct Père, et
de promouvoir tant qu'il luy est possible le salut de son
troupeau, a ordonné et ordonne que ledict Jubilé soit
publié, tant en ceste ville et fauxbourgs de Paris que
par tout son diocèse, et pour le regard de la ville et faux-
bourgs, soit célébré le Dimanche cinquiesme d'après
Pasques, qui est le troisième jour du moys de may, et
pour le regard des champs, qui ne le pourront célébrer
cedict jour, qu'ils le célèbrent le Dimanche immédiatement
suyvant, ou, pour le plus tard, le jour de la Pentecoste,
et, pour cest effect, que tous les curez ou vicaires et
autres prélats et supérieurs d'Eglises, chacun en leur endroict, exhortent tous leurs subjects à exécuter le contenu
dudict Jubilé selon sa teneur, et signamment à disposer
leur conscience par une vraye pénitence et confession
auriculaire, et à jeusner le mercredy, vendredy et samedy
de la sepmaine immédiatement précédente, et, le Dimanche, recevoir en toute dévotion le sainct Sacrement

manche, recevoir en toute dévotion le sainct Sacrement du précieux Corps de Jésus-Christ, et accompagner leurs-dicts jeusnes et communion de prières et aumosnes charitables, en invoquant le nom de Dieu tout puissant, et implorant l'intercession de la sacrée Vierge et des autres Saincts glorieux, pour les causes déclarées par ledict Jubilé, et signamment pour le repos et tranquillité de l'Eglise Catholique, conservation de la Foy Chrestienne en ce Royaume soubs l'obéissance de nostredict Sainct Père. Et, parce que ledict sieur Cardinal Evesque est deüement adverty de l'extreme nécessité et pauvreté de l'Hostel-Dieu de Paris, des Filles Pénitentes, des Filles-Dieu, de l'Ave-Maria et des Quinze-Vingts, a d'abondant ordonné que, lesdicts jours de jeusnes et Jubilé, ceux qui voudront gaigner ledict pardon, pour le regard des habitans de la ville et faux-bourgs, visiteront les Eglises des dictes Maisons, à sçavoir, le mercredy, la Maison de l'Ave-Maria et Quinze-Vingts, et, le vendredy, celles des Pénitentes et Filles-Dieu, et, le samedy ou dimanche, l'Eglise de Paris, pour l'Hostel-Dieu. Et, pour le regard des Paroisses des champs, visiteront telles Eglises ou chapelles qu'aviseront les curez ou recteurs d'icelles, chacun selon leur commodité, tel jour que ils verront bon estre, ou le mercredy ou le vendredy, samedy ou le dimanche, auquel ils célébreront ledict Jubilé. Et, quant aux maisons de religion et ceux qui vivent en cloistre, ledict sieur Cardinal Evesque en laisse la disposition, pour le regard desdictes visitations, aux Supérieurs desdictes maisons. Mais, quant aux prisonniers et malades, et autres detenuz de quelque légitime empeschement, remet le changement desdictes visitations à la discrétion et prudence des Pères Confesseurs, suyvant la teneur dudict Jubilé. Et, pour inviter à ce faire tous ses subjects, ledict sieur Cardinal Evesque, de l'autorité qu'il luy est donnée par la dignité de Cardinal, leur donne de sa part cent jours de vray pardon. Et, d'abondant, a ordonné que, pour le regard de la ville et faux-bourgs, sera faicte et célébrée, le Dimanche immédiatement précédent, à sçavoir : le vingt-sixiesme d'apvril, une procession générale à la manière accoustumée, allant de l'Eglise de Paris à Saincte Geneviève du Mont, et, pour cest effect, enjoinct à tous les Abbez, Doyens, Chapitres, Prieurs, Couvents, Curez ou Vicaires, de comparoir, ledict jour, en ladicte Eglise de Paris, à sept heures de matin, pour assister, en bon ordre, à ladicte procession, en priant Dieu, pour les causes susdictes, et pour obtenir sa grace, à dignement célébrer ledict Jubilé. Outre ladicte procession généralle, chacune Eglise fera quelque procession particulière, tel jour de la sepmaine qu'ils verront bon.

LX

DROLLERIE DES FORCES DE MAYENNE

Sur la marge de la pièce qui va suivre, L'Estoile a écrit :

Le 1ᵉ d'aoust 1590, contre la muraille de la porte Saint-Innocent, par où on entre aux Halles, on trouva peinte une drollerie, en laquelle le duc de Mayenne estoit représenté avec de grands cizeaux qu'on appelle des *forces*, qu'on avoit peintes au-dessus de lui. Après lesquelles il suoit fort, et travailloit pour les avoir. Mais il ne pouvoit atteindre. Et y avoit-l'on inscrit au-dessus, en grosse lettre : JE NE PUIS AVOIR MES FORCES.

LXI

AD SACRAM VIRGINEM LAURETANAM
Joan. Buchæri, Theol. Paris.

VOTUM

Anno D. 1586. Mense Februar., inter equitandum in ipso ad ejus ædem itinere, raptim utraque lingua scriptum, nunc vero recens editum.

L'Estoile a écrit au dos : *Ad Sacram Virginem Lauretanam D. Boucher Theologi Paris. Votum.* 1590.

Gravure sur cuivre, signée à droite : *C. Suisse, fe.* La Santa Casa de Lorette, transportée dans les airs par deux anges. Au-dessus, la Sainte Vierge, dans une gloire, avec l'Enfant-Jésus entre ses bras. A gauche, ce distique grec :

Εἰμὶ θ'ὅπερ πελόμην, κ'οὐκ ἦν ὃ πέλω, πέλομαι νῦν
Ἀμφότερον, τέκνον καὶ γενετῆρα λέγει.

A droite, ce distique latin, qui en est la traduction :

Sum quod eram, nec eram quod sum, nunc dicor utrumque,
Filius hoc dicit, dicit et ipsa parens.

Le texte est sur 3 colonnes ; la première contient la pièce latine, dont les vers français qui occupent la 2ᵉ et la 3ᵉ colonne sont la traduction. Les références bibliques s'y trouvent répétées ; on a omis ici cette répétition, à cause de la longueur des lignes.

Hic ubi Justitiæ dedit oscula Pax ; ubi primum

Psal. 84. Effudit terris Cœli benedictio rorem ;

Es. 45. Rerum ubi mutata est series ; ubi grandia parvis,
Infima supremis coïere, æterna caducis ;
Tempus ubi accepit sine tempore temporis Author,

4 Reg. 20 Ditaruntque inopem Cœli commercia mundum ;

Es. 38. Sol ubi retrogradus, veluti Gygas, æthere ab alto

Psal. 18. Exiliens, decimam descendit ut ederet umbram,

Eze. 32. Se tenui obscurans ut panderet omnia nube,

1 Cor. 1. Infirmosque petens ut fortia rumperet artus ;

Joan. 13. Rex idem et servus, divesque et pauper in unum :

Psal. 48. Dicta ubi sancta fidem accipiunt; ubi scinditur alto
Dan. 2. Absque manu de monte lapis, qui conterat orbis
        Imperium, et magni succrescens montis ad instar,
        Mole sua terram premat idem; ubi origine mundi
Esa. 43. Majus surgit opus; novum ubi quod mundus adoret,
        Grande, immensum, ingens, quod non vox dicere, non mens
        Concipere ulla queat, secli spem arrhamque futuri
Hier. 23. (Virgo virum in sese clausit quod fœmina circum),
        Omnipotens fecit nova per miracula Numen.

        Puram ubi te puri pure genuere parentes,
        Natam de sterili mundus, sine labe creatam,
        Obstupuit Dæmon; ubi Cœli plurima circum
        Te obsequiosa phalanx sola et tibi nota remansit,
        Conscia turma tuæ fidei sanctique pudoris;
        Venter ubi, modulante novum Cœli alite carmen,
        Arcano intumuit Verbo tuus, et Deus in te
Luc. 11. Factus homo est, infans jacuit, tua et ubera suxit.
Luc. 2. Subditus et fabro fabricator substitit Orbis.

Joan. 19.   Pauper ubi assumpto super ardua sydera nato
Psal. 44. Virgine cum socio æthereæ et primoribus aulæ
        Vixisti, psallensque dies noctesque fuisti;

        Quam ne indigna domum gens et sine honore haberet,
        Huc de Judaïco (mirum!) super æquora tractu
        Angelicæ medium vexere per aera turmæ

        Sancta Parens, vitæ Spes et tutissima nostræ,
Cant. 6. Seu Lunam, Stellamve Maris, seu dicere Primam
        Te juvat Auroram, Castrorumve Agmen et armis
Cant. 4. Munitam Turrem, seu læto germine Vitem,
Eccl. 24. Seu Palmam, Platanum, tangentemve astra Cupressum,
        Seu Cedrum excelsam, seu baccis uberem Olivam,
Cant. 4. Seu vitæ Puteum, rapidarum aut Flumen aquarum,
Cant. 3. Seu Myrrham electam, seu Virgam Thuris odores
Cant. 6. Spirantem cœlo, seu Sponsam, sive Columbam
Prov. 31. Ornatam gemmis, Cœli et bona cuncta ferentem;

Hic (inquam) hic ubi tot surgunt mysteria, proni
Dum cadimus, vota atque tuis persolvimus aris,
Dulcia jamque foco, jam figimus oscula muro,
Qui te, qui mundi texit fovitque parentem,
Philip.2. Regnantem Cœlo et terris servile jacentem,
Si tibi sic visum est tuæ ut hoc vestigia restent
Vitæ sancta loco, minimas si judice te hinc est
Relliquias efferre nefas sub vindice pœna ;
Si quam hic sis præsto miseris, quam vota benigne
Excipias, tota pendentes æde tabellæ
Testantur, varii et votiva anathemata casus;
Si velut icta Deo percellitur et quatitur mens,
Inque novum vetus exit homo, fletuque rigantur
Ora, sacris adytis quisquis vestigia fixit,
Excipe Diva tui venerantes limina tecti
Et læto peregri venientes aspice vultu !
Quæque Dei templum es, quæ nobis Arca salutis,
Psal. 86. Sic habitare tuo nos fac sub tegmine et umbra,
Læta quies ut sit, vitiorum et frigeat æstus!

Quod te si multis recolit tua Francia templis,
Si tutata tuum est et verbo nomen et armis,
Dum furerent diræ passim contagia turbæ,
Si toties mittit tua ad hæc cunabula, qui te
Reginam mundi cœlo terraque potentem
Ex animo implorent, votum hoc miserata tuorum,
O pia, da nobis det ut ista profectio pacem
Ecclesiæ et Regno, da ut pulsis Gallia nimbis
Splendeat, et clauso qui Christi primus in horto
Flos est, sæpe ab apris, sæpe et tentatus ab ursis,
Crescat, et aucta suum splendorem Lilia servent !

Sic tuus o nostris augescat cultus in oris !
Sic tibi Parrisii reddant sua munera cives !
Nosque tua in terris sic te laudemus in æde,
Æternum ut Cœlo tandem pœana canamus !

꒩꒢

LE MESME EN FRANÇAIS

Icy où fut que Paix la Justice a baisée,
Où du Ciel plut sur nous la première rousée,
Où se veid remuer de Nature le cours;
Où le grand au petit, bas au haut à rebours,
L'Eternel au mortel fut joint par alliance;
Où prit l'Auteur du Temps, sans temps, en temps naissance;
Où le Soleil, son cours naturel rebroussant,
Ainsi comme un Géant, sauta vers sa carrière,
Et l'ombre recula de dix poincts en arrière;
Où, pour tout éclaircir, de nuë s'obscurcit,
Et, pour vaincre le fort, infirme se rendit,
Un mesme roy et serf, riche et pauvret ensemble.

Où des Oracles saincts la voix au faict s'assemble;
Où, du faiste d'un mont, sans main d'homme vivant,
La pierrette, tranchée, en bas s'en va roullant,
Pour du monde briser l'empire, et le conquerre,
Et puis faire un grand mont remplir tout la terre.

Où un œuvre fut fait plus grand que l'Univers;
Où, de Dieu Tout-Puissant, par miracles divers,
Fut fait ce cas nouveau, ce cas non veu encore,
Sans mesure et sans fin, que tout le monde adore,
Ce cas où toute langue et tout esprit se rend,
Seule ame et seul espoir du Ciel qui nous attend,
Qu'une mesme seroit VIERGE *et d'un homme enceinte;*

Icy où tes parens, de vie pure et saincte,
Ont ton corps pur et sainct engendré purement;
Où le Monde et l'Enfer s'estonnèrent comment,
De stérile, avoit peu yssir telle lignée,
Et qu'au ventre elle fut sans souilleure créée;

Icy où, te servant par bandes et cantons,
Seullets ont demeuré du Ciel les escadrons,
Trouppes qui de ta foy et chasteté tant pure
Les tesmoins ont esté, quand, par douce mesure,
Chantant l'oiseau du ciel un cantique nouveau,
Ton ventre fut enflé de ce secret tant beau,
Et le Verbe divin, Dieu *en soy par nature,*
En toy homme fut fait, *et douce nourriture*
De tes mammelles prit, et au berceau fut mis,
Et, forgeron du Ciel, au forgeur fut soumis;

Où, lui au Ciel monté, d'un vierge accompagnée,
Et des premiers barons de la Cour éthérée,
Pauvrette tu vesquis, passant au sainct discours,
En prieres et chants, et les nuicts et les jours;

Lieu que, pour d'iceluy ne pouvoir la mémoire
Parmi les mescréans se conserver en gloire,
Les Anges (cas nouveau) ont pardessus la mer
Charié jusqu'icy, par le vuide de l'air;

Saincte mère, et espoir très-seur de nostre vie,
Soit que tu aymes mieux que « la Lune » on te die,
Ou « Estoille de mer », ou « Celle que le jour
Nous redore au matin », ou de « David la Tour,
Munie de boucliers et armes acérées »,
Ou « Pointe mise en reng de puissantes armées »,
Ou « Vigne portant fruict plaisant et gracieux »,
« Palme », « Plane », ou « Cyprés, qui monte jusqu'au cieux.
Ou « Cèdre haut élevé », ou « fructueuse Olive »,
Ou « fleuve impétueux », ou « Puy de source vive »,
Ou « Myrrhe bien choisi », ou « d'Encens mis au feu
La verge de parfum montant jusques à Dieu »,
Ou « Coulombe », ou « du Ciel l'Espouse souveraine,
Qui seule de tous biens et richesses es plaine. »

Icy (dis-je), où de tant de mystères hautains
La mémoire florist, nous voians, jointes mains,

Prosternés devant toy, et toute ceste bande
Dessus tes saints autels présenter son offrande,
Baisant or' le foyer, or' la saincte paroy,
Qui chauffé, qui couvert, qui ont mis à recoy
Et Toy, et Celuy-là qui le Monde feit estre,
Roy au ciel, et en bas serf se faisant parestre;
Si tel fut ton plaisir, qu'enclos en ce pourpris,
Fust le vestige sainct de ce que tu vesquis;
Si tirer ne s'en peut la moindre parcelette,
Que soudain de ta main vengeance n'en soit faicte;
Si, dans ce tien manoir, pendus et attachez,
Tant de vœux et tableaux, d'anathèmes sacrez,
Montrent comme en ce lieu tu te rends secourable,
Et as des affligés la prière agréable,

Si entrer ne s'y peut, que l'esprit, agité,
Ne se ressente à coup d'une Divinité,
Et, faict homme nouveau, laissant sa peau première,
Ne verse de ses yeux de pleurs une rivière,
Reçoy ceux qui, de loin, pour ton toict révérer,
Saincte Vierge, et en Luy, te viennent honorer!

Et toy, qui es à Dieu le temple où il habite,
Et à nous, de salut l'Arche seure et le giste,
Fay que souz ton abry tellement nous logions
Qu'au fraiz, loin du péché, joyeux nous reposions!

Que si, en tant d'endroits et de Temples encore,
La France de ton nom la saincteté adore,
Si tant de fois elle a, par armes et par voix,
Rompu de tes hayneurs les furieux abois,
Déceus par le poison d'une secte maudite,
Si à ce tien berceau parfois si belle suite
Elle envoye de gens, qui, d'esprit et de cœur,
Royne en terre et au ciel, te chantent par honneur;
Regardant d'un œil doux ceste saincte prière
De nous tes serviteurs, fay pour nous, douce Mère,
Que ce voyage sainct donne comble de paix

A l'Eglise et Estat de ton Peuple françois ;
Et qu'après ces brouïlliʒ nostre France puisse ore
Reprendre son tein fraiʒ et son beau temps encore,
Et celle, entre les fleurs, au clos de JÉSUS-CHRIST*,*
Qui tient le premier rang et sur toutes reluit,
Fleur, des ours et sangliers tant de fois enviée,
Croisse, et des Lys croissant la blancheur soit gardée !

Ainsi puisse ton los s'accroistre en nos quartiers !
Ainsi de ton PARIS *soyent les vœux plus entiers !*
Et nous, en ton hostel, chantions aussi ta gloire,
Pour jamais, triomphans au Ciel, ne nous en taire !

Amen.

AD EAMDEM VIRGINEM
Dedicatorium.

ITALA quos præceps fudit per itinera cursus,
    Per juga, per montes, flumina, saxa, lutum,
Horum si pluviæ, si conscia frigora, venti,
    Grando, nix, glacies, atque pruina, fuit :
Tempora Diva tuæ dum certant omnia laudi,
    Sic nostræ versus pignora sume viæ,
Det labor ut patiens per mille incommoda mundi,
    Juge tibi ætherea dicere in arce melos.

AD EAMDEM
De præsenti editione.

SCILICET aspice te quod carmen fuderat ardens
Spiritus, ante tuis fieret dum proximus aris,
Atque repente tuum faceres, o Virgo, Poetam
Tranquilla pace et meliori tempore, nunc dum

Igne, fame et ferro, dum, ruffi dente Draconis
Pressa, tuis laribus sua vota Lutetia sacrat,
Suppressum interea et clausum tantisper in umbra
Edimus, auxilii præsagia certa futuri,
Quodque animos ad te per se currentibus addat.

At tu, quæ miseris toties succurrere nosti,
Tanta tuæ nostris si pars est laudis in oris,
Si primogenitos chari fert Gallia nati,
Eia age, monstra te, in tanto discrimine, matrem,
Et deploratis fer opem mitissima rebus!

4 Julii 1590.

μὴ θαῦμ', ἀλλὰ δ'ὄνειαρ.

A Paris, chez Guillaume Bichon.

XLII

ORDRE DU ROY

**CONTRE LES CAPTURES ET EMPRISONNEMENS DE PERSONNES
DANS LA VILLE DE PARIS.**

Placard petit in-4°, sans nom de lieu ni d'imprimeur.

LE ROY, en son Conseil, ayant receu plusieurs plainctes des emprisonnements faicts d'aucunes personnes, soubs pretexte de tenir le party contraire, ou sur espérance d'en tirer rançon, par quelques particuliers, de leur authorité seulle, et en maison privée : pour obvier au mal qui en pourroit arriver, et afin de conserver ceste ville en repos et tranquillité, et

les bourgeois et les habitans d'icelle en asseurance de
leurs vies et biens : A faict et faict inhibitions et deffenses, sur peine de la vie, à toutes personnes, de quelque
estat, qualité et condition qu'elles soient, de faire, ny
faire faire de leur authorité aucunes captures et emprisonnement en maison privée ou ailleurs, ny les détenir,
soit pour en tirer rançon, ou pour quelque autre cause
ou occasion que ce soit, saisir et transporter meubles des
maisons de ladite ville, sans ordonnance ou commandement dudict Conseil, de la Court de Parlement, Prevost de Paris, son Lieutenant, ou Prevost des Marchands
et Eschevins de ladicte ville, selon leur pouvoir : Enjoignant aux Collonels, Capitaines, leurs Lieutenans et
Enseignes, et à tous Bourgeois d'icelle, s'oposer et résister à ceux qui se trouveront contrevenir à la présente
Ordonnance, se saisir de leurs personnes, et les amener
seurement par devers le Magistrat ordinaire, pour estre
procédé contr'eux par la rigueur susdicte, sans espérance
d'aucune grace : Afin que, par l'exemple de la punition
qui s'en suivra, telles voyes extraordinaires puissent cesser, et chacun soit maintenu en paix et seureté sous la
protection de Sa Majesté et desdicts Magistrats. Et sera
la présente Ordonnance leüe et publiée à son de trompe
et cry public, et copie d'icelle attachée ès Carrefours de
ladicte ville. Faict au Conseil d'Estat tenu à Paris en la
présence de Monsieur le Légat, Monsieur de Nemours
et des sieurs députez de la Court de Parlement, Chambre
des Comptes, Court des Aydes, et autres Compagnies y
assistans, le 26ᵉ jour d'avril 1590.

SENAULT.

Leu et publié à son de trompe et cry public, par les

Carrefours de ceste ville de Paris, accoustumez à faire cris et publications, par moy Thomas Lauvergnat, Crieur juré du Roy nostre sire en ceste ville de Paris, accompagné de Pierre Braconnier, commis de Philippes Noyret, Trompette ordinaire en cestedicte ville, et d'un autre Trompette, le Vendredy, 27ᵉ jour d'Avril 1590.

LAUVERGNAT.

LXIII

De par les Prevost des Marchans et Eschevins de cette ville de Paris

Le Lieutenant Civil de la Prevosté et Viconté de Paris.

Placard petit in-4⁰, sans nom de lieu ni d'imprimeur.

 ESTANS les grains qui sont ès environs de ladicte ville prests à couper, il est de besoing, de peur que l'ennemy n'en face le degast, d'en faire promptement la cueillette et d'amasser à cest effect bon nombre de paysans et laboureurs experts en telle affaire. A ceste cause, bien informez de la bonne volonté et affection que porte à ce party Tibault le Roy, Nous luy avons donné pouvoir d'assembler le plus grand

nombre desdicts paysans et laboureurs refugiez en cestedicte ville, qu'autres y demourans, dont il sera par luy
fait un roole, qu'il nous apportera en nostre Bureau, pour
puis après estre advisé du temps, lieu et heure que se
pourra faire ladite cueillette, soubs bonne et seure escorte : Prions tous Collonels, Capitaines et Bourgeois
luy ayder en tout ce qu'ils cognoistront pour cest effect,
et appeler lesdits laboureurs et paysans villageois estant
soubs vostre Commandement, pour faire rooles de leurs
noms, afin de faire briefvement assemblée pour la cueillette l'un de l'autre desdits grains et fruits. Fait au Bureau de ladite Ville, ce premier juillet 1950.

Ainsi signé :

DE LA BRUIERE. MARTEAU. COSTEBLANCHE.

LXIV

De par le Duc de Genevois et de Nemours

Et les Prevost des Marchans et Eschevins
de la ville de Paris.

Placard petit in-4°, sans nom de lieu ni d'imprimeur.

MONSIEUR . . . .

La nécessité des vivres qui est en
ceste ville, estant accreüe depuis que les
ennemys se sont logez dans les Faux-
bourgs, a donné occasion à plusieurs
Bourgeois, des plus affectionnez au bien et conservation

d'icelle, de se dispenser d'eux-mesmes d'aller aux gardes de la nuict, comme ils avoient accoustumé : Qui a esté cause que les autres ont, moins affectionnez, soubs ce prétexte, usé de pareille dispense, et que les Compagnies qui devoient entrer en garde la nuict se sont trouvées fort faibles, ainsi que nous avons esté bien avertis par ceux qui ont durant ce temps-là fait les rondes : Ce qu'estant recongneu par lesdits ennemis, il est à craindre que, par le moyen de ces partisans qu'ils ont parmy nous, nous attaquant de vive force, il n'arrive aucun sinistre inconvenient à cestedite ville : A quoy désirant remédier autant qu'il nous est possible, Nous vous prions et néantmoins ordonnons que, continuant vostre bonne vigilance au bien et conservation de cestedite ville, Vous ayez à assembler, dans ce jourd'huy, tous les Capitaines, Lieutenans et Enseignes de vostre Collonelle, et leur enjoindre, de par Nous, d'assister doresnavant en personne auxdites gardes de la nuict : à ce que par leur présence lesdits Bourgeois, ainsi refroidis au besoing et nécessité, soient incitez à les assister : Ce que Nous leur enjoignons très expressément pour si peu de temps qu'il nous reste à patir, à peine d'estre descheuz du droict de Bourgeoisie et déclarez ennemis et proditeurs de leur patrie. Fait à Paris, le . . . . . . jour d'Aoust 1590.

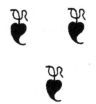

LXV

De par le Duc de Genevois et de Nemours

Et les Prevost des Marchans et Eschevins de la ville de Paris.

Placard petit in-4°, sans nom de lieu ni d'imprimeur.

ESSIEURS les Collonels, Nous avions estimé que, suyvant noz derniers Mandements à vous adressez pour le faict des gardes de nuict, vous les feriez exécuter de telle sorte qu'il n'en pourroit arriver aucun sinistre accident à ceste ville, mais l'alarme qui y a esté la nuict passée nous a fait cognoistre et juger à l'œil le peu de devoir qu'aucuns de vous et les Capitaines de voz Collonels y ont rendu, ayant trouvé les murailles, remparts, bouleverts et autres lieux désignés par les Réglements, sur ce faict si mal gardez, que s'il n'eust pleu à Dieu par sa divine bonté nous préserver, les ennemis de son sainct nom eussent dès longtemps exécuté leurs meschans et pernicieux desseings, mesmes ceste nuict passée qu'ils ont présenté l'escalade : A quoy désirant de tout nostre pouvoir remédier, Nous vous prions et exhortons de rechef, sur tant que vous avez l'honneur de Dieu en recommandation, la conservation de vostre patrie et de ceste ville, vous ayez à faire faire, chacun en vostre regard, bonnes gardes la nuict ès lieux et endroits qui

vous ont esté ordonnez par lesdicts Réglements : Mandant et enjoignant à tous voz Capitaines, Lieutenants, Enseignes et Bourgeois, de n'y faire faute, et de continuer lesdites gardes, tandis que lesdits ennemis seront ès environs de ceste ville, faisant asseoir lesdictes gardes dés les quatre heures du soir, pour y demeurer jusques au lendemain pareille heure de quatre heures du soir, à peine d'estre punis comme ennemis publics et decheuz du droict de Bourgeoisie. Faict à Paris, le dixiesme Septembre 1590.

LXVI

La Foy des Seize et leur Jargon pour tirer deniers.

Ce titre est ajouté, de la main de L'Estoile, en tête de ce placard
petit in-4°, sans nom de lieu ni date.

UTRE que, par tout devoir de bons et vrais Catholiques, nous sommes obligez à la deffence et manutention de nostre saincte Foy, en ayant faict vœu et serment à Dieu, nous ne pourrions faire autrement sans estre déserteurs de nous-mesmes et de nostre propre salut : estans très certain que les desseings de nos ennemis sont du tout bandez à nostre ruine, et ne peuvent faire l'établissement des hérésies et de la cruelle tyrannie qu'ils ont projettée sur le patron du changement d'Angleterre, sans un général massacre des principaux Prélats, Seigneurs, Magistrats et citoyens en toutes les villes de ce Royaume. C'est de quoy nous sommes menacez par eux, et à quoy nous avons à pourveoir par tous les moyens que Dieu a mis à noz mains, lesquels estans plus siens que nostres, ce seroit trop d'ingratitude d'en faire espargne en une si saincte cause, et trop d'ignorance de penser que, si le vaisseau de cest Estat faisoit naufrage (ce que Dieu ne veuille), nous ne soyons enveloppez au péril commun. Nous ne faisons aucun doubte qu'un chacun de nous entrant en ces considérations ne s'efforce d'apporter tout le secours qu'il peut de deniers, soit pour prest ou crédit, pour l'entretenement de l'armée Catholique, de laquelle, après Dieu, dépend nostre salut, et la seureté de noz fortunes, femmes et enfans : et, selon que nous jugeons par les heureux commencemens, estant entretenüe, nous acquerra en bref un asseuré repos pour nous et les nostres, composée comme elle est de grands Capitaines et de courageux soldats, soubs la conduite d'un Prince non moins généreux que très heureux, lequel en si peu de temps nous a délivré des pernicieuses entreprises de noz ennemis sur ceste ville, nettoyé la Brie, repris Montreau, et asseuré tous les passages des rivières. Et encores que ce secours deust estre gratuit, ayans receuz de Dieu noz biens et fortunes gratuitement et sans qu'elles nous ayent rien cousté : Si est-ce que, du prest ou crédit que nous ferons, on nous offre un certain remboursement et toutes les seuretez qui se peuvent requérir, et ceux qui des plus aisés et zelés feront la prompte advance pour ceste fois seulement, seront assignez sur les moyens qui ensuivent :

PREMIÈREMENT, la Ville fera un département, par tous les

quartiers, des sommes qui seront fournies, pour lesquelles recevoir seront commis et députez deux ou quatre notables bourgeois, à la nomination de ceux qui feront les prests, avec ordonnance très expresse, tant du Conseil général que de l'Hostel de Ville, que les deniers ne seront divertis ny employez ailleurs qu'à leur remboursement, lequel se fera dedans un mois, pour lequel temps sera assigné rente pour ceux qui la voudront prendre.

Et d'abondant, à ceux qui feront ladicte avance sera hypothéqué et affecté le domaine de Montfort, Dreux, et autre, dont l'Edict a esté de naguères vérifié au Parlement, et les maisons, héritages, estats et rentes qui appartiennent aux absens, et à ceux qui seront jugez de contraire party, tant en la Ville qu'en la Vicomté et Prévosté de Paris, et ailleurs. Plus, seront nantis de meubles précieux, si besoing est, pour plus que le prest qu'ils feront.

Monsieur Chesneau Chaufecire[1], *nous vous prions peser et considérer le contenu cy dessus, et vous efforcer, pour une si saincte cause, et, pour ceste fois, de la secourir de la somme de* quatre cens escus, *du remboursement de laquelle nous vous asseurerons sur telle des assignations que voudrez choisir, et vous promettons n'y faire faute. Faict au Conseil, le* 22 Juin mil cinq cens quatre vingts neuf.

Sénault.

---

1. Ces mots sont ajoutés à la main, ainsi que la somme d'argent et la date.

LXVI

DÉCLARATION ET RÉSOLUTION

DE PAR LES MAIRE ET ESCHEVINS DE LA VILLE ET CITÉ DE TROYES.

Placard petit in-4°, sans nom de lieu ni d'imprimeur.

E Roy, par ses Lettres du vingt-quatriesme jour de Décembre, nous ayant mandé comme il avoit faict perdre la vie à Monseigneur le Duc de Guyse : Et après qu'avons esté advertis que autres plusieurs bons Princes, députez des Provinces, zelés à l'honneur de Dieu, et au restablissement de ce pauvre Royaume, y ont perdu la vie, et qu'il se prépare encores de faire mourir ce qui reste de 'gens de bien detenus prisonniers. Les habitans de la ville de Troyes, ayant juré l'Union, avec et en présence de Monseigneur le Duc de Mayenne, et les autres Princes, Seigneurs, Gentilshommes, Villes et Communautez de ce Royaume, se sont resoluz de 'prendre les armes pour la manutention de la Religion Catholique, Apostolique et Romaine, se délibérans d'y exposer leurs corps et leurs biens. A quoy ils excitent tous et chascuns les bons gentilshommes, habitans des villes et communautez, et tous autres de ceste Province, de venir jurer avec eux ladicte Union, et adviser ensemblement des moyens plus nécessaires pour la conservation et seureté de ladicte Province. Déclarant ceux qui prendront party contraire, ennemis et traistres à Dieu et à la patrie. Faisant deffenses, sur peine de la vie, à toutes personnes, de quelque qualité et condition qu'ils soient, de s'eslever en ladicte Province, qu'ils n'ayent pouvoir, mandement et adveu, signé de mondict Seigneur de Mayenne, avec l'attache desdicts Maire et Eschevins de ladicte ville, exhortant chacun, à son regard, de faire le semblable. Publié audit Troyes, à son de trompe et cry public, par les carrefours ordinaires de ladicte ville, le . . . jour de . . . . mil cinq cens quatre-vingts et neuf.

LXVII

AU PEUPLE DE PARIS

Placard in-fol., sans nom de lieu ni d'imprimeur. La date a été ajoutée à la main par L'Estoile.

LE bruit des siéges qu'avez soufferts, ayant couru par toute la terre et venu jusques en nostre contrée, m'a fait soubs le bénéfice de la Treve, entreprendre curieusement le long et fascheux voyage jusques en vostre ville. Où estant arrivé, après avoir soigneusement visité voz murailles et remparts, et observé autant qu'il se peut voz paroles et contenances, je me suis grandement esbahy qu'ayez peu resister à si puissans et courageux ennemis, d'autant mesme que je n'ai recogneu en vostre ville aucune force suffisante, et moins de vertu et générosité en vous tous. Et ce qui m'a plus estonné est que, durant ces siéges, vous estiez, comme vous estes encores, divisez en factions très pernicieuses : ce qui m'a fait incontinent juger que Dieu seul vous a garantis jusques aujourd'huy, en attendant l'amandement de vostre vie que je trouve toute contraire à ce qui nous en a esté récité. Car, en ce qui concerne l'honneur et service de Dieu, voz Eglises vuides tesmoignent assez vostre indévotion, avec le peu d'assistance que vous faites aux Prédications, lesquelles, à la vérité, ne sont pas tousjours telles qu'il convient, ny selon la pure et vraye doctrine, d'autant qu'il n'appartient pas à un Prédicateur résoudre et disposer en chaire des affaires d'Estat. D'autre part, voz rancunes et inimitiez, voz injures et contumélies, par ces surnoms de Ligueurs, Catholiques zelez, Seize, Politiques, Maheustres, et autres semblables, mal-séants à ceux qui se disent faire profession du Christianisme. En quoy je recognois fort vostre imprudence : qui ne pouvez pas considérer qu'on se plaist à vous entretenir en telles partialitez, afin d'occuper voz esprits et les empescher de viser au repos, lequel n'est pas (ce semble) loing de vous, si vouliez ou pouviez tant soit peu vous ayder : mais peut estre que Dieu vous laisse en ceste paralysie, n'estant encores vostre salut d'en estre guaris. Toutesfois, avant que me retirer, meu de compassion de voz afflictions, j'ay bien voulu vous laisser ce que je pense (après la cause première de voz pechez) agraver vostre mal, et le remède convenable dont vous userez, si bon vous semble. Mais, avant qu'entrer en matière. Je désire que vous vous resouveniez de ce qui a esté négocié, du vivant du deffunct Roy Henry, soubs couleur de conserver la Religion, et de ne point tomber soubs la dénomination d'un Hérétique. Si cela se faisoit avec justice, ou non, les événements vous le font cognoistre. Je ne voudrois pourtant l'excuser du tout : car, ayant violé la foy publique des Estats de son Royaume, et fait inhumainement massacrer ceux lesquels ils pouvoit apprehender et faire faire leur procez, il méritoit non seulement la soubslevation de son obéissance, mais aussi la privation de son Estat, et ce qui s'est exécuté en sa personne. Depuis sa mort et jusques à la conservation de vostre Roy, les armes des Catholiques semblent aucunement justes, et l'eussent esté davantage, si dès son advénement à la couronne on l'eust mis en son tort. Mais, à présent qu'il a pris la religion de ses prédécesseurs, sans laquelle il luy estoit malaisé, voire impossible de régner, aussi pareillement est-il malaisé et plus impossible de l'en empescher, soit que le Pape l'admette, ou non. Car, s'il le reçoit, qui le doit refuser ? Si au contraire, qui le peut empescher, persévérant à la Religion Catholique, qu'il ne soit recogneu et obéy, et qu'il ne s'accroisse de jour en jour ? Sera-ce le mariage de la fille d'Espagne ? Il ne s'y faut pas attendre. Sera-ce le secours des estrangers ? Il est trop pesant pour eux et pour vous. Seront-ce les Princes, qu'on appelle Catholiques ? Ils sont trop faibles, et néantmoins enveloppez ès fillets de l'ambition et de l'avarice, dont il n'est besoing vous faire grand discours ; vous ne sentez que trop les effects de leur tyrannie. En ceste part (mes bons amis) est le grand mal qui vous presse, et d'où il vous faut eschapper, s'il est possible. Considérez, je vous prie, ce que l'ambition fait entre les parens plus proches : le frère fait emprisonner le frère, l'oncle cherche de ruiner et perdre le nepveu. L'on veut destruire ce qui a édifié, chasser ce qui a conservé. Autant de Princes, autant de Roys ; autant de gouverneurs, autant de tyrans, et ainsi des autres. Que vous produit l'ambition et l'avarice ? une infinité de brigandages, de daces et imposts, qui vous rongent, et encores qui s'augmentent de jour en jour. Pour les faire trouver supportables, on fait entendre aux uns qu'il faut ainsi faire pour donner subjet de crier la paix, et on les entretient en ceste vaine espérance ; aux autres, qu'il est nécessaire de continuer la treve pour gaigner tems, et, en attendant les forces, munir les villes. Et néantmoins (sans passion) vous pouvez cognoistre que c'est pour tousjours commander à vostre ruine. Et n'estoit qu'il est impossible que le Duc de Mayenne, vostre chef, puisse jamais trouver seureté auprès du Roy, si le mesme Roy ne veut hazarder sa personne et son Estat, l'on jugeroit (avec beaucoup d'apparence) qu'il y auroit entre eux quelque secret accord ; et doivent craindre ceux qui se laissent ainsi conduire par le nez, que ce ne soit espier l'occasion pour à leurs despens se rendre le maistre. C'est à eux et aux autres d'y veiller, d'autant que l'affliction seroit commune. Voyla vostre mal, Messieurs, auquel je trouve un seul remède. Vous vous dites tous François catholiques : monstrez, par effect, que vous l'estes. Vostre ville est la capitale et l'exemple du Royaume. Unissez-vous tous ensemble, et qu'il n'y ait plus de division. Retournez-vous à Dieu. Faites pénitence. Quittez voz inimitiés publiques et particulières. Ostez de voz cœurs tout desir de vengeance. Cessez de vous injurier et surnommer. Secouez le joug insupportable de tant de petits princes. Qu'en pouvez-vous espérer, encores que le Duc de Guyse fust esleu Roy, sinon, pour le grand nombre, une plus griefve tyrannie ? Tesmoin l'acte de Lyon, démonstratif de leurs desseings à l'endroict de toutes les autres villes et provinces, pour les rendre asservies et tributaires pour l'entretenement de leur grandeur, qu'ils ont sur toutes choses en recommandation, voire par dessus l'honneur de Dieu : ce qui vous doit servir d'exemple, tant pour le général que pour le particulier Vostre union leur sera formidable, en recognoissant (comme je vous exhorte) celuy qui vous est donné de

Dieu pour Roy, et lequel auparavant vous avez confessé le pouvoir estre, embrassant vostre religion, comme il a fait, et en laquelle tant de princes, prélats, seigneurs, gentilshommes, officiers et peuple infiny l'ont suivy, et par leurs prières, patience et constance, fait réduire au bon chemin, sçauront et pourront tousjours vous y maintenir et conserver, et mesme l'y contraindre, s'il s'en vouloit retirer. Et, en ce faisant, vous jouirez de la tranquillité qu'ont euë voz pères. Dieu vous en face la grace !

L'Estoile a écrit au bas de ce placard :

Du 28e octobre 1593. — Affiché en plusieurs endroits de la ville.

LXVIII

PEINTURE ALLÉGORIQUE

SUR UN MUR DE PARIS.

Note, ne portant aucun titre, écrite de la main de L'Estoile, à côté du placard précédent.

Au logis de Marc Antoine, aux faux-bourgs Saint Germain de Paris, fust trouvée peinte, contre une muraille, une femme monstrant sa nature descouverte, et un grand mulet auprès, qui avec son grand kats vouloit monter dessus. Au dessus de la femme y avoit escrit : Madame de Montpensier. Et au dessus de l'aze : Monsieur le Légat.

En aoust 1590.

LXIX

L'ASNE DU BON PARTI

EN AOUST 1590.

Dessin à la plume, représentant un âne bâté et bridé, qui marche de gauche à droite. H. 0ᵐ100, L. 0ᵐ135.

Le titre ci-dessus a été écrit à la main par L'Estoile, ainsi que la légende explicative, qui est au-dessous.

Après le siége levé de devant Paris, où ce bon Asne souffroit mort et passion pour la Ligue, on dit que Dieu avoit fait un aussi grand miracle qu'il en avoit point esté fait depuis la création d'Adam, de dire que *nous avions peu nous sauver, estans conduits par un Aveugle, gouvernés par un Enfant, et conseillés par un Prœbstre qui n'entendoit rien au fait de la guerre.*

LXX

LE DUC DE FERIA ET LE LÉGAT

Dessin caricatural, grossièrement colorié. H. 0ᵐ185, L. 0ᵐ200.

A gauche, *le duc de Feria*, sous la figure d'un dindon, coiffé d'un bonnet rouge, tenant d'une main une broche, où se trouve embroché un petit quadrupède, et de l'autre main une espèce d'oiseau informe. A droite, *le Légat*, sous la figure d'un coq, avec un froc rouge, tenant d'une main un collet ou lacet, et de l'autre un hameçon et une ligne à laquelle est suspendu un poisson.

L'Estoile a écrit à la main, au-dessous de chaque figure, la désignation des deux personnages, qui sont représentés s'abordant l'un l'autre.

CHANSONS DES GUEUX DE LA LIGUE

TROUVÉES DANS LA GRANDE CAGE DES OISONS,

A PARIS, OU LES LIGUEURS, CONTINUANS EN LEURS FOLIES
ET FUREURS, TRAINENT PAR LES FANGES DE LEURS
SOTTES BOUFONNERIES, SALES ET ORDES MEDI-
SANCES, LE NOM DU ROY D'AUJOURD'HUY,
QU'ILS APPELLENT *LE BEARNOIS* : QUI,
ENFIN, BERNE SI BIEN ET EUX ET LEUR
LIGUE, QU'ILS CONGNOISSENT LE PEU
D'ACQUEST QU'IL Y A
DE SE JOUER A SON MAISTRE[1].

———

LXXI

CHANSON PLEINE DE RESJOUISSANCE

AVEC ACTIONS DE GRACE,

sur la mort advenue à Henry de Vallois, par un Sainct
et très digne de mémoire Frère JACQUES CLÉMENT,
Religieux du couvent des Jacobins de Paris, natif de
Sorbonne, poussé du S. Esprit, pour mettre les Catholiques en liberté.

Sur le chant : *Tremblez, tremblez, Huguenots.*

———

Placard in-fol., à 3 col., sans date, ni nom de lieu et d'imprimeur.

———

I

Peuple dévot de Paris,
Esjouis-toi de courage,
Par gays chants et joyeux ris,
Estant libre du naufrage

———

1. Titre général, écrit par L'Estoile, en tête des quatre Chansons imprimées en placard, qui vont suivre.

Préparé aux Catholiques
Par ce pervers et meschant
Bouclier des Hérétiques,
En tous ses faits inconstant !

II

Plus cruel et inhumain
Qu'un Néron brouant de rage,
Dont le sang est en la main
De sa mère, le carnage,
N'a-il pas faict le semblable,
En la Rochelle et ailleurs,
Se rendant leur secourable,
S'accompaignant de voleurs ?

III

Tesmoing en est ce Biron,
D'avarice l'exemplaire,
Et le démon d'Espernon,
Des Enfers le Secretaire :
Il laissera leur salaire
Bien préparé, je le scay !
D'O, d'Aumont, et les confraires,
En jouiront de l'essay.

IV

Il a faict profession
De deffendre nostre Eglise :
Mais, plus cruel qu'un lyon,
Se nourrissant en sa guise,
S'accosta des Hérétiques,
Gens semblables à Henry,

Contrefaisant l'hipocrite,
De tous vices endurcy.

V

Il a sucé tout le sang
De son peuple débonnaire ;
Comme un taureau mugissant,
S'est rendu son adversaire ;
Tirant du fort et du foible
Les moyens, en gaudissant,
Vers nous s'est rendu corsaire,
La rage l'engloutissant.

VI

Après avoir fait mourir
De ce siècle l'espérance,
Cuidoit les autres férir,
Tous vrays supports de la France.
Mais le mol fer de la lance
A rebouché, en rompant,
Et ce cousteau d'espérance
L'a fait mourir à l'instant.

VII

Il s'approche de Paris,
Y voulant couper les vivres ;
Mais à Saint-Cloud fut surpris,
Y gissant mort, s'il n'est yvre.
Je l'ay veu (je le tesmoigne),
Estant assis sur ung lit,
Mis à mort par un saint Moine,
Jacobin, ainsi qu'on dit.

VIII

Dont le chantons bien heureux
D'avoir fait tel sacrifice,
Faisant mourir l'orgueilleux,
De tous les maux la nourrice,
Qui tant afflige son peuple,
Qu'il ne peult plus respirer :
Tout le reste de son meurtre
Veult le Biart hériter.

IX

Mais ses jours il finira
Bien plus tost que il ne pense,
Ou diligent s'en ira
Hors d'icy, ô noble France,
Qui tant à souffert d'outrance
De ce tyran inhumain :
L'on luy crevera la pance,
Soit aujourd'hui ou demain.

X

Oses-tu bien hazarder,
Biernois, plain de fallace,
D'orgueil, voulloir, impiété,
Ce Royaume plain de grace?
Ta teste n'est suffisante!
A quel jeu l'as-tu gaigné,
Par ta presche desplaisante,
De ces desseings eslongné?

XI

Il est mort, ce traistre Roy!
Il est mort, ô l'hypocrite!

Il est mort en desarroy,
Vestu de ses faicts iniques!
Il est mort, ô le meschant!
Sa sépulture aux Enfers,
Et à jamais languissant,
C'est le guerdon des malfaits.

XII

Oh! le bon Dieu, qui a soin
De son peuple variable,
L'a regardé au besoin,
En se rendant favorable,
Le délivrant de la perte
Visible devant nos yeux.
C'estoit chose descouverte.
O desseing pernicieux!

XIII

Prions tous dévotement
Pour ce Moyne secourable,
Qui s'est offert librement
Au supplice exécrable.
C'estoit pour nous demonstrer
Le sang de ce [Roy] cruel
Et pour estre transporté
Au Royaume éternel.

XIV

O le sainct Religieux
De Sorbonne, sa naissance,
Jacques Clément bienheureux,
Des Jacobins l'excellence,

Qui, par sa bénévolance,
Guidé par le Sainct Esprit,
A mérité asseurance
L'en haut au Ciel où il vit.

FIN.

LXXII

CHANSON NOUVELLE

OU EST DESCRITE LA VERTU ET VALEUR DES LYONNOIS

en la deffence de Pontoise.

Sur le chant : *Estendu parmy les fleurs.*

Placard in-fol., à 3ᵉ col., sans date, ni nom de lieu et d'imprimeur.

PONTOISE, *afin qu'à l'advenir*
Chacun se puisse souvenir
Que tu as fait grand' résistance
Au dernier VALOIS *de la France,*

1. *Je veux publier, en ces vers,*
Par tous les coins de l'univers,
Que tu as défendu sans crainte
Le parti de la cause sainte.

2. *Plusieurs Régiments, commandez*
Par grands seigneurs, furent mandez
Dans PONTOISE, *pour la deffendre,*
Car l'ennemi la vouloit prendre.

3. *Deux Rois, usant d'un pied légier,*
La vindrent soudain assiéger,
Ayans à force infanterie
Et une grand' cavallerie.

4. *Henri de Valois estoit,*
Lequel ses troupes excitoit,
Et, pour leur haulser le courage,
Leur donnoit PONTOISE *au pillage.*

5. *Le Roy de Navarre guidoit*
Ses Huguenots, et présidoit
Au camp, car Henri, de sa grace,
Luy faisoit là tenir sa place.

6. *Ceux qui dedans* PONTOISE *estoyent*
A bien deffendre s'apprestoyent,
Sans s'estonner de voir l'armée
De deux Rois, contr'eux animée.

7. *Mais surtout raconter je dois*
Ce que firent les LYONNOIS,
Qui monstrèrent en toute sorte
Une asseurance brave et forte.

8. *Ils repoussèrent bien souvent*
L'ennemy, lorsque, plus avant
Pensant s'approcher pour combattre,
Hardis, ils le venoyent abbattre.

9. *Si l'on eust razé le fauxbourg*
Qui ceint PONTOISE *tout autour,*
Il n'y avoit moyen quelconque
De l'assaillir, ou la prendre oncque.

10.   *Mais on ne voulut nullement*
Démolir si grand bastiment :
Et voila comme l'avarice
Apporte tousjours préjudice.

11.   *L'on ne voyoit les cœurs faillir,*
Soit pour deffendre ou assaillir,
Aux Lyonnois, lesquels sans cesse
Combattoyent avec grande adresse.

12.   *Ils soustindrent virilement*
Et combattirent longuement
Dedans l'Eglise vénérable
De la VIERGE très honnorable.

13.   *Car les ennemis, de plein sault,*
Par là donnèrent leur assault,
Pensant, s'ils gaignoient cette église,
Que la ville seroit tost prise.

14.   *Les LYONNOIS, qui entendoient*
A quoy les ennemis tendoyent,
Gardèrent d'une force exquise
Tout le pourpris de cette église.

15.   *Mais les cannons des ennemis,*
Qui contre estoyent braqués et mis,
Et tonnoyent ainsi que la foudre,
Mirent toute la vouste en poudre.

16.   *Le camp des deux Roys a esté,*
En ce siége, très bien frotté,
Et a veu, assiégeant PONTOISE,
Que vault force Lyonnoise.

17.   *Par quoy, ces Roys, de plus en plus*
Voyant tant de leurs chefs perdus,
Se despitoyent, et leur courage
Estoit tout agité de rage.

18.   *Par dix et sept jours tous entiers,*
Ils nous battoyent de tous quartiers,
Mais nous repoussions leur furie
A grands coups d'escopeterie.

19.   *Les citoyens n'espargnoient rien*
De ce qui estoit de leur bien,
Et donnoient aux soldats courage,
Par bonne chère et bon visage.

20.   *Les femmes venoyent aux remparts*
Et y apportoient aux soudarts
Tout ce qui estoit nécessaire,
Sans craindre le camp adversaire.

21.   *Mais, tant jour que nuict canonans,*
Et sur nostre ennemy tonnans,
Nos pouldres, hélas ! nous faillirent
Et en grand' tristesse nous mirent.

22.   *Nous en apporter l'on n'osoit,*
Car l'ennemi s'y opposoit,
Se tenant sur les advenues
Avec canonades menues.

23.   *Mais pour ce le cœur ne perdions,*
Ains bravement nous défendions,
Voulant la bande LYONNOISE
Mourir, pour défendre PONTOISE.

24.   *Lors on fit composition*
Avec bonne condition,

Et ne fut la ville outragée
Ni par l'ennemi saccagée.

25.   *Car nous voulions plus tost la mort*
Que de permettre un si grand tort :
Plus tost eussions perdu la vie
Que veoir la ville en pillerie !

26.   *Parquoy sortismes de ce fort*
Avec un honorable accord,
Et Dieu voulut nostre sortie
Et aussi nostre despartie.

27.   *Car, après, HENRY DE VALOYS,*
Pensant voir rendre les abbois
A Paris, ville renommée,
Où il vint camper son armée,

28.   *Se logea au bourg de Sainct-Clou,*
Où il fut frappé d'un tel coup,
Le jour des Liens de Saint-Pierre,
Qu'il ne nous fera plus la guerre.

29.   *Nous prions Dieu qu'en Paradis*
Soyent tous nos bons compaignons mis
Lesquels sont morts dedans PONTOISE,
Et qu'au Ciel leur ame s'en voise.

30.   *Celui qui a faict la chanson*
Est un des enfans de LYON,
Qui commandoit dedans PONTOISE
A une bande Lyonnoise.

F<small>IN</small>

RANG TIENDREY.

LXXIII

✎ CHANSON NOUVELLE DU BIERNOIS

Sur le chant de *Salisson, ortoillon,* etc.

Double de la Chanson déjà donnée ci-dessus, page 70. Seulement,
cet autre exemplaire du même placard in-fol., n'a pas été coupé par
le haut, comme le premier, et l'on y trouve une gravure sur bois
(L. 0ᵐ048, H. 0ᵐ074), représentant une troupe de cavalerie qui s'élance
au galop, trompette et porte-guidon en tête. Les étendards ont une
croix sur champ mi-parti d'or et d'azur.

LXXIV

✎ Chanson nouvelle des Farrignez

Et se chante sur le chant de *Martot.*

Placard in-fol., sur 2 col., sans date et sans nom de lieu ni d'imprimeur.

Ce *fut dimanche au matin*
Que ce coqu Roy genain
Nous a voulu, par bravade,
Surprendre par escalade.

Accompagné il estoit
De Nevers, fort maladroict,
Qui avoit joinct son armée,
Pour dans Paris faire entrée.

De Sourdy cy est paru
Qui d'un sac estoit vestu,
En conduisant la farine :
Dont il faisoit bonne mine.

De La Noue suivoit pas à pas,
Pour frapper du coutelas :
Pour revanger la journée
Qui eust la cuisse cassée.

D'O, avecque d'Espernon,
Habillez en vigneron,
Sur le dos portant la hotte,
S'approchèrent de la porte.

Ils commencèrent à parler
Et les gardes appeler,
Disant : « Ouvrez-nous la porte:
Sont des vivres qu'on apporte. »

Lors response on leur a faict :
« Vous n'avez garde du faict !
Retirez-vous, je vous prie !
D'attendre à vous c'est follie !

« Si sont vivres que avez,
Devers la riviere allez :
Vous y trouverez les gardes,
Qui vous serreront vos hardes.

« A bien oy vostre voix :
Vous n'estes pas villageois !
Sus ! enfans, prenez vos armes,
Et que l'on sonne l'alarme ! »

Lors, se voyant descouvers,
Et leur dessein à l'envers,
Las! ils crient et renient
L'auteur de leur entreprise.

Il regarde les rempars
Bien bordés de toutes pars

D'hommes armés prests à bien faire,
Pour pousser leurs adversaires.

Monsieur de Blin, curateur,
De nostre bien désireux,
Faict dire, de rüe en rüe,
Que les chesnes soient tendües.

Lors, le Prévost des Marchands,
Harmez avecque ses gens,
Va partout faisant la ronde,
Donnant courage au monde.

Les quatre Eschevins aussi,
Avec un pareil soucy,
Regardant parmy les rues
Si les traistres se remue'.

C'estoit chose belle à voir
Que chascun faisoit devoir,
Pour soustenir la furie
De la trouppe ennemie.

Ceux de dessus les remparts
Préparoient de toutes parts,
Gestoient pailles allumées
Dans les fosses et tranchées.

Le Biernois, très marry
D'avoir à son coup failly,
Bransle piques et hallebardes;
Les autres tire' harquebuzades.

Celuy qui feit la Chanson,
Ce fut un bon compaignon,
Commandant sur la rivière,
En la trouppe marinière.

Celuy qui la Chanson fist,
Advisé de Dieu, la fist,
Luy rendant grace et louange
De sa divine puissance.

FIN

LXXV

Chanson de remonstrance au Roy de Navarre

Sur le Chant :

Au fort, au fort, je ne suis pas tout seul
Qui vis en peine et en langueur.

In-4 sur 2 col., sans date ni nom de lieu et d'imprimeur.

Dieu, *qui voit le meschant*
Régner en sa malice,
De son glaive trenchant
Il en fera justice.
Combien qu'il soit par longtemps attendant,
Le droit à chacun est rendant.

O Henri de Bourbon,
Note bien ce precepte
Et le reçois pour bon,
D'autant qu'il t'admoneste
Que, si ne fais vers ton Dieu autrement,
Il te punira aigrement.

Nom de Roy Très-Chrestien
Tu veux avoir le titre,
Ne desrogeant en rien
De ce que ton ministre
T'a imprimé dedans l'entendement,
Te preschant hérétiquement.

Ce n'est pas bien fonder
(Pour régner) l'entreprise,
Que de vouloir bander
Contre la saincte Eglise.
Car, par ce point, jamais n'y parviendras,
Et fais tout ce que tu voudras :

Depuis unze cens ans,
On n'a point veu en France
Que de bons Rois Chrestians,
Qui en grand' révérence
Ont tous receu le Sacre, avec serment
De vivre catholiquement.

Tu fais courir ung bruit
Que seras Catholique :
Tu n'y fus onc instruict,
Ny n'en as faict pratique,
Mais, au contraire, on t'a vu protester
D'estre toujours comme as esté.

De quelque art que ce soit
On fait apprentissage,
Et puis maistre on reçoit
L'ouvrier pour l'ouvrage.
Aussi, pour Roy si veux estre receu,
Fais ton chef-d'œuvre, et qu'il soit veu!

Ton vrai chef-d'œuvre, c'est
De faire pénitence,
Et au Pape, à qui est
Donné toute puissance,
Luy requérir avec contriction,
De tes maux l'absolution.

Puis, feras le serment
D'abolir l'Hérésie,
Et très estroytement,
Sans nulle hypocrisie,

Feras punir, avec tes Prédicans,
   Tous ceux qui seront délinquans.

   Autrement, tiens et croy
De n'avoir la Couronne !
Car, à tels gens que toy,
Jamais Dieu ne la donne.
Quoique tu sois d'icelle successeur,
   Si n'en seras pas possesseur.

   Du bon Roy Sainct Louys
Ton droit tu veux prétendre,
Et jamais tu n'ouys
Ny n'as voulu entendre
L'instruction qu'il donna à son fils
   Congnoissant son aage préfix.

   Puis donc que d'icelluy
Tu prens ton origine,
Fais tout ainsi que luy
En la foy et doctrine.
Alors le peuple, avec un grand honneur,
   Te recepvra Roy et Seigneur.

   Si Dieu te tient ainsi,
C'est pour punir le vice
De son peuple endurcy
Du tout en maléfice.
Comme un fléau, de toy se veult aider,
   Pour faire son peuple amender.

   Mès qu'il ait faict de toy,
Tu auras ton salaire.
Non pas que tu sois Roy,
Mais bien, tout au contraire !
De tes beaux faicts si fort te chastiera
   Qu'à jamais mémoire en sera !

FIN

LXXVI

NOTE DE L'ESTOILE

En ce temps, un sire de Paris disoit à un sien compère corporiau : « Mais, mondondienne! mon compère, à quoi tient-il qu'on ne prend ce Roy de Navarre qui nous fait tant de peine? On ne parle que de lui : que ne le meine-t-on comme les autres en ceste Bastille? — O mon compère! (dit l'autre) cela ne se fait pas ainsi! Il a pour le moins dix mil hommes! — Et mondondienne! mon compère (respondit-il), aïons-en vingt mil! — Voire mais, dit l'autre, il faut de l'argent! — De l'argent (respondit le sire)? Qu'il ne tienne point à cela! Voilà mon quart d'escu que j'y donne de bon cœur. Que chascun en baille autant, et qu'on me le serre en la Bastille, lui et tous ses ginriaux! »

LXXVII

De par le Prévost de Paris.

Placard petit in-4, sans nom de lieu ni d'imprimeur.

IL est enjoinct à tous Gentilshommes et Nobles de la Prévosté et Vicomté de Paris de se trouver en l'Assemblée des trois Estats de ladicte Prévosté, qui se tiendra en la grande salle épiscopale de l'Evesché de Paris, le Mercredy vingt deuxiesme jour de ce mois, à sept heures du matin, pour députer un ou deux d'entre eux, pour aller en la ville de Reims, et se trouver en l'Assemblée généralle des Estats généraux qui y seront tenus, suivant la publication qui en a esté naguières faicte par ordonnance de Monseigneur le Duc de Mayenne. Aussi est enjoinct à tous les Baillifs et Prévosts et autres Juges Royaux estant du ressort de la Prévosté et Vicomté de Paris, de faire notifier la présente ordonnance chacun en son destroict, à ce qu'aucun n'en pretende cause d'ignorance. Faict et donné au Chastelet de Paris, le Mercredy quinziesme jour de May mil cinq cens quatre vingts et unze.

BAUDESSON. DROUART.

Leu et publié à son de trompe et cry public, par les carrefours et places publicques de la ville de Paris, par moy Thomas Lauvergnat, Crieur juré du Roy en ceste ville de Paris, accompagné de Pierre Gilbert, commis de Jean Gilbert, Trompette juré, et d'un autre Trompette, le Mercredy quinziesme jour de May, l'an mil cinq cens quatre vingts et unze.

T. LAUVERGNAT.

LXXVIII

De par Monsieur le Gouverneur

ET MESSIEURS LES PREVOST DES MARCHANS ET ESCHEVINS

de la ville de Paris.

Placard in-fol., sans nom de lieu ni d'imprimeur.

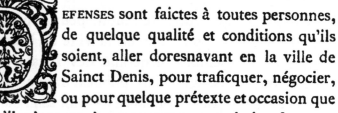

EFENSES sont faictes à toutes personnes, de quelque qualité et conditions qu'ils soient, aller doresnavant en la ville de Sainct Denis, pour traficquer, négocier, ou pour quelque prétexte et occasion que ce soit, s'ils n'ont exprès passeport ou permission de mondict sieur le Gouverneur ou desdicts Prévost des Marchans et Eschevins ; par lequel il leur soit expressément permis aller en ladicte ville de Sainct Denis : à peine d'estre déclarez de bonne prise, s'ils sont pris entrans ou sortans de la ville, sur le chemin de ceste ville en celle de Sainct Denis, et de confiscation de marchandises qu'ils amèneront ou transporteront ; révocquant à ceste fin tous passeports et permissions jusques à ce jour donnez et accordez pour passer par ladicte ville, lesquels nous n'entendons valoir ny avoir lieu xxiiij heures après la publication des presentes, sauf et réservé toutesfois pour les marchans et autres qui sont de présent hors de ceste ville, auxquels nous avons cy devant donné passeports, soit habitans de ceste ville ou de Sainct Denis, qui, sous l'asseurance desdicts passeports, pourroient amener marchandises ou autre chose : lesquels nous avons pris en nostre protection et sauvegarde, et exemptez de la rigueur de ceste ordonnance pour le premier voyage qu'ils feront, seulement en ladicte ville : ne voulant qu'après ledict voyage fait, leursdicts passeports leur puissent aucunement servir.

Et, pour le regard de ceux qui vont ès villes de Ponthoise, Beauvais et autres villes de l'Union, auxquels auroient esté accordez passeports, seront tenus de bailler caution et seureté, que les marchandises, meubles et autres choses que l'on leur permettra transporter hors ceste ville ; seront par eux conduites ès dictes villes de l'Union et non ailleurs, et d'en rapporter certificat du Maire et Eschevins, dans la huictaine après ou autre temps qui leur sera limité. Et, à ceste fin, en acquittant le subside et imposition mis sur lesdictes marchandises, seront tenus amener personnes resséantes et solvables, qui se chargeront sur le registre, et se rendront caution de rapporter lesdicts certificats ou payer le prix de la marchandise, si n'est qu'elle fust volée par les chemins, dont ils seront tenus rapporter attestation.

SEMBLABLES défenses sont faictes, à toutes personnes, escrire aux ennemis, pour quelque subject et occasion que ce soit, ny conférer avec eux, sans avoir communiqué lesdictes lettres, et le subject pourquoy ils entendent escrire ou parler auxdicts ennemis, à mondict sieur le Gouverneur ou auxdicts Prévost des Marchans et Eschevins, et obtenu passeport ou permission expresse, à peine de punition exemplaire. Et où aucuns seroient trouvez ayant recherché passeport et asseurances des ennemis pour sortir de ceste ville, sans la susdicte permission, seront tenuz et réputez comme traistres et ennemis de Dieu et de la ville, et condamnez en l'amende arbitraire.

ET quant à ceux qui seront trouvez saysis et porteurs de lettres adressantes auxdicts ennemis, sans passeport ou permission expresse : encores que lesdictes lettres ne concernent que affaires particulières : néantmoings seront condemnés, pour la première fois qu'ils seront trouvez en faute, d'estre mis au carcand l'espace de deux heures, et pour la seconde fois fouettez par les carrefours, et aux portes de ceste ville; et, la troisiesme fois, pendus et estranglez. Et quant à ceux qui auront escrit lesdictes lettres ausdicts ennemis, encores que comme dict est elles ne concernent que leurs dictes affaires particulières, seront condemnez en l'amende d'un escu, au moins, pour chasque lettre, et plus grande punition, s'il y eschet : laquelle amende appartiendra, moitié à ceux qui les auront descouvertes ou arrestées aux portes, et l'autre moitié à la ville. Faict le vingtiesme May, mil cinq cens quatre vingts unze.

Signé :   De Belin.   Boucher.
Brette.   Poncher.   Desprez.   Langlois.

Leu et publié à son de trompe et cry public, par les carrefours, places publicques et lieux accoustumez à faire crys et proclamations, par moy Thomas Lauvergnat, Cryeur juré du Roy en ceste ville de Paris, accompagné de Pierre Gilbert, commis de Jean Gilbert, Trompette juré, et d'un autre Trompette. Le Lundy vingtiesme jour de May, l'an mil cinq cens quatre vingts et unze.

T. Lauvergnat.

LXXIX

Extrait des Registres de Parlement.

Placard petit in-4, sans nom de lieu ni d'imprimeur.

LA Cour, sur la requeste faicte par le Procureur général du Roy, a faict et faict inhibitions et deffenses à toutes personnes, de quelque estat, qualité et condition qu'ils soient, de jurer, malgréer, despiter, renier et blasphemer le nom de Dieu et de sa très sacrée Mere, et de tous les Saincts et Sainctes de Paris, sur peine d'estre condamnez pour la première fois à un escu d'amende, la deuxiesme fois en deux escuz, applicables aux pauvres de ceste ville de Paris, et à tenir prison pour le payement desdictes sommes, la tierce d'estre mis au carquan, pour y demourer le temps et espace d'une heure, et pour la quatriesme fois, d'estre battuz et fustigez, nuds, de verges, et bannis pour trois ans : Et où ils seront récidifs pour la cinquiesme fois, seront mis au pilory, et auront la lèvre de dessus percée d'un fer chault; et, pour la sixiesme fois, auront la langue couppée. Enjoint à tous ceux qui orront dire et proférer lesdicts juremens et blasphèmes de le venir incontinent denoncer et reveler à justice. A tous Huissiers de ladicte Court, Commissaires, autres Huissiers ou Sergens, se saisir des personnes de ceux qui se trouveront contrevenir aux présentes deffenses, les representer incontinent à justice pour estre sommairement procédé à la punition d'iceux, sur le rapport ou déposition de deux ou trois tesmoings, qui seront oys sur le champ, sans plus grande longueur, forme ne figure de procez. A quoy ladicte Court enjoinct à tous juges et officiers de vacquer diligemment, toutes choses delaissées, sur peine de suspension de leurs estats. Et sera le présent Arrest leu et publié à son de trompe et cry public, par les carrefours de ceste ville, imprimé et attaché en placarts aux places publicques et coings des ruës, à ce qu'aucuns n'en prétende cause d'ignorance. Faict en Parlement, le 21 de May l'an 1591.

Signé :   Boucher.

LXXX

De par Monsieur le Gouverneur

ET MESSIEURS LES PREVOST DES MARCHANS ET ESCHEVINS

de la ville de Paris.

Placard in-fol., sans nom de lieu ni d'imprimeur.

IL est enjoinct à tous soldars, gens de guerre et autres personnes, de quelque qualité et condition qu'ils soient, estans sans adveu et non enrollez ès regiments et compagnies qui sont destinées pour la conservation de ceste ville, de vuider hors d'icelle dedans vingt quatre heures, à peine de punition corporelle : et, à fin que les soldats qui seront desdicts regimens et entretenus en ceste ville, puissent estre cogneus des Colonnels, Capitaines des quartiers, et autres Bourgeois de ceste ville, seront tenus prendre certificats de leur Maistre de camp et Capitaines, pour les représenter toutes les fois que requis en seront, afin d'estre recogneus et distinguez desdicts estrangers et vagabons.

Est aussi enjoinct à tous hostes, chambrelans, et autres bourgeois de ceste ville, qui logent lesdicts soldarts ou autres personnes non domiciliez, advertir leursdicts Capitaines de quartier et faire vuider de leursdicts logis ceux qui n'auront leurs certificats desdicts Maistres de camp et Capitaines, à peine de cinquante escus d'amende, et de prison, et de plus griefve punition, s'il y eschet.

Semblable commandement est faict à tous villageois, de quelque aage et sexe qu'ils puissent estre, qui ne sont cogneus et advouez par les Capitaines des quartiers ou par quelques notables bourgeois de ceste ville, d'en vuider promptement, sur les mesmes peines cy-dessus dictes.

Faisons défenses à tous les Colonnels et Capitaines, gardes des portes et passages de ceste ville, estant ès gardes d'icelles, ne laisser sortir aucun soldat ou homme de guerre, soit à pied ou à cheval, ou bourgeois et autres personnes, sans congé et passeport. Faict au Bureau de ladicte ville, ce dix-huitiesme jour de May 1591.

Signé : PAULMIER.

Leu et publié à son de trompe et cry public, par les carrefours et places publiques de ceste ville de Paris, accoustumez à faire cris et proclamations, par moy Thomas Lauvergnat, crieur juré du Roy en cestedicte ville, accompagné de Pierre Gilbert, commis de Jean Gilbert, Trompette juré, et d'un autre Trompette, le samedy huictiesme jour de May l'an mil cinq cens quatre vingts et unze.

Signé : T. LAUVERGNAT.

LXXXI

A Monsieur le Prévost de Paris ou son Lieutenant Civil.

Placard pet. in-4, sans nom de lieu ni d'imprimeur.

MONSIEUR le Prevost, je vous ay cy devant escrit plusieurs fois pour l'Assemblée des Estats, qu'ay désiré et poursuivy instamment il y a long temps : et néantmoins n'ay peu faire, à mon trés grand desplaisir, pour divers empeschemens survenus depuis, qui sont assez cogneus d'un chascun : maintenant que les juge plus nécessaires que jamais, et que la retardation en seroit trop dommageable, je les ay faict assigner en ceste ville, au vingtiesme du mois prochain, auquel jour, sans faillir, pour et sans plus user de remise, l'ouverture s'en fera, pour les continuer après, sans intermission, jusques à ce que Dieu vous ayt faict la grace d'y prendre quelque bonne et saincte résolution, pour la conservation de nostre religion et le bien et asseuré repos de cest Estat : qui est ce que nous devons espérer de l'integrité et prudence d'un si grand nombre de gens de bien qui seront assemblez pour y pourvoir. A quoy, j'apporteray aussi très volontiers, de ma part, ce que pourrons pour y servir. Vous le ferez donc publier, selon qu'il est accoustumé, par les lieux et endroicts de vostre ressort : afin que les députez se trouvent audict jour pour commencer heureusement ce bon œuvre. En ceste volonté, je prieray Dieu, Monsieur le Prévost, qui vous maintienne en tout heur et prospérité. Escrit à Paris, le vingt sixiesme jour de Novembre mil cinq cens quatre vingts et douze.

Votre très affectionné et meilleur amy.

Signé :   CHARLES DE LORAINE.

Leu et publié à son de trompe et cry publics, hors les portes Sainct Anthoine, Sainct Marcel, Sainct Jacques, de Bussi, Sainct Honoré, Sainct Denis, et pareillement par les carrefours et autres lieux accoutumez à faire cris et publications en ceste ville de Paris, par moy, Martin Maloire, Sergent au Chastelet, Prévosté et Vicomté de Paris, assisté de deux Trompettes, le Vendredy vingt-septiesme jour de Novembre 1592.

Signé : MALOIRE.

LXXXII

De par les Prévost des Marchans et Eschevins de la ville de Paris.

Placard pet. in-4, sans nom de lieu ni d'imprimeur.

ON fait assavoir à toutes personnes habitans de la ville de Paris, de quelque qualité et condition qu'elles soient, sans aucun excepter : Que pour remédier aux entreprises faictes par les ennemis de nostre religion sur ceste ville de Paris, qu'ils n'ayent à

recevoir, loger ny retenir en leurs maisons aucunes
personnes Estrangères, non domiciliées en cestedicte
ville, sans en advertir le Capitaine de leur Dizaine : et si
dés à présent y a aucuns logez èsdites maisons, autres
que leurs domestiques ordinaires, leur est enjoinct de le
déclarer, et en bailler les noms par escript, signez de leur
main, au Capitaine de leurdicte Dizaine, sur peine, à ceux
qui faudront à faire lesdictes déclarations et receleront
lesdicts Estrangers sans en advertir leursdicts Capitaines,
d'estre puniz corporellement, et de confiscation de leurs
meubles au profit de ladicte ville, dont toutesfois la
quarte partie sera donnée aux dénonciateurs : et seront
par chacun jour lesdits Capitaines tenuz d'apporter ou
envoyer par escript les noms desdicts Estrangers non
domiciliers, arrivez en leur Dizaine, ès mains du sieur
Brigard, Procureur du Roy et de ladicte Ville, ou l'un
desdicts Eschevins, pour en faire par chacun jour son
rapport au Bureau de ladicte ville, et sur ce ordonner ce
qu'il appartiendra. Faict au Bureau de ladicte Ville de
Paris, le vingt-troisiesme jour de Février, l'an Mil cinq
cens quatre vingts dix.

Signé :　　　　　　　HEVERARD.

LXXXIII

Arrest de la Cour de Parlement

SUR LE POUVOIR DE MONSEIGNEUR LE DUC DE MAYENNE, LIEUTENANT GENERAL DE L'ESTAT ROYAL ET COURONNE DE FRANCE.

Petit placard in-4.

Extrait des Registres de Parlement.

SUR les remontrances faictes à la Cour, toutes les Chambres d'icelle assemblées, par le Procureur général du Roy, et la matiere mise en délibération, ladicte Cour a ordonné et enjoinct à toutes Villes, Communautés et personnes, de quelque estat, qualité, dignité et condition qu'elles soient, de recognoistre, respecter et honorer le sieur Duc de Mayenne, Pair de France, comme Lieutenant général de l'Estat Royal et Couronne de France : Luy porter, en ceste qualité, obéissance deüe. Et leur a faict et faict inhibitions et défenses de dire, faire ou entreprendre chose tendant à diminution de son pouvoir et autorité. Et aura ledict Procureur général commission pour informer des contraventions qui seront faictes au présent arrest : lequel à ceste fin sera leu et publié en jugement, Mardy prochain, à la prononciation des arrests, à ce qu'aucun n'en prétende cause d'ignorance. Faict en Parlement, le sixiesme jour d'Avril, mil cinq cens quatre vingts unze.

Publié en jugement, à la prononciation générale des ar-

rests, le neufiesme jour dudict mois d'Avril, et suyvant la requeste faicte par le Procureur général du Roy : La Cour a ordonné et ordonne que ledict arrest sera leu et publié en jugement, en tous les siéges royaux de ce ressort, l'audience tenant. Et, à ceste fin, l'extrait d'iceluy envoyé aux Substituts dudict Procureur général du Roy, pour en faire les diligences, et en certifier ladicte Cour, six sepmaines après avoir iceluy receu.

Signé : DU TILLET.

A PARIS, chez Robin THIERRY, rue S. Jacques, au Lis blanc.

LXXXIV

De par les Commissaires députez pour le payement des Rentes de la ville de Paris.

Placard pet. in-4, sans nom de lieu ni d'imprimeur.

ON faict assavoir à tous manans et habitans de présent en ceste ville et faux-bourgs de Paris, que ceux auxquels sont deubz arrérages de leurs Rentes sur l'Hostel, et payables par le Receveur d'icelle ville, pour l'année finie en Décembre mil cinq cens quatre vingts six : ayent, sans distinction de personne ou qualitez, après ces présentes publiées, à passer, par devant deux notaires du Chastellet de Paris, pour ceste fois, les quictances des sommes qui leur sont deues en la forme et manière accoutumée, à l'acquit de Maistre François de Vigny, portant submission, par lesdicts rentiers, que s'ils se trouvent avoir esté payés ailleurs, de rendre le quadruple sur les arrérages qui leur seront deubs : donneront icelles quictances avec lesditz notaires, ou les feront donner par le Capitaine, Lieutenant, ou Enseigne de leur quartier, … ont pour éviter aux frauldes qui se pourroient faire, et les porteront, au plus tard, dedans la sepmaine de la présente publication, audict Hostel de Ville, ès mains de celuy qui pour ce sera commis pour estre, à la huictaine après, vériffiées sur les registres dudict de Vigny, et, dedans l'autre huictaine suivante, estre payez jusques la concurrence des deniers qui seront receuz du tout ou partie, au prorata de leur deu, sans faveur, acception ny préférence de personne quelconque. Faict en la Chambre desdicts sieurs Commissaires, le dix-neufviesme jour d'Avril, l'an mil cinq cens quatre vingts unze.

LXXXV

De par les Prévost des Marchans et Eschevins de la ville de Paris.

Placard pet. in-4, sans nom de lieu ni d'imprimeur.

SONT advertis Messieurs les Colonnels, Capitaines et tous Bourgeois de ladicte ville, que par certain advertissement a esté descouvert que le Roy de Navarre, ayant recogneu que ses partisans et fauteurs, estans en ladicte ville, ne sont suffisans pour

entreprendre de vive force aucune chose à son advantage, a résolu d'envoyer secrettement en ladicte ville
plusieurs gentilshommes et gens de guerre, pour y faire
entreprise et conduire lesdicts partisans et fauteurs ès
exécutions et surprises qu'il y entend faire : A ceste cause
est enjoinct à chacun de se tenir soigneusement sur ses
gardes, veiller et descouvrir les estrangers qui arriveront
en icelle et qui y iront loger, tant ès Hostelleries, Ca-
barets, que maisons bourgeoises, et les dénoncer à leurs
Capitaines pour advertir lesdicts Prevost des Marchans
et Eschevins ou l'un d'eux. Et, au cas qu'il advint quelque
rumeur ou allarme par les menées susdictes, sont lesdicts bons bourgeois exhortez ne s'effrayer ny estonner
aucunement, ains prendre soudainement les armes pour
se rendre en la place publique qui leur est ordonnée par
chacun quartier, fors et exceptez ceux qui seront de la
garde des portes et murailles, pour de là marcher et
s'employer ès lieux où il leur sera commandé par leursdicts Capitaines, ou lesdicts Prevosts des Marchans et
Eschevins, soubs la conduicte des Gentilshommes et gens
de guerre qui sont pour cest effect ordonnez, auxquels
sur grandes peines il leur est enjoinct d'obéir. Faict au
Bureau de la ville de Paris, le 23 Février, l'an mil cinq
cens quatre vingts dix.

Signé :   HEVERARD.

LXXXVI

De par le Prévost de Paris.

Placard pet. in-4, sans nom de lieu ni d'imprimeur.

IL est enjoinct à tous les Marguilliers des Paroisses de la Prévosté et Vicomté de Paris assembler chacun respectivement les habitans desdictes Paroisses, et eslire un ou deux d'entre eux des plus capables et suffisans pour eux trouver en ceste ville de Paris, au Mercredy vingt-deuxiesme jour du présent moys, en la grande salle de l'Évesché de Paris, à sept heures du matin, à l'Assemblée qui se fera audict lieu des trois Estats de ladicte Prévosté et Vicomté, suivant la publication qui en a esté naguieres faicte par ordonnance de Monseigneur le Duc de Mayenne. Aussi est enjoinct à tous les Baillifs, et Prévosts et autres Juges Royaux estans du ressort de la Prévosté et Vicomté de Paris, de faire notifier la présente ordonnance, chacun en son destroit, à ce q'aucun n'en prétende cause d'ignorance. Faict et ordonné au Chastelet de Paris, le Mercredy quinziesme jour de May, mil cinq cens quatre vingts unze.

BAUDESSON.   DROUART.

Leu et publié à son de trompe et cry public, par les carfours et places publiques de la ville de Paris, par moy Thomas Lauvergnat, Crieur juré du Roy en cestedicte ville, accompagné de Pierre Gilbert, Trompette juré, et

d'un autre Trompette, le mercredy quinziesme jour de May,
l'an mil cinq cens quatre vingts et unze.

T. LAUVERGNAT.

LXXXVII

De par le Prévost de Paris.

Placard pet. in-4, sans nom de lieu ni d'imprimeur.

Soit signifié et faict à sçavoir à Messieurs les Doyen et Chappitre de Paris, et tous autres Chappitres et Communautés de ladicte ville, de se trouver en l'Assemblée générale des trois Estats de la Prévosté et Vicomté de Paris, qui se tiendra en la grande salle de l'Evesché de Paris, le mercredy vingt-deuxiesme jour de May prochain, à sept heures du matin, afin d'eslire et députer un ou deux d'entre eux, pour aller à Reims et se trouver en l'Assemblée générale des trois Estats généraux qui y seront tenus, suivant la publication qui en a esté naguières faicte par ordonnance de Monseigneur le Duc de Mayenne. Faict et ordonné au Chastelet de Paris, le Mercredy quinziesme jour de May mil cinq cens quatre vingts et unze.

BAUDESSON.   DROUART.

LXXXVIII

De par le Prévost de Paris.

Placard pet. in-4, sans nom de lieu ni d'imprimeur.

Soit signifié et faict à sçavoir à Révérend Père en Dieu Monsieur l'Evesque de Paris, Messieurs les Abbez de S. Denis, S. Germain des Prez, S. Geneviefve, S. Victor, et autres Abbez, Prieurs et Curez de la Prevosté et Vicomté de Paris, de se trouver en l'Assemblée générale des trois Estats de la Prevosté et Vicomté de Paris, qui se tiendra en la grande salle de l'Evesché de Paris, le mercredy vingt-deuxiesme jour du présent mois de May, à sept heures du matin, afin d'eslire et députer un ou deux d'entre eux, pour aller en la ville de Reims, et se trouver en l'Assemblée generalle des trois Estats généraux, qui y seront tenuz, suivant la publication qui en a esté naguières faicte par ordonnance de Monseigneur le Duc de Mayenne. Faict et ordonné au Chastelet de Paris, le Mercredy vingtiesme jour de May mil cinq cens quatre vingts et unze.

BAUDESSON.   DROUART.

LXXXIX

PORTRAIT DU PAPE SIXTE V

A L'AGE DE 65 ANS.

Gravure sur cuivre. H. 0ᵐ210, L. 0ᵐ150. — Tête de trois quarts tournée à droite. Le Pape en camail, coiffe sur la tête, est représenté bénissant. Dans le haut, à gauche, armes de Sixte V.

L'Estoile a écrit à l'encre, sur l'estampe, à droite des armoiries du Pape :

Sixtus V, Pontifex Max. de Monte Alto Marchiæ creatus
A° 1585. Æta. suæ 65;

et il a écrit au bas : « De ce Pape, quand il mourust (qui fust le jour S. Augustin 1590), on disoit publiquement à Romme que le Diable l'avoit emporté, et personne n'en estoit repris, pource qu'on le tenoit pour Politique et fauteur du parti du Roy. »

XC

LE LÉGAT DE LA LIGUE

1590

Ce titre a été écrit à la main par L'Estoile.
La légende circulaire gravée autour du portrait porte :

ERRICUS CARD. GAETANUS SANCTÆ SED. APOS. CAME.

ET IN GAL. A LATE. LEGAT.

Gravure sur cuivre, H. 0ᵐ120, L. 0ᵐ68.
Dans un ovale, autour duquel est gravée la légende du portrait. Tête de trois quarts tournée à gauche. Le Légat en costume de cardinal, la barrette sur la tête. Au bas de l'inscription, à gauche, le monogramme C. L., avec la date 1590; à droite : *Rab. excu.* Le graveur ou l'éditeur doit être *Rabel.*

Les vers latins qui suivent sont gravés au-dessous du portrait :

Quæ manus artificis tria sic sociavit ut unum
Temperet os triplex gratia, trinus honos?

Quod decor augustus cum majestate verenda,
    Læta serenatæ frontis et aura beat.
Pars tamen occulitur melior [1] pingique recusat,
    Aurea mens, recti conscia, pacis amans,
Prisca fides, comis prudentia, sancta voluntas,
    Quæque beant animos, singula quæque decent.
Hic decor, hæc morum censoria regula vitæ,
    Hic tenor, et canæ relligionis amor,
Cum tibi succrescent redivivæ Galliæ, mentis
    Viva Caëtanæ tu simulacra geres.

A la marge de cette pièce de vers, à gauche, on lit ces mots gravés, qui donnent le nom de l'auteur :

Ge. Crittonius canebat.

XCI

LE LIEUTENANT DE L'ESTAT ROYAL

Ce titre est écrit de la main de L'Estoile.
La légende gravée au-dessous du portrait est :

CHARLES DE LORRAINE, DUC DE MAYENNE.

Portrait sur cuivre. H. 0ᵐ125, L. 0ᵐ100.
   Dans un ovale, autour duquel est gravée la légende. Tête de trois quarts, cheveux relevés, moustaches et barbiche, col de chemise rabattu sur le hausse-col de l'armure, écharpe sur l'épaule gauche.

---

1. L'Estoile a écrit en note, à la marge : *pejor.*

XCII

LE PRÉDICATEUR DU LÉGAT

Ce titre est écrit de la main de L'Estoile.

Gravure sur cuivre. H. 0ᵐ150, L. 0ᵐ145. — Tête de face, cheveux frisés, costume de moine avec le froc.

On lit ce nom, gravé au bas de la planche :

FRANCISCUS PANIGEROLA.

Si quisquam eloquio ad sedes humana beatas
  Ducere corda potest, tu potes; immo facis.
Quin Superi Etrusco cupiant sermone profari,
  Sermone utantur, Panigerola, tuo.

XCIII

CHANSON NOUVELLE

SUR LES CALAMITEZ DE CE TEMPS PRÉSENT

1591

Placard pet. in-4, à 3 col., sans nom de lieu ni d'imprimeur.

Puisque Mars impétueux
A ses yeux
Tournés sur la triste France,
Pour accabler de ses mains
Les humains
Soubz sa cruelle puissance;

Sur le Théatre Gaulois
  Maintesfois
A dressé une Trophée
De sa dure Tragedie
  Et furie,
Pour la France désolée,

De vol et ravissement
  Maintenant
Toute pleine l'a rendue,
De mespris et remarquez
  Cruautez
L'a par toute respandue,

De pleurs et gémissemens,
  Hurlemens
Des orphelins, qui sans cesse
Sont tourmentez de plorer,
  Lamenter,
Leur incroyable détresse!

En a peuplé les chemins,
  Et sont plains
De leur malheureux désastre,
Et de leur piteux exil
  Et péril
Font gémir mesme les astres!

On voit les oiseaux voler
  Parmy l'air,
Nous donner un chant ramage,
Remply de confusion,
  Maris son,
De voir si cruelle rage.

Les forests et les buissons,
  De leurs sons,

Font un bruit espouvantable,
Comme voulant dénoncer
Et monstrer
Quelque douleur lamentable.

Non refait de tant de maux
Et assaux,
Sur ceste benigne terre,
Nous a vomy le venin
Inhumain
De la paternelle guerre.

Le père acharné au fils
Et surpris
D'une bourelle vengeance;
L'enfant bruslant de courroux,
A tous coups,
De la mort font alliance.

C'est le Seigneur tout puissant,
Nous voulant
Monstrer sa juste sentence,
Pour nous rigoureusement
Justement
Chastier de nostre offence.

Permettant tout ce malheur
Et rigueur,
Soubz le sceptre d'une enfance,
Voulant son peuple abysmer
Pour régner,
Met Roy sans obeïssance.

O pauvre peuple Gaulois,
Tu soulois
Estre l'heureux de l'Europe,
Estant le mieux fortuné,

Suporté
De Dieu l'invincible trope.

Mais, t'estant, fol, eslongné
    Et jetté
Hors du sein de sa clémence,
Embrassant tout le desir
    De choisir
La fureur qui tant t'offence :

Tu as esté l'inventeur
    Du malheur
Qui a causé ta ruïne :
Que si tu ne te cognois,
    Recognois,
Garde vengeance divine !

Toutefois pose l'appuy
    De ton cry
Sur la bonté nonpareille
Du vray Seigneur, le soustien
    Du Chrestien,
Qui oyt ta juste querelle :

Et te fera triompher
    De dompter
Celle trouppe ramassée
De ces grands loups enragés,
    Affamez
A la brebis esgarée.

Et l'aigneau, de toutes pars,
    Est espars,
De la surprise sanglante
Des pards et loups ravisseurs,
    Espieurs
De sa fin et mort dolente.

Ne se doubtant d'éviter
     Le danger
D'une fainte courtoisie,
Est poursuivy de l'effort
     D'une mort
Furtive et pleine d'envie.

Hélas! bon Dieu, mets ton œil
     Sur le dueil
De ce peuple misérable,
Qui n'a nul autre confort
     Que le sort
De Clotho, Parque muable :

S'asseurant de ta faveur
     Et douceur,
Te requiert pardon et grace,
Se repentant du forfait
     Qu'il a faict,
Délaissant ton alliance.

Que si toy, Dieu éternel,
     Immortel,
Par ta déité puissante,
N'as esgard au juste sang
     Qu'on respand
Dans flots et onde courante;

Si bien que, de jour en jour,
     Est le cours
Empesché de l'eau flottante,
Pour le grand nombre des corps
     Qui sont morts
Sur la campagne plaisante!

C'est fait du peuple François,
     Ceste fois,

Souffrant langoureux martyre,
Ne se pouvant retirer
    Du bourbier
Appresté pour le destruire.

Tu es le seul protecteur
    De l'honneur
Des amateurs de ta gloire :
Sauve de France le nom
    Et renom,
Car il a de toy mémoire ;

Et que, conduit sous ta main,
    Soit en vain
L'effort du meschant rebelle,
Pourpensant enraciner
    Et planter
En la Gaule sa querelle :

Permettant que, sous ta loy,
    Son vray Roy,
Conduit par ta providence,
Puisse du tout saccager,
    Ruïner
De ces mutins l'arrogance.

FIN.

XCIV

COMPLAINTE

DES PAUVRES CATHOLIQUES DE LA FRANCE

et principalement de la ville de Paris

Sur les cruautez et rençons que l'on leur a faict.

Ensemble

la Complainte des pauvres Laboureurs.

Et se chante sur le chant :

Voulez ouïr chanson de ce mauvais gendarme.

Placard in-4, à 2 col., sans date, ni nom de lieu et d'imprimeur.

PARIS.

Mon Dieu! où est le temps
Que l'on vivoit en France?
L'honneur et le printemps,
Vivions par ordonnance!
Nous avions Roys en France,
Supposts de Chrestienté :
Par leur bonne ordonnance
Maintenoit vérité.

Où est aussi le temps,
La foy et l'asseurance,
Et aussi le bon temps
Qu'on avoit en la France?
On vivoit d'asseurance,
En toute seureté.
Mais tout va au contraire :
N'y a que pauvreté!

Lors ce n'est plus que vol
Et toute pillerie.

Puis chascun fait son flot :
Bref, n'est que vollerie !
La rençon est en règne,
Et par tous les cartiers,
Et mettent en espargne
Noz biens et noz deniers.

LES PAYSANS.

Je parleray du camp
Et des cruautez grandes
Des Huguenots meschans,
Qui vont avec leur bande.
Ils viennent dans nos granges,
Aussi dans nos maisons,
En prenant (chose étrange !)
Chevaux, bœufs et moutons.
Encor' n'estant contens
D'avoir nos biens et bestes,
Nous lie', et nous mattans,
Nous bandant yeux et testes,
Nous battent nous moleste',
Jurant et blasphemant :
« Faut que rançon tu paye,
« Cent escus tout comptant ! »
Si ne payons rançon
De grands coups nous moleste',
Nous mettant en prison,
Nous lient comme beste,
Jurant et reniant :
« Si ta rançon ne paye,
« Te tueray tout comptant ! »
Je vous laisse à penser
Quelle douleur amère !
Perdre, sans offenser,
Nos biens, aussi nos terres ;

Encores davantage :
Ils bruslent nos maisons,
Ces Hugues plains de rage,
Ces voleurs et larrons!

PARIS.

Mon Dieu! ayez pitié
De vostre pauvre France,
Vous priant d'amitié
Pardonner les offenses
Au peuple sans doutance,
Qui est du tout ruïné!
Vous priant d'espérance
Nous vouloir pardonner!

Ne permettez aussi
Que tous ces Hérétiques,
Qui sont hommes transis,
Supposts des Politiques,
Veulent par l'Hérésie
Abolir nostre loy,
Faisant, par tyrannie,
Mourir gens de la foy.

L'exemple et le faict
En est bien d'aparance,
Le monstrant par effect,
Au royaume de France,
En la ville notable
Grand' cité de Paris,
Ils ont fait execrable
Mourir hommes de prix.

Est-ce pas cruauté
D'affamer telle ville?
Est-ce pas cruauté
De prendre aussi les vivres?
Et puis, par leur grand' ire,
Fai[re] coutelacer

Ceux qui les apportois :
Ils estoient massacrez.
Las ! ils ont fait mourir,
Dans Paris, noble ville,
Et de faim fait languir
Hommes, femmes et filles,
Encores plus de dix mille,
Sans les pauvres enfans
Qui mouroient aux mamelles
Des mères languissans.

FIN.

XCV

CHANSON NOUVELLE

DE LA FINESSE DU JACOBIN

Sur un chant nouveau, etc.

Placard pet. in-4, à 2 col., sans date, ni nom de lieu et d'imprimeur.

Il sortit de Paris
Un homme illustre et sainct,
De la religion
Des frères Jacobins...
Tu ne l'entens pas, le latin.

Qui portoit une lettre
A Henri le vaurien.
Il tira de sa manche
Un couteau bien à poinct...
Tu ne l'entens pas, le latin.

Dont il frappa Henry,
Au dessous du pourpoint,
Droit dans le petit ventre,
Dedans son gras boudin....
   Tu ne l'entens pas, le latin.

Alors il s'escria :
« O meschant Jacobin !
« Pour Dieu ! qu'on ne le tue,
« Qu'on le garde à demain.... »
   Tu ne l'entens pas, le latin.

Voicy venir la garde,
Ayant l'espée au poinct,
Qui, d'une grande rage,
Tua le Jacobin...
   Tu ne l'entens pas, le latin.

Le président Laguel,
A l'instant il fut pris,
Disant : « Faictes-moy pendre,
« Si jamais j'en sceus rien !... »
   Tu ne l'entens pas, le latin.

Henry, fort affaibli,
Il demanda du vin,
Manda l'Apoticaire,
Aussi le Médecin...
   Tu ne l'entens pas, le latin.

Luy, ordonne un clistère,
Disant : « Las ! ce n'est rien. »
Dict : « Allez-moy quérir
« Ce Biernois genin... »
   Tu ne l'entens pas, le latin.

Quand il fut arrivé,
A pleurer il se prist :
« Hé! mon frère, mon frère,
« Pour Dieu, n'y plorez point !... »
    Tu ne l'entens pas, le latin.

« Je vous laiss' ma couronne,
« Mon royaume en vos mains,
« Pour prendre la vengeance
« De ce peuple inhumain... »
    Tu ne l'entens pas, le latin.

En disant ces paroles,
Luciabel y vint,
Avec sa compagnie,
Qui l'emporte au matin...
    Tu ne l'entens pas, le latin.

Pour servir compagnie
A sa mère Catin.
Vous avez veu la vie,
Vous en voyez la fin...
    Tu ne l'entens pas, le latin.

Nous prierons Dieu, pour l'ame
De l'heureux Jacobin,
Qu'il reçoive son ame
En son trosne divin.
    Tu ne l'entens pas, la, la, la,
    Tu ne l'entens pas, le latin !

FIN.

XCVI

CHANSON DE LA LIGUE

Placard pet. in-4, à 3 col., sans date, ni nom de lieu et d'imprimeur.

Si pour vivre heureux et content,
Il faut renoncer à la Ligue;
S'il faut estre aussi inconstant
En la Foy que la Politique...
    Sus, sus, faites-moy donc mourir !
    Il n'est que de mourir martyr !

2.   *S'il faut le commerce accorder*
Avec les villes hérétiques,
Pour les habitans suborner,
Qui sont aux villes catholiques...
    Sus, sus, faites-moy donc mourir !
    Il n'est que de mourir martyr !

3.   *S'il faut enfin faire la paix*
Avec les Frelus et Maheutres,
Et s'il faut estre désormais
Entre Dieu et le Diable neutres...
    Sus, sus, faites-moy donc mourir !
    Il n'est que de mourir martyr !

4.   *Si pour Roy il faut recevoir*
Un Prince qui est hérétique,
Et fait la guerre à son pouvoir
Contre l'Eglise Catholique...
    Sus, sus, faites-moy donc mourir !
    Il n'est que de mourir martyr !

5.   *S'il faut que la Noblesse soit*
Du party de la tyrannie,
Quand mesme le Tyran voudroit
Planter en France l'Hérésie...
     Sus, sus, faites-moy donc mourir!
     Il n'est que de mourir martyr!

6.   *S'il faut que les nobles François*
Ruïnent la foy Catholique,
Pour laquelle ils ont autrefois
Combattu contre l'Hérétique...
     Sus, sus, faites-moy donc mourir!
     Il n'est que de mourir martyr!

7.   *S'il faut veoir en France prescher*
Partout de Calvin l'hérésie,
Et s'il faut veoir aux pieds fouler
Le sainct Sacrement de l'Hostie...
     Sus, sus, faites-moy donc mourir!
     Il n'est que de mourir martyr!

8.   *S'il faut que les Prédicateurs*
Catholiques quittent la chaire,
N'osant plus reprendre les mœurs,
Ny faire aux Ministres la guerre...
     Sus, sus, faites-moy donc mourir!
     Il n'est que de mourir martyr!

9.   *S'il faut souffrir de profaner*
Les Bénéfices de l'Eglise,
Les vendre, acheter et troquer,
Comme si c'estoit marchandise...
     Sus, sus, faites-moy donc mourir!
     Il n'est que de mourir martyr!

10.   *S'il faut veoir les gens mariés*
Tenir les plus beaux bénéfices,

Et aux putains estre donnez
Pour le loyer de leurs services...
    Sus, sus, faites-moy donc mourir !
    Il n'est que de mourir martyr !

11.   *S'il faut acheter chèrement*
De la Justice les offices,
Et vivre, après cela, du vent,
Ou bien de présens et d'espices...
    Sus, sus, faites-moy donc mourir !
    Il n'est que de mourir martyr !

12.   *S'il faut qu'en Justice faveur*
Plus que le droict ait de puissance ;
Que le meurtrier, traistre et voleur,
Ne soit puny de son offence...
    Sus, sus, faites-moy donc mourir !
    Il n'est que de mourir martyr !

13.   *S'il faut que de nouveaux impos,*
De nouvelle dace et décime,
Du peuple et du Clergé le dos
Soit chargé, tant qu'on les opprime...
    Sus, sus, faites-moy donc mourir !
    Il n'est que de mourir martyr !

14.   *S'il faut que la corruption*
De tous estats on continue,
Et des abus l'invention
Soit toujours en France reçeue...
    Sus, sus, faites-moy donc mourir !
    Il n'est que de mourir martyr !

15.   *S'il faut que la réunion*
Que demandent les Politiques,

Soit mise à exécution,
Adieu, c'est faict des Catholiques !...
   Sus, sus, faites-moy donc mourir !
   Il n'est que de mourir martyr !

16.   *Lors des Catholiques François*
Seront, par le Roy de Navarre,
Traictez, comme sont les Anglois
Par la Jezabel d'Angleterre...
   Sus, sus, faites-moy donc mourir !
   Il n'est que de mourir martyr !

17.   *Mais, comme Henry de Valois,*
Tyran cruel et sanguinaire,
Aussi le tyran Navarrois
Reçoit des tyrans le salaire...
   Je veux alors me resjouir
   De veoir la Ligue refleurir !

FIN.

1593.

❧

L'Estoile a écrit de sa main, à la suite de cette chanson :

Nostre maistre Boucher aucteur : auquel est réservé, par la Ligue, le premier estat de vielleux, vacant, dès qu'il sera devenu aveugle.

XCVII

Chanson de la Miraculeuse délivrance

DU DUC DE GUYSE

Et se chante sur le chant des *Fariniers*.

Placard pet. in-4, à 3 col., sans date, ni nom de lieu et d'imprimeur.

Ce *fust le jour d'un Jeudy,*
Environ sur le Midy,
Que le vaillant Duc de Guyse
S'est sauvé, par bonne guise.

A ses gardes il a dit :
« *Lequel de vous s'enhardit*
« *De sauter à l'escallade,*
« *Contre moy qui suis malade,*

« *Et, à cloche pied montant,*
« *Ne cesser jusques à tant*
« *Que soyons à ma demeure?*
« *Je luy donne une monture.* »

Lors un de ces gens a dit :
« *Je n'y fais point contredit.*
« *Jurez-moy donc sans finesse*
« *Que vous me tiendrez promesse?* »

Et lors il luy a promis,
Puis à monter se sont mis,
Mais n'a peu sa foible garde
Le suivre à ceste escallade.

Surquoy, sa porte fermant,
Il luy a fait un serment,
Qu'il n'auroit pas sa monture,
Puisqu'il perdoit la gageure.

Lors il va droit au carneau,
Estant pourveu d'un cordeau,
Duquel en bas il devalle,
Sans faire aucun intervalle.

Mais, manquant la corde assez,
Il sauta dans les fossez,
Haut de deux toises et demie,
Malgré ses gardes hardies.

Lors, estant à bas en paix,
Il demande à son laquais,
S'il n'avoit arme qui vaille ;
Mais un poignart il lui baille.

Et puis, estant remontez
Des fossés, quoique hourdez,
Ils advisèrent un homme
Sur une jument de somme.

Parquoy ils l'ont adverty :
« Rends-nous ceste jument-cy !
« Autrement, sera ta vie
« Par ce poignart-cy ravie ! »

Lors le frelu descendit
De ceste jument, puis dit
Ce bon vaillant duc de Guise :
« Passons, sans point de remise. »

Lors, sans estre pourchassez,
La rivière ils ont passez,

Ne trouvant homme ny femme,
Qui leur feit aucun diffame,

Horsmis deux femmes du lieu,
Dont l'une est servante à Dieu,
L'autre au Diable et maheutresse,
L'accusant comme traistresse,

Disant à tous les bourgeois :
« Or, ay-je veu ceste fois
« Sauver, sans point de feintise,
« Vostre prisonnier de Guyse. »

Dequoy chacun estonné,
Une allarme on a sonné,
En disant : « Sus! sus! gendarmes,
« Que chacun prenne ses armes! »

Lors, il est sorty de Tours
Bien cent chevaux, aux fauxbourgs,
Qui de tous costez cherchèrent
Celuy-là qu'ils n'attrapèrent.

Car, en le voyant de loing,
Ils crioient, à leur besoing,
Qu'il s'arrestast sans mesgarde,
Pour obéyr à sa garde.

Mais d'aussi loing il respond
A celuy qui le semond :
« Tu ne m'auras à ta guise,
« Car quatre chevaux j'advise. »

Puis après, en les trouvant,
Monta sur un cheval blanc,
Et un autre qu'ils donnèrent
A celuy qu'ils emmenèrent.

Et pour ce, les poursuivans,
S'en retournèrent resvans,
Cognoissans bien que leur peine
Eust pour eux esté trop vaine.

Monsieur de Guyse, d'ailleurs,
Vint avec ces chevaucheurs
Joindre Monsieur de la Chastre,
Jusque dans Bourges s'esbattre :

Et ceux de Bourges, joyeux,
Se sont mis à faire feux,
De çà et là, par les ruës,
Et graces à Dieu ont renduës.

Les habitans de Paris
Aussi grande joye ont pris,
Oyans de bonnes nouvelles,
Que de longtemps n'eurent telles.

Le Te Deum ont chanté,
Duquel ne s'est absenté
Le peuple, ains en abondance
Y a fait belle assistance.

Et les Espagnols aussi,
Ayans ouy tout cecy,
S'esgayent, par braverie,
A coups d'escoppeterie.

Le Béarnois, estourdy,
S'en est si fort refroidy,
Qu'à peu près, vaincu de rage,
Il n'ait perdu le courage.

Comme donc monta aux cieux
Le corps saint et glorieux

De la Vierge Nostre-Dame,
Accompagné de son ame :

Ce jour mesme, aussi montant,
Et gayement s'esbattant,
Dieu sauva Monsieur de Guyse
Et le remit en franchise.

Fin.

XCVIII

MOT DE SIBILLOT

Note écrite de la main de L'Estoile.

« Je ne m'estonne point, disoit Sibillot, s'il y a presse à estre Roy de France : c'est un beau mot, et le mestier en est honneste. Car, en travaillant une heure de jour à quelque petit exercice, il y a moien de vivre le reste de la sepmaine, et se passer de ses voisins. »

XCIX

LE GRAND DUC DE LA PICORÉE.

Gravure sur cuivre, ainsi que l'inscription placée au-dessous. H. totale 0ᵐ15o, L. 0ᵐo93. — Dans un ovale entouré de la légende (Charles de Loraine, duc d'Aumale), sur un fond semé de larmes, tête de trois quarts, tournée à droite, cheveux retroussés sur le front, moustaches et barbe en pointe, col de chemise rabattu, costume de ville avec l'ordre du Saint-Esprit.

Le titre ci-dessus, *Le Grand Duc de la Picorée*, a été mis à la main par L'Estoile. C'est lui aussi qui a souligné à l'encre, dans le dernier vers du quatrain gravé sous le portrait, le mot *mourra*.

Paris très catholique, et à Dieu plus fidelle,
Vrayement tu ne pouvois avoir un Gouverneur

Plus sage et accompli, et plus en ta faveur,
Que ce duc qui mourra *pour ta juste querelle.*

C

PORTRAIT AU CRAYON

DU DUC DE NEMOURS

Portrait à la mine de plomb. H. 0ᵐ120, L. 0ᵐ100. — Tête de trois quarts, tournée à gauche, cheveux crêpés, grande collerette, pourpoint fermé, enseigne d'orfévrerie suspendue au cou.

L'Estoile a écrit, sur le portrait même, cette légende : Le duc de Nemoux, et il a mis au-dessus cette inscription :

Le plus doucet de tous, mais le pire.

CI

Le Chevalier Adventureux, colonnel-général des Enfans perdus de la Ligue.

Gravure sur cuivre, ainsi que l'inscription au-dessous du portrait, avec ces mots : *Thoma de Leu fecit.* H. totale 0ᵐ215, L. 0ᵐ081. — Dans un ovale allongé (entouré de la légende : Anno ætatis suæ vigesimo quinto), tête de trois quarts, tournée à droite, cheveux ondoyants, barbe en pointe; grande collerette. Le personnage, couvert d'une armure, tient de la main gauche une épée nue.
Le titre ci-dessus est écrit de la main de L'Estoile.

Ce vaillant Prince armé est un Mars furieux,
Du craintif Huguenot la terreur et la crainte;
Sa lance, un fort pilier de l'Eglise très sainte,
Et son œil aux amis est tousjours gracieux.

Au-dessous, L'Estoile a ajouté de sa main :

Ce Chevalier armé est un fol furieux,
Du manant caҳanier la terreur et la crainte;
Sa lance, un fort pilier de ceste Ligue sainte,
Et son œil aux putains est toujours gracieux.

CII

VERS SATIRIQUES

COPIÉS DE LA MAIN DE L'ESTOILE.

Ils se trouvent au verso des trois pièces précédentes et ne portent pas de titre.

Des petis larronneaux pillèrent le Saint lieu :
Car, mettant hardiment leurs griffes au milieu
Du tronc, où le Pecché, qui tient son homme en gage,
Par aumosne s'estaint, pour leur apprentissage,
Dérobbèrent l'argent entre eux, et puis à Dieu.
Beaucoup de bonnes gens, sous la foy de l'Eglise,
Dans la fente du tronc avoient leur pièce mise,
Pour gaigner les pardons que le Pape a donné.
Mais ils n'ont rien gangné et peuvent bien apprendre
Que les larrons tous seuls les pardons ont gangné :
Car c'est bien les gangner qu'entièrement les prendre.

A Paris, en décembre 1590.

CIII

ARREST DE LA COUR DE PARLEMENT

SÉANT A CHAALONS
CONTRE LE RESCRIPT EN FORME DE BULLE
ADRESSÉ AU CARDINAL DE PLAISANCE,
PUBLIÉ PAR LES REBELLES DE PARIS,
AU MOIS D'OCTOBRE DERNIER.

Placard in-fol., sans nom de lieu ni d'imprimeur. La signature *Saigeot* est écrite à la main, avec paraphe.

SUR ce que le Procureur général du Roy a démonstré à la Cour, que les rebelles et séditieux, pour exécuter les meschans et malheureux desseings qu'ils ont de longue main projettez, pour usurper ceste Couronne sur les vrais et légitimes possesseurs d'icelle, non contens d'avoir rempli le Royaume de meurtres, massacres, brigandages et pilleries, et avoir d'abondant introduit l'Espagnol, très cruel et très pernicieux ennemy de la France : voyans que les habitans des villes rebelles commençoient, comme d'une longue léthargie et pamoison, à retourner à soy et reprendre le chemin de l'obéissance, dont Dieu et Nature les obligent envers leur Roy légitime, pour du tout amortir et reboucher les pointes et aiguillons de la charité vers leur patrie, qui se réveilloient en eux, et remettre ce Royaume en plus grand trouble et division que devant, se disposent de procéder à l'eslection d'un Roy. Pour à laquelle donner quelque couleur, ils ont fait publier certain escrit, en forme de Bulle, portant pouvoir et mandement au Cardinal de Plaisance d'assister et authoriser ladicte prétendue eslection. En quoy lesdits rebelles et séditieux descouvrent aparemment ce qu'ils ont jusques icy tenu caché, et qu'ils n'ont fait que prendre le prétexte de la religion pour couvrir leur malheureuse et damnable entreprise et conjuration. Chose que tout bon François et Catholique doit détester et abhorrer, comme directement contraire à la parolle de Dieu, aux saincts décrets, conciles et libertez de l'Eglise Gallicane, et qui ouvre la porte à l'entière ruine et éversion de toutes polices et sociétez humaines instituées de Dieu, mesmement de ceste tant renommée et florissante Monarchie : la loy fondamentale de laquelle consiste principalement en l'ordre de la succession légitime de nos Rois, pour la conservation de laquelle tout homme de bien et vray François doit exposer sa vie, plus tost que souffrir qu'elle soit altérée et viollée, comme le gond sur lequel tourne toute la certitude et repos de l'Estat requérant y estre pourvu.

LA COUR, en enthérinant la requeste faicte par le Procureur général du Roy, l'a receu et reçoit appelant comme d'abus, de l'octroi et impétration de ladite Bulle et pouvoir y contenu, publication, exécution d'icelle, et tout ce qui s'en est ensuivi ; l'a tenu et tient pour bien relevé ; ordonne que Philippes, du titre de S. Onuphre, Cardinal de Plaisance, sera assigné en icelle, pour deffendre audit appel. Et vaudront les exploits faits en ceste ville de Chaalons à cry public et seront de tel effect et valeur, comme si faicts estoient à personne ou à domicile. Et ce pendant, exhorte ladicte Cour, tous Prélats, Evesques, Princes, Seigneurs, Gentilshommes, Officiers et subjects du Roy, de quelque estat, condition et qualité qu'ils soient, de ne se laisser aller ou gagner aux poisons et ensorcellemens de tels rebelles et séditieux, ains demourer au devoir de bons et naturels François, et retenir toujours l'affection et charité qu'ils doivent à leur Roy et patrie, sans adhérer aux artifices de ceux qui, soubs couleur de religion, veuillent envahir l'Estat et y introduire les Barbares Espagnols et autres usurpateurs; fait très expresse inhibitions et deffenses à toutes personnes de tenir ou avoir chez soy ladite Bulle, icelle publier, s'en aider ou favoriser lesdits rebelles, ni se transporter aux villes et lieux qui pourront estre assignez pour ladite prétendue eslection, et sur peine, aux Nobles, d'estre dégradez de Noblesse et déclarez infames et roturiers, eux et leur postérité; et, aux Ecclésiastiques, d'estre descheus de possession de leurs bénéfices; et punis ensemble tous contrevenans, comme criminels de leze-Majesté, et perturbateurs du repos public, déserteurs et traistres à leur pays, sans espérance de pouvoir obtenir à l'advenir pardon, rémission ou absolution, et à toutes villes de recevoir lesdits rebelles et séditieux pour faire ladicte Assemblée, les loger, retirer ou héberger. Ordonne ladicte Cour que le lieu où la délibération aura esté prise, ensemble la ville où ladicte Assemblée se fera, seront rasez de fond en comble, sans espérer d'estre reédifiez, pour perpétuelle mémoire, à la postérité, de leur trahison, perfidie et infidélité; enjoinct à toutes personnes de courir sus, à son de toxin, contre ceux qui se transporteront en ladite ville pour assister à icelle Assemblée. Et sera commission délivrée audict Procureur général, pour informer contre ceux qui ont esté autheurs et promoteurs de tels monopoles et conjurations faictes contre l'Estat, et qui leur ont aidé ou favorisé. Et sera le présent Arrest publié, à son de trompe et cry public, par les carrefours de ceste ville, et envoyé par tous les siéges de ce ressort, pour y estre leu, publié et enregistré, à la diligence des substituts du Procureur général : dont ils certifieront la Cour, dans un mois, à peine de suspension de leurs estats.

Faict en Parlement, le 18 novembre M. D. LXXXXII. A Chaalons.

Signé :   *SAIGEOT.*

L'Estoile a écrit à côté de l'Arrèt qui précède :

Contre cest Arrest les prédicateurs de Paris déclamèrent unanimement, taxans particulièrement les Président et Conseillers qui s'y estoient trouvés, les désignans par leurs noms en leurs chaires, et leur donnant à chacun leur sopiquet. Entre les autres, Boucher (qui est le Roi de leur Ligue, pource qu'au royaume des Aveugles les Borgnes sont Rois) apela le Président de Thou *Toreau bannier,* et le Conseiller Angenoust *Vieil Huguenot moisi,* le dimanche 21e juillet 1592, dans S. Berthelemi, où il preschoit, et où j'estois.

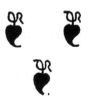

CIV

IHS

MANDEMENT

Pour la procession générale et descente de la Chasse de Madame Saincte Geneviefve, au 17 mars 1594.

4 pages petit in-4°. L'Estoile a écrit de sa main, à la suite du titre : « La vertu de laquelle se montra, cinq jours après, en la réduction de Paris, le mardi 22ᵉ mars 1594. »

ES Vicaires généraux de Monseigneur le révérendissime Cardinal de Gondy, Evesque de Paris, aux Archiprestres de S. Magdaleine et S. Severin, Salut : Nous vous mandons signifier à tous Abbez, Doyens, Chapitres, Couvents, Prieurs, Curez ou Vicaires, de ceste ville et faux-bourgs de Paris, exempts et non exempts : Puisqu'ainsi est que la violence des misères, que noz péchez ont accumulé sur nous, non seulement continue, mais aussi augmente de jour en autre, jusqu'à ce qu'il semble que nostre Père céleste nous veuille priver de la jouissance de la vraye religion, qui a continuellement esté plus de unze cens ans si florissante en ce Royaume de France, soubz l'obéissance du Sainct Siége Romain, dont il se acquist à bon droict le tiltre de Très Chrestien : Et nous recognoissons et experimentons, à nostre très grand regret et ressentiment des maux présens, avec crainte des périls et inconvénients

qui nous menassent, que toutes les forces, conseils et entreprises des hommes ne peuvent obvier à cest extrême malheur sans le secours de la grace de Dieu, qui a accoustumé d'assister ses bons et fidelles serviteurs qui le réclament en leurs nécessitez, suyvant le tesmoignage du Prophète. *Psal.* 106. *Clamaverunt ad Dominum cùm tribularentur, et de necessitatibus eorum liberavit eos.* Et que, pour ce regard, il est très nécessaire que le reste du peuple, qui a encore le zèle de la vraye religion, se mette en bon estat pour luy présenter quelques dévotes prières, afin d'arrester son ire, et nous reconcilier avec luy.

A ceste occasion, de l'authorité et à l'instance de Monseigneur l'illustrissime et révérendiss. Cardinal de Plaisance, Légat du souverain Pasteur de l'Eglise, et du Sainct Siege Apostolique en ce Royaume, et suivant l'Arrest de Messieurs de la Cour de Parlement, avons ordonné et ordonnons que, le jeudy 17 de ce mois, sera faicte et célébrée une Procession générale, en laquelle sera portée la chasse de Madame S. Geneviefve, spéciale patrone de ceste ville, avec les autres sacrez reliquières, en la solemnité accoustumée.

Et d'autant que, pour célébrer dignement une telle Procession, il est besoing que chacun bon Catholique y apporte une préparation qui puisse rendre noz prières agréables à la divine bonté, avons aussi ordonné que, Dimanche immédiatement précédant ledict jour 17, tous les susdicts Abbez, Doyens, etc., ne feront faulte de comparoir en l'Eglise de Paris, à sept heures du matin, pour aller de là en procession en l'Eglise de S. Geneviefve.

Plus, que, par chacun jour des féries de la sepmaine prochaine, et autres de celle ensuivant jusques audict

17 de ce mois, toutes les paroisses facent leur plein debvoir de visiter en procession ladicte Eglise de S. Geneviefve selon l'ordre déclaré cy-après, en la plus grande fréquence de peuple que faire se pourra, lequel, à ceste occasion, sera admonesté par les Curez et Prédicateurs de s'y trouver avec toute dévotion et révérence, et à employer tout ledit temps en bonnes prières et œuvres de charité, mesmes avecq larmes et pleurs qui puissent monter jusques au Ciel et appaiser l'ire de Dieu, justement irrité contre nous, et que, au Dimanche 13 de ce mois, tous et chascuns fidelles chrestiens, zelateurs du repos de ce pauvre et désolé Royaume, de quelque sexe et condition qu'ils soient, estans bien purgez en leurs ames par le sacrement de pénitence, se présentent le plus devotement qu'ils pourront à la saincte communion du prétieux corps de Nostre Seigneur.

Et le 17 ensuyvant, qui sera Jeudy de la My-caresme, jour de ladicte procession solennelle, tous lesdicts Abbez, Doyens, Chapitres, etc., se rendent à sept heures du matin en ladicte Eglise de Paris avec chapes et reliquaires, pour assister à ladicte procession en toute devotion; les ecclésiastiques de toutes les Eglises selon leur ordre, arrière des séculiers et des laicques suyvans tout le clergé, les hommes devant et les femmes après, avec un dévot silence, rendans graces à Dieu, qui de sa bonté infinie a conservé jusques à présent ce Royaume de France, et spécialement ceste ville de Paris en sa saincte foy, et le prians, en toute humilité et charité, vouloir par sa misericorde avancer les affaires de la saincte Union des Catholiques, à la gloire de son nom, à l'augmentation de la religion chrestienne apostolique et Romaine, à l'extirpation de toutes hérésies, au bien et repos spirituel et temporel de tout le peuple de France.

Et afin de rendre ladicte Procession plus honorable, seront admonestées les paroisses, ès rues desquelles elle passera, de fermer leurs boutiques et tapisser devant leurs maisons, à ce que personne n'ait occasion de s'absenter d'icelles : A laquelle pour inviter charitablement un chacun, Monseigneur le révérendissime Cardinal Légat donne dix ans de vrays pardons à tous ceux qui dévotement assisteront à ladicte Procession, et y feront prières aux fins que dessus.

L'Ordre des Processions des paroisses qui iront en l'Eglise Saincte Geneviefve, aux jours fériaux, jusques au 17 de ce mois.

LUNDY 7. Au matin, la paroisse S. Eustache; après midy, S. Nicolas des Champs.

MARDI 8. Au matin, S. Germain Lauxerrois; après midy, la paroisse des Saincts Innocens.

MERCREDY 9. S. Jacques de la Boucherie; après midy, S. André des Arts, S. Cosme.

JEUDY 10. S. Gervais; après midy, S. Benoist, S. Martial.

VENDREDY 11. S. Paul; après midy, S. Nicolas du Chardonnet et S. Hilaire.

SAMEDY 12. Au matin, S. Mederic; après midy, S. Leu, S. Gilles et S. Laurens.

LUNDY 14. S. Severin; après midy, S. Pierre des Arcis, S. Germain le Vieil.

MARDY 15. S. Sauveur, S. Barthelemy; aprés midy, S. Magdaleine, S. Christofle et S. Pierre aux Bœufs.

MERCREDY 16. S. Jean en Grève; après midy, S. Denis de la Chartre, S. Croix et S. Geneviefve des Ardans.

Quant aux Mendiants, ils choisiront, les uns après les

autres, tel jour de la sepmaine qu'ils trouveront commode pour faire leur procession. Et quant aux autres monastéres ou Eglises collégiales ou régulières, ils en feront aussi à leur dévotion. Tout soit à l'honneur de Dieu.

Imprimé à Paris, par Jean le Blanc, *demeurant près la porte S. Victor, à l'enseigne du* Soleil d'Or.

CV

VERS CONTRE LES SEIZE

COPIÉS DE LA MAIN DE L'ESTOILE.

Ils se trouvent en marge des deux pièces précédentes.

Les Seize ont jà pris possession
Des seize pilliers de Montfaucon.
Pourveu aussi qu'ils ne soient davantage :
S'ainsi estoit, ce seroit grand dommage
Et en danger d'un différend entre eux?
Non, le gibet est fait à deux estages :
Il en pourra, hault et bas, trente-deux.

Que plus on ne brigue
D'estre de la Ligue
De Saincte-Union,
Car, ne leur desplaise,
Puis qu'on pend les Seize,
Il y a de l'ongnon.

CVI

FIDES VITREA

Gravure sur cuivre. H. du cuivre 0m113, L. 0m085. — En un ovale ornementé, dans la bordure duquel est la légende, un bras de femme s'avance, et la main jette des pièces de monnaie dans une coupe qui se brise et qui en laisse échapper le plus grand nombre. La légende est : Sic Judam fregerat aurum.

Au-dessous de la planche, on lit :

Fiant filii ejus orphani et uxor ejus vidua. Psal. 108.

SONNET.

Voy si le tourment qu'un traistre a mérité,
Comme un bourreau présent, n'abaisse ton audace;
Voy si tu oses voir le Ciel qui te menace
Et Dieu contre ton chef justement irrité.

Oy le vent qui partout bruist ton iniquité.
Le peuple qui déteste et qui blasme ta race,
Le peuple qui te hayt, le noble qui te chasse,
Le pauvre qui maudit ton infidélité.

Ta mère à son mary ne gardoit point la foy,
Ta sœur à bel argent se vendoit comme toy :
Croirons-nous donc, Vitry, ces choses bien nouvelles,

Qu'un Vitry, c'est à dire un traistre et un trompeur,
Un infidelle Arabe, ayt vendu son honneur,
En trahissant Meaux au Roy des Infidelles?

CVII

STANCES

SUR LA MISÈRE DU SIÉGE DE LA VILLE DE PARIS

1590

Ces Stances sont copiées de la main de L'Estoile, avec le titre qui précède.

LES MARINIERS FRANÇOIS AUX LIGUEUX.

I

Messieurs, que, sous l'effort d'une obscure tempeste,
Taschez à retirer nostre barque des flots!
Au nom des Dieux marins, oiez nostre requeste,
Et prenez quelque ennùi des pauvres matelots!

II

Nous savons bien, Messieurs, que vostre prévoiance
Suffist pour abréger de nos maux le circuit :
Nous l'avons bien congneu, quand, avant l'indigence,
Vous avez bien pourveu de serrer le biscuit.

III

Vous avez dans la main la sonde et la boussole,
Pour dresser nostre barque et la conduire à port;
Messieurs, qui congnoissez et le vent et le pôle,
Embrassez la bonasse et nous mettez à bord!

IV

Si vous pensiez tous seuls résister à l'orage,
Pour sçavoir gouverner le timon au besoin,
Les vents sont trop mutins pour rompre le cordage
Et renverser les masts, si nous n'y prenons soin.

V

Comme à nous, le salut de ce Vaisseau vous touche,
Et la perte nous est aussi dure qu'à vous ;
Comme nous, vous craignez le vent qui s'esfarouche,
Bien que rien ne se void qui souffre comme nous.

VI

Vous nous tenez long temps entre espérance et crainte,
Sans gouster toutefois que valent nos langueurs :
Patrons, plains de rigueurs, ceste extreme contrainte
Suffira-t-elle pas pour rompre vos longueurs ?

VII

N'espérez vous sauver tous seuls de ce naufrage,
Lorsqu'une rouge flamme ardra nostre Vaisseau :
Plus tost, afin qu'ensemble on courre mesme orage,
Nous lairrons plat aller les avirons dans l'eau.

VIII

Messieurs, qui nous preschez, pendant ceste famine,
Qu'il vaut bien mieux mourir qu'à bord tendre les bras,
Il est vrai, mais, suivant les loix de la marine,
Il faut plus tost aussi qu'on mange les plus gras.

IX

Si nous vous avions veu, prophètes de Neptune,
Comme atomes nouveaux, ne vous remplir que d'air,
Et qu'encor' vous eussiez ceste voix importune,
Nous croirions que Dieu seul vous faict ainsi parler.

X

Mais il est bien aisé, lorsque la panse est plaine,
Dire que ce n'est rien que d'endurer la faim,
Et, pour dessus vos dos tousjours tondre la laine,
Nous promettre un secours, du jour au lendemain.

XI

Vous n'aveȝ point de Dieu, mes bien aimés lévites,
Et vostre ȝèle n'est qu'un ȝèle oblique et faux.
Qu'il soit vrai, sont-ce pas des effets d'hypocrites,
Que, pour se garantir, causer dix mille maux?

XII

Messieurs, qui sçaveȝ bien prendre au poil la Fortune
Et retirer proufit du dommage d'autrui,
C'est faire trop le fin, que, sur cest infortune,
Vouloir, à nos despens, asseurer vostre appui.

XIII

Si vous aveȝ pillé, comme il est véritable,
Pendant qu'une nuict brune estendoit son manteau,
Nous ne voulons pourtant, que, contre un banc de sable,
Pour nous perdre en commun, vous tournieȝ le bateau.

XIV

Nous ferons mieux, Messieurs, pource que nostre troupe
Est beaucoup plus puissante et mieux duite à ramer :
Pour appaiser les Dieux, du plus haut de la pouppe,
Nous vous jetterons tous, un matin, dans la mer.

XV

O larrons bien ȝelés, c'est par vos artifices
Que la tempeste dure et Sainct Herme nous fuit.
Je crois, Louschars, qu'enfin vos notables offices,
Qui ne vous diroit mot, perdroient toute une nuit.

XVI

Courage, mariniers ! Quelque peu de pirates,
Pour se gauchir de coups, font targue de nos pleurs :
Il faut que nous taschions à sortir de leurs pattes,
Pour quelque jour pouvoir nous rire aussi des leurs.

XVII

Il faut chasser le mal qui tant de mal nous donne,
Quoique Maschant en masche, et cause Sainction,
Il est bien plus séant qu'un Sénat en ordonne
Et le docte cerveau d'un Prélat de Lion.

XVIII

Nostre barque se perd, si l'on n'y remedie,
Et nul n'y fait proufit, que quelque garnement;
Tout chascun y languist, tout le monde y mendie,
Mais le plus grand danger, c'est au retardement.

XIX

Messieurs, qui, pour signal de charge souveraine,
D'un long rommain habit avez le dos vermeil,
Permettrez-vous, Messieurs, qu'à sec dessus l'arène,
Vous voiez s'entrouvrir ceste nef, au soleil?

XX

C'est à vous d'opposer vos biens et vostre vie
Pour conserver l'honneur de régir ceste nef,
Et vous faingnez, tandis qu'elle est demi périe
Et qu'un fouldre voisin lui menace le chef!

XXI

Vous y mourrez aussi, faites-en vostre compte,
Indignes, à qui l'heur d'un tel bien soit commis!
Vos manteaux vous devroient faire rougir de honte,
Qui sur des corps si vains ne devroient estre mis!

XXII

Quant à moi, je ne puis en tel danger me taire,
Bien marri que mon vers n'aie plus de crédit :
Toutefois, si mes vœux ne se peuvent parfaire,
Au moins j'aurai l'honneur de le vous avoir dit.

1590. En juillet.

CVIII

La Pauvreté et Lamentation de la Ligue.

Placard in-folio maximo, contenant une grande gravure sur bois, en travers, coloriée, et avec un cadre ornementé, dans lequel sont imprimés les vers, sur 2 col., au-dessous de la gravure. H. de l'estampe 0^m194, L. 0^m300. — A gauche est assise LA LIGUE, sous les traits d'une vieille femme aux cheveux épars et hérissés, couverte de haillons. Avec une corde en mauvais état, nommée AMBITION, qu'elle tient des deux mains, elle cherche à briser la couronne royale, entourée de rayons lumineux, et soutenue dans le ciel par quatre solides câbles portant ces mots : VOULOIR DIVIN, DROIT LÉGITIME, MAGNANIMITÉ, NOBLESSE FRANÇOISE. Au pied de la Ligue, LE LYS croît sous la garde d'un agneau. A gauche, dans le haut, un diable jouant de la viole et chantant : VOUS REVIENDREZ EN NOS ENFERS.

Vous qui *voyez tomber une juste vengeance*
Du Ciel dessus mon chef, n'ayez compassion
De moy, ny de mes maux : ma meschante arrogance
Ne sçauroit recevoir trop de punition.

   J'ay voulu (mais le Ciel a ruiné mes menées)
Joindre les fleurs de lys à un sceptre estranger ;
J'ay encontre leur Roy les villes mutinées,
Et mesme je l'ay faict par un traistre esgorger.

Pour le rendre odieux au peuple trop muable,
J'ay faict courir des bruits faussement inventés :
Je disois qu'il vouloit les rendre misérables,
Qu'il les vouloit piller et prendre leurs citez.

France, par tous moyens, j'ay tracé ta ruyne :
Rien n'y a peu servir, qui n'ait esté tanté.
Enfin, enfin, le Ciel, d'une force divine,
Quand plus je te tenois, t'a mise en liberté !

Que désormais feray-je ? Où iray-je, chétifve ?
Pour les maux que j'ay faits, il me convient cacher :
Doi-je me retirer sur l'Espagnole rive ?
Ou dans quelque désert ? ou sous quelque rocher ?

Il me faut retirer au lieu de ma naissance,
Aux Enfers, d'où je vins, pour le monde infecter :
Paris, qui est le cœur et l'ame de la France,
A ore un si grand Roy, qu'il ne se peut dompter.

Tous mes coups clandestins, mes poisons, mes fallaces,
Oncq' ne me donneront le bien que j'ay perdu.
Quand le monde pour moy seroit plein de cuiraces,
Il seroit aussi tost à sa valeur rendu.

Les plus mauvais garçons, qui mes desseins suivirent,
Ceux que l'ambition avoit espoinçonnez,
Ayant ouvert leurs yeux, du bon costé se virent,
Hormis ceulx-là qui sont aux gibets destinez.

Ils ont enfin cogneu qu'un nom de Saincte Ligue
N'estoit qu'un tresbuchet et un piége abuseur.
Les grands et les petits ore me font la figue,
Et ceux me vont chassant qui me faisoient honneur.

Ils souffriroient plustost toutes sortes d'injures,
Qu'estre nommez Ligueurs, tant je suis à mespris :

Je n'ay plus de palais, je n'ay qu'un tas d'ordures,
Où je gis languissante avec de vils habits.

Une escuelle de bois j'ay pour toute vaisselle,
J'ay pour sceptre un baston, tel que portent les gueux ;
Tous ceux qui m'ont suivi auroient la chance telle,
Si la bonté du Roy n'avoit point pitié d'eux.

Après tant de larcins et tant de pilleries,
Je me vois indigente et trespasser de faim :
Le jugement de Dieu punit mes voleries,
Et rien que pauvreté ne se trouve à ma fin.

Adieu, peuples déceus par ma voix hypocrite,
Et par mes beaux semblants longuement enchantez !
Le haut vouloir divin veut que du tout je quitte
Les lys, qui n'ont esté pour l'Espagne plantez.

Je m'en vay aux Enfers, mais que je sois jugée :
Je vous feray sçavoir quel sera mon arrest.
Adieu, ô France, à Dieu, je t'ay trop affligée :
Je sçay que ma présence à bon droict te desplaist.

A Paris, par Jean Le Clerc, rue S. Jean de Latran,
à la Salemandre.
Avec Privilége du Roy.

CIX

La Délivrance de la France par le Persée François.

Grande gravure sur bois, en tête d'un placard in-fol. max., avec texte imprimé à longues lignes, dans un cadre formé d'ornements et de fleurons gravés sur bois. H. de l'estampe 0ᵐ202, L. 0ᵐ3oo.

Andromède (la France), entièrement nue, est enchaînée sur un rocher, au milieu des flots. A gauche, le monstre à tête de bélier et à corps de dragon se retourne, à l'approche du Persée françois (le Roi de Navarre), monté sur un cheval ailé et prêt à le frapper d'un coup d'épée. A droite, le Grand Prêtre et la Synagogue regardent du rivage, avec stupeur, l'événement qui se prépare.

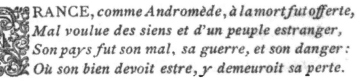

FRANCE, comme Andromède, à la mort fut offerte,
Mal voulue des siens et d'un peuple estranger,
Son pays fut son mal, sa guerre, et son danger :
Où son bien devoit estre, y demeuroit sa perte.

Le Ciel, fasché de veoir une injustice aperte,
Un Persée envoya, afin de la venger,
Un Persée François, qui la vint desgaiger
Des vagues de la mort, qui l'avoient jà couverte.

Le monstre, qui gardoit entre ses dens sa mort,
Sentit combien le bras de Persée estoit fort :
Comme feit l'Espagnol de HENRY quatriesme.

FRANCE, sois-luy fidelle, et ne te laisse plus
Attacher de doublons, et ne croy aux abus
De ceux qui ont rongné l'or de ton Diadème.

A Paris, par Jean Le Clerc, rue S. Jean de Latran, *à la Salemandre.* — Avec Privilége du Roy. 1594.

CX

Le Prix d'Outrecuidance, et Los de l'Union.

Placard, sans nom de lieu ni d'imprimeur. Gravure sur bois in-fol. max., accompagnée d'un texte à longues lignes et de vers latins et français, sur trois colonnes. H. 0ᵐ380, L. 0ᵐ280.

Milon de Crotone, en costume de soldat romain, a les mains prises entre les deux moitiés du tronc de l'arbre qu'il a voulu briser; trois loups viennent l'attaquer, dont deux le mordent à la cuisse et à la hanche. Cet arbre prend sa racine dans les entrailles d'un roi couronné (*S. Louys R. de France*), qui a le buste appuyé sur un coussin, et qui tient de la main droite un sceptre, et de la gauche un livre ouvert, sur les deux pages duquel on lit :

Deus abripiet te violenter de terra viventium : videbunt justi, ridebunt, et dicent : Ecce homo qui non posuit Deum adjutorem suum, sed speravit in vanitate sua. Ego autem, sicut oliva fructifera in domo Dei, speravi in misericordia Dei in sempiternum. Celebrabo te in seculum, quia hæc fecisti, etc.

Psalm. 52.

Le tronc de l'arbre, à l'endroit où ses deux moitiés se sont refermées sur les mains de Milon, porte une banderole sur laquelle sont ces quatre mots : SIC FRANCIA DIVISA COALESCIT. Des deux branches supérieures qui sortent des deux moitiés du tronc, celle de gauche se termine dans le haut par l'écu de France; elle offre, de droite et de gauche, onze rameaux, aboutissant chacun à un médaillon qui renferme une légende. Voici quelles sont ces légendes, à commencer par le bas de la branche :

Phil. III du nom, Roy de Fr. — *Phil. de Val. IV, Roy de Fr.* — Char., fils de Fr., Co. de Val. — *Charles, Roy de Fr.* — Jean, Roy de Fr. — *Jean d'Orl., Comte d'Angoulesme.* — Loys, fils de Fr., duc d'Orl. — *Charles, Comte d'Angoulesme.* — *Franç. Roy de Fr., I du nom.* — Henri II, Roy de Fr. — *Henry III, Roy de Fr. et de Pologne.*

Le dernier médaillon est surmonté du buste de ce roi, portant l'ordre du Saint-Esprit, la main gauche appuyée sur la garde de son épée, et la droite tenant le sceptre, duquel se détache une banderole avec ces mots : FRATREM NE DESERE FRATER.

La branche de droite se termine, dans le haut, comme la précédente, par un écusson aux armes du roi de Navarre; elle est également pourvue de onze rameaux et de onze médaillons renfermant chacun une légende. Voici ces légendes :

Rob. fils de Fr., Comte de Clermont. — *Loys, Duc de Bourbon.* — Jacques de B., Connestable. — *Jean de Bourbon, Comte de la Marche.* — Loys de B., Comte de Vendosme. — *Loys de B. Grand M. de Fr.* — Jehan de B., Comte de Vendosme. — *Franç. de B., Comte de Vendosme.* — Charles de B., Duc de Vendosme. — *Antoine de B., Roy de Navarre.* — Henry de Bourbon, Roy de Fr. et Nav.

Le dernier médaillon est surmonté du buste du Roi de Navarre tourné vers la droite, tenant de la main gauche une épée nue, qu'il appuie sur son épaule, et de la droite un sceptre, duquel se détache une banderole avec ces mots : PRIUS IMA DEHISCAT TERRA MIHI.

Entre les deux branches, un génie ailé tient une ancre, à laquelle se rattachent deux câbles qui empêchent ces branches de s'écarter, avec cette légende sur un cartouche central, qu'il soutient de la main droite : NE QUID NIMIS.

A gauche de l'estampe, un cartouche orné renferme ce qui suit :

VERS SAPHICS SUR LA RÉUNION DES BONS FRANÇOIS AMATEURS DE LA PAIX DU ROYAUME ET DE LEUR BIEN.

> O le bien comblé de céleste plaisir !
> Quand de paix j'entend se repaistre et nourrir
> Frères embraçés de l'amour qui les tient
> Fermes et maintient.
> Nous dirons chantans ce bonheur ressembler
> Aux sacrés onguents que t'avise épancher
> Sur le chef d'Aron vénérable, quand Dieu
> L'oint, et du sainct lieu
> Prestre l'establit : qui la teste inondans,
> Vont le front, les yeux et la barbe trempans,
> Puis après les bords de la robbe garnis
> D'un broder exquis,
> Comme des deux monts de Sion et d'Hermon
> Distile, en may, de roçée foiçon,
> Cause les gras sucs et humeurs, avançans
> L'herbe de nos champs :
> Tendrement ainsi la Divine bonté,
> L'union des saincts bénit or' de planté,
> Puis la fait sans fin de la Mort et Enfer
> Dame triompher.

A droite de l'estampe, au-dessus de la tête de saint Louis, un cartouche ovale, dans un cadre fleuronné, contient la pièce suivante :

AU ROY.

SIRE,

Ayant apris des Sages de l'antiquité combien est util et profitable de représenter par emblèmes et marques hiérogliphiques quelque notable doctrine pour arrester en un clin d'œil et instruire l'esprit humain, volage et inconstant : J'ay, à leur imitation, dressé ce tableau, afin qu'on y veist, comme en un mirouer, le danger éminent de toutes énormes entreprises, mesmement de celle de leçe Majesté, plus horrible et détestable que toute autre, et qui a naguère presque subverti ce bel Estat, lequel a jà flori douçe cens ans et plus, et continue en vostre maison et tige Royale, par spéciale faveur divine, l'espace de six cens ans entiers. Or, j'espère que l'invention n'en sera infructueuse au peuple, ny mal agréable à Vostre Majesté, qui pourra, en ce petit labeur, recognoistre le çèle et l'affection de l'Auteur. Priant Dieu, SIRE, qu'il donne à Vostre Majesté victoire et triomphe, paix et prospérité. De Vostre Majesté le très humble et très affectionné subject et serviteur. A. C.

Enfin, dans le cadre de l'estampe, à gauche du bas, a été ménagé un espace qui présente, en six lignes de texte, la description de ce tableau allégorique :

En ce tableau se fait allusion à Milo Crotoniates, jadis très-renommé luicteur, qui, trop outrecuidamment, entreprint de fendre avec ses mains le tronc d'un gros arbre, où elles demeurèrent prises et si bien serrées, qu'il fut illec mangé des loups. Pourtraict naïf de tous criminels de leze Majesté, comme de J. Clément, J. Chastel, et tous semblables parricides, qui ont porté et souffert la peine de leur témérité et desloyauté.

Puis, au-dessous de l'estampe elle-même, se trouvent, en cinq grandes lignes, la prose et les vers que voici :

Dieu, voulant garantir un royaume de ruine éminente, suscite volontiers un prince pieux et sage, et souvent fait paroistre quelque marque extraordinaire en sa vocation. Ce que l'on peut observer en nostre Roy Henry IIII à présent régnant, si on regarde les grandes persécutions qui l'ont exercé dès sa jeunesse jusques à cest aage, sa constance, ses victoires et singulière modération en icelles; aussi, que quatre fils du Roy Henry II, estans parvenuz en aage d'hommes et trois d'iceux mariez, sont tous morts sans enfans, pour luy faire place; que tant d'assassins désespérez ont failli à leurs méchans desseins contre luy pris, et verifié que son ame estoit liée au faisseau de vie de par l'Éternel, comme il est dict de celle de David : outre toutes lesquelles marques de l'assistance divine, il a des vertus en luy tel nombre, que ses ennemis les confessent et en tremblent. A raison desquelles, ensemble de ladite succession, aussi de ce nom de très chrestien luy compétant comme à l'oinct du Seigneur, cest olivier luy convient bien.

Voyez le proph. Zachar, c. 4, où, soubs la figure d'un olivier, le Roy est représenté et appellé fils de l'olive et très chrestien, est à dire trois fois oinct d'huile, qui monstre bien que les assassins des Roys, vives images de Dieu et pères communs de leur patrie, sont infiniment exécrables, maudits et damnables éternellement.

Pergis ? et insano juvat indulgere labori ?
Heu ! sapiet casu tota palæstra tuo.
Siste manum, moriture manu, Milo ; sospes in ævum
Nam sto, nec antè meam vis scidit ulla comam.

———

Lairras-tu point, Milo, tes desseins enragez ?
Ha ! je prévoy ta mort, d'exemple mémorable !
Sauve tes bras..... Mais quoy ? Jà tes bras engagez
S'escrasent dans le bois, qui a force indomptable.

———

Stat ferax Regum, neque vim tremiscit
Impiam stirps hæc pia Ludovici,
Nunc et in secto rediviva ligno
Fundit amomum.

Henric. III. Patri patr. A. C. parentans fecit.

CXI

Pourtrait de la Ligue infernalle.

Grande gravure sur bois, en tête d'un placard grand in-fol. entouré d'un encadrement typographique. H. de l'estampe 0ᵐ347, L. 0ᵐ290. — La Ligue est représentée sous la figure d'une furie à deux têtes couronnées de serpents, avec des griffes aux pieds, vêtue d'une robe blanche et d'un long manteau noir. Elle a saisi d'une main la Toison d'or, qui pend au-dessous de l'écusson des armes d'Espagne, et de l'autre main elle veut saisir la croix de l'ordre du Saint-Esprit, annexé aux armes de France et de Navarre, desquelles sort un bras qui tient une épée menaçant une des faces de la Ligue.

Sire, c'est le pourtrait que l'hideux Lucifer .
A tiré du profond des abismes d'Enfer.

Sire, c'est le pourtraict de la Ligue damnable,
Qu'un François doit haïr beaucoup plus que le Diable.
Elle a dessus son chef plusieurs serpens tortus,
De furie, de rage et d'horreur revestus.

Sire, c'est le portraict d'une Religieuse,
Ayant les yeux sanglans et la cervelle creuse,
Deux faces en un corps, visant de tous costez,
Pour mieux dissimuler ses grandes cruautez.
Elle a pour son appuy les plus grands de la terre,
Pour nous combler de deuil, et de funeste guerre,
Et de feu, et de sang, et de division,
Sous le prétexte faux d'une saincte Union.
L'escuçon Espagnol, qu'en sa main droite porte,
Rien que rançonnemens et tout malheur n'apporte;
Escuçon recogneu par nos afflictions,
Qui nous a tant causé de malédictions.
Sa main gauche ressemble à celle d'un harpie,
Qui aspire à nos biens, et nos vies espie;

Et tasche d'empoigner l'escuçon des François,
De corrompre nos mœurs, et renverser nos loix,
Par ses faicts glorieux et sanglantes menées,
Que nostre Roy a faict convertir en fumée.
C'est nostre Roy Henry, lequel, puissant et fort,
Des Ligueurs forcenez a surmonté l'effort,
Lequel repurgera, un jour, d'abuz le monde,
Et en France fera florir la paix feconde.
La Ligue a, de surplus, les deux pieds griffonnez,
Pour aller et venir vers les plus obstinez.
Elle a le cœur d'acier, le corps d'une Diablesse,
La langue de sorcière et l'habit d'une Abbesse,
Pour, sous un zèle saint, forrer dans son fillé [1]
Les plus simples, charmez par les fausses harangues
De ceux qui ont vendu, au plus offrant, leurs langues.

Faict à Lion, par Léonard Odet.

Inventor. F. C.

CXII

PORTRAIT DE HENRY IV.

Le Roi est représenté tête nue, de trois quarts, tourné à gauche, moustaches et barbe courte; collerette, armure avec ornements ciselés, écharpe. Dessin aux trois crayons, dans le genre de ceux de Du Moustier. H. 0^m3o5, L. 0^m165.

---

1. Le vers qui devrait rimer avec celui-ci a été omis.

CXIII
AUTRE PORTRAIT DE HENRY IV.

Tête de trois quarts, tournée à droite, avec moustaches et barbe ; grand chapeau de feutre, collerette, hausse-col doré, armure, écharpe. Gravure ovale sur cuivre, coloriée. H. 0ᵐ115, L. 0ᵐ087. — Dans la bordure semi-circulaire, on lit cette inscription : HENRICUS 4. D. G. REX. 1594. FRANCORUM ET NAVARRÆ. ÆTATIS 41.

De chaque côté de ce portrait, L'Estoile a collé, comme pour lui faire une escorte d'honneur, un hallebardier de la garde du Roi, en carton découpé et colorié au pinceau, costume mi-parti violet et orangé. L'un a une toque verte, l'autre une toque noire. H. de chaque, à partir de l'extrémité de la hallebarde, 0ᵐ173, L. 0ᵐ073.

CXIV

Les Entre-paroles du Manant dé-ligué et du Maheutre.

Gravure sur bois, coloriée, en tête du placard gr. in-fol., avec large encadrement ornementé, également colorié. H. de l'estampe 0ᵐ185, L. 0ᵐ310. — Cette gravure représente, au milieu d'un paysage champêtre, les trois personnages que le poëte a mis en scène : la Ligue, le Manant et le Maheutre, dont le nom est inscrit au-dessus de chacun. A gauche, la Ligue, sous les traits d'une vieille femme, un couperet suspendu à la ceinture, tenant d'une main son masque et de l'autre sa béquille ; au centre, le Manant, en costume villageois, un bâton à la main, et ôtant son chapeau devant le Maheutre, armé de pied en cap et monté sur un cheval de bataille ; dans le fond, à gauche, une ville fortifiée, dont la poterne est ouverte et d'où sortent trois chiens ; à droite, une pluie d'épis de blé tombant sur un champ de fleurs de lis.

MANANT.

BON DIEU ! *Je suis perdu ! Las ! où me cacherai-je ?*
Voici venir vers moy un homme de cheval !
Pour me garder de luy, où m'en retournerai-je ?
Je ne m'en veux pas fuir, il ne me fera mal.

MAHEUTRE.

QUI VIVE ? *Arreste court ! ne marche davantage !*
Approche, n'aye peur : je veux parler à toy.
QUI VIVE ? *Parle donc, ne change de visage.*
De quel party es-tu ? Or, vien ça, dy-le moy ?

MANANT.

Monsieur, je ne sçay pas que veut dire QUI VIVE ?
Je n'ay jamais appris dessous un magister :
Quand quelquefois quelqu'un avecque moy estrive,
Pour n'estre pas un Clerc, il m'en faut bien quitter.

MAHEUTRE.

Par ce mot de QUI VIVE ? *apprend que je demande*
De quel party tu es : il me le faut scavoir.

MANANT.

Monsieur, puis qu'il vous plaist que response je rende,
Tousjours pour mon party Dieu j'ay voulu avoir.

MAHEUTRE.

O que tu es matois ! Tu as l'ame Espagnole !
Je vois, à ton minois, que tu es un Ligueur.
Ne l'es-tu pas ? Dy ouy ? N'as-tu point de parole ?
Dy-le moy franchement, et n'aye point de peur.

MANANT.

Monsieur, je l'ay esté, et paty autant qu'aultre,
Pour le party Ligueur, et bien mangé des chiens !
Mais maintenant je suis, croyez, du party vostre,
Et je veux pour le Roy employer tous mes biens.

MAHEUTRE.

Pourquoy ne suy-tu plus le party de la Ligue ?
Qui t'en a detourné ? qui te l'a fait laisser ?

MANANT.

J'ay cogneu, à la fin, que c'estoit une brigue,
Qui, au lieu de son Roy, se vouloit advancer.

MAHEUTRE.

La mercenaire voix des Prescheurs sonne-guerre,
Qui régnoient dans Paris, ne t'a presché cela?

MANANT.

Non, mais, ayant bien sceu que leur bruiant tonnerre
S'engendroit de doublons, je les ai laissés là.

MAHEUTRE.

Je te scay fort bon gré, si tu parles sans feinte.
Les doublons, non la foy, les faisoient tempester;
La seule ambition, sans raison et sans crainte,
Encontre leur salut, les faisoit caquetter.

MANANT.

L'un, voulant estre Evesque, inventoit des mensonges;
L'autre, pour estre Abbé, des bourdes racontoit.
L'un, pour estre Prieur, preschoit cent mille songes,
Et de paquets nouveaux un peuple contentoit.

MAHEUTRE.

Le peuple croyoit-il ce que ces faulx prophètes,
Ou plus tost ces pipeurs, gazouilloient sans rougir?

MANANT.

Si on vouloit régner avec gens de leurs sectes,
Leur mensonge il falloit pour vérité tenir.

MAHEUTRE.

Voila d'estrange cas! Grandement je m'estonne
Comme les gens de bien le pouvoient endurer.

MANANT.

Il ne faut s'estonner : il n'y avoit personne
Qui s'osast pour rien dire alors advanturer.
Si quelqu'un s'hazardoit de dire quelque chose,
Son bien estoit maheutre, il le falloit piller
Pour payer les soldats qui maintenoient la cause,
Il falloit tout son bien, sans se plaindre, employer.

Bussy, Louchard, Crucé, suivis de gens de mesme,
Sans justice jugeoient selon leurs passions,
Et pour mieux cacher tout au peuple, de faim blesme,
Ils faignoient n'aimer rien que les dévotions.
Si quelque clair-voyant appercevoit leurs ruses,
Il le falloit pousser dans l'enfer de Bussy.
On n'en sortoit jamais par faveurs ou excuses,
On sortoit par ces mots : « Or' ça ! or', donne icy ! »

MAHEUTRE.

Paris est bien heureux que ces pestes maudites,
Ces poisons, ces venins, ne sont pas dans son sein !

MANANT.

Dieu, las de veoir régner ces pervers hypocrites,
Y a logé le Roy, malgré leur fol desseing.

MAHEUTRE.

En viens-tu maintenant, dy moi ? Ne me le cèle.
Dy moy pareillement, quelle femme c'est là ?

MANANT.

J'en viens, et ceste femme est la Ligue cruelle,
Qui, pour perdre Soissons, hors de Paris s'en va.

MAHEUTRE.

Elle est autre qu'une autre, et crois, à veoir sa mine,
Qu'elle vint des Enfers pour nous ensorceler.

MANANT.

Comme frère Bernard, la maudite chemine.
Elle a l'œil de Mendoçe et les grands dents du Cler ;
Sa main gauche soustient la feinte Hypocrisie :
Elle a à son costé le cousteau de Boucher,
Cousteau dont il vouloit, selon sa fantaisie,
Pour gaigner des doublons, l'Escriture escorcher.

MAHEUTRE.

Que dénotent ces chiens, desquels elle est suivie ?
Je croy qu'elle s'en paist, quand la faim la saisit.

MANANT.

C'est pource qu'ainsi qu'eux elle est pleine d'envie,
Et qu'elle tasche à mordre, à l'heure qu'elle rit.

MAHEUTRE.

Dieu désormais nous garde et d'elle et de ses ruses,
De ses coups clandestins, de ses conseils ʒelés!

MANANT.

Ses pratiques d'icy pour jamais soient excluses!
Par elle nous avons par trop esté voleʒ!
Sans le Roy, que Dieu gard', nous serions misérables,
Nous serions malheureux et atains de la faim.
Les Cieux nous ont esté grandement favorables,
De nous avoir réduits soubs sa Royale main.

MAHEUTRE.

Depuis qu'il a Paris, l'abondance est venue
Vous foisonner de biens; la Justice et les Arts
Y ont reprins vigueur; la Court y est reveuë,
Et, au lieu de brigands, de généreux soldarts.

MANANT.

De tout Dieu soit loué, Monsieur! Je vai parfaire
Mon chemin, s'il vous plaist, je prends congé de vous.

MAHEUTRE.

Va à Dieu, mon amy, rachève ton affaire:
Crains ores les Ligueurs, et n'aye peur de nous.

A Paris, par Jean Le Clerc, rue Saint Jean de Latran,
à la Salemandre. Avec privilége du Roy.

CXV
LE DUC D'ALBE ET LE DUC D'ALENÇON.

Gravure sur cuivre, au-dessous de laquelle se trouve la légende en deux strophes, l'une en flamand, l'autre en français, gravée, également sur cuivre, et accompagnées de deux petits sujets très-finement gravés, avec deux inscriptions composées chacune de deux vers flamands et de deux vers français. H. totale de la pièce, 0^m255, L. 0^m330.

A gauche, le duc d'Alençon, debout, tête nue, couvert d'une armure, tient d'une main un sceptre à pointe triangulaire et pose son autre main sur la hanche. Derrière lui, l'Honneur (*Honor*) va lui mettre sur la tête une couronne de laurier. A ses pieds deux femmes assises: l'une représente la Richesse (DIVITIÆ), l'autre le Prudent Conseil (PRUD. CONS.). A droite, le duc d'Albe, casqué et armé de pied en cap, tient d'une main un bâton de commandement à trois pointes, et de l'autre une paire de ciseaux ouverts; l'Astuce (*Fallacia*) et l'Envie (*Invidia*) suspendent la couronne royale au-dessus de sa tête. A ses côtés, la Belgique enchaînée (BELGICA), sous la figure d'une captive nue; à ses pieds, le peuple (PLEBS), sous la figure d'un misérable mendiant couvert de haillons. Dans le haut, la Renommée qui embouche à la fois deux trompettes, la bonne (*Fama*) et la mauvaise (*Infama*).

Le petit sujet, à gauche, représente le repas de l'Agneau pascal; le second sujet, à droite, l'armée de Pharaon engloutie dans la mer Rouge.

Au bas de cette planche sont gravés, sur deux colonnes, huit vers flamands, d'une part, et, de l'autre, les huit vers français que voici:

> *Duc d'Albe aiant tondu le Pays Bas, et moi*
> *Le peuple a povreté, où est sa gloire bonne?*
> *Il l'a du tout perdue, et maints amis exquis,*
> *Jaçoit que fausse Envie, en ce, gloire lui donne.*
> *Mais le Prince discret, humble et bonne personne,*
> *Par le divin secret, mérite en chascun lieu*
> *Bon Los, Richesse, et puis de Laurier la couronne.*
> *Heureux est qui combat pour la gloire de Dieu!*

Au bas de chacun des deux petits sujets sont deux vers flamands, ainsi traduits en français:

> *Troussez-vous, filz, vos reins, sans craindre ennuy ne mal,*
> *Afin que d'un cœur droict mangiez l'Agneau paschal.*

> *Et alors Dieu mettra vos ennemis en fuite,*
> *Comme de Pharaon la force fut destruite.*

CXVI

ENTRÉE DE HENRI IV A PARIS
LE 22 MARS 1594

Gravure sur cuivre, sans nom d'auteur et sans monogramme. H. 0^m225, L. 0^m296. — Henri IV, tête de face, avec toute sa barbe, coiffé d'un chapeau de feutre à plumes, couvert d'une armure damasquinée et portant des chausses bouffantes, est monté sur son cheval, qui se dirige vers la droite. Il parle à un personnage, également à cheval (sans doute le comte de Brissac), qui se découvre en lui répondant. Le Roi est entouré et précédé de soldats armés de toutes pièces et visière baissée, qui jettent dans la rivière quelques Ligueurs essayant de s'opposer à son entrée dans la ville par la porte où les Royalistes ont abaissé le pont-levis pour le recevoir. Sur le devant de l'estampe, la Seine, qui coule au bas du quai. On y voit un malheureux qui se noie, et un autre qui tombe à l'eau sans quitter son arquebuse.

CXVII

 Réduction miraculeuse de Paris, sous l'obéissance du Roy très chrestien Henri IV, et comme Sa Majesté y entra par la Porte Neufve, le mardi 22 mars 1594.

(1re Figure.)

Panditur adverso dudum Porta abruta muro,
Porta novi fati, qua Regum maximus urbi
Clam subit, Eoæ sub amica crepuscula lucis :
Certus, qua populi nimbus, qua militis audax
Ingruet Hispani feritas, penetrare, nec ultra
Linquere fatalem sceptris ingentibus urbem.

Gravure sur cuivre, tirée au milieu du placard in-folio imprimé en travers sur 5 colonnes et entouré d'un cadre en fleurons typographiques. H. de l'estampe 0m223, L. 0m230. — Cette gravure est une copie trompeuse de l'estampe précédente; elle est faite cependant avec un meilleur burin. On lit, à gauche, dans la rivière, sur deux lignes, en italiques : *N. Bollery pinxit. Jean Le Clerc excud.*

AU ROY.

SIRE,

Je viens me prosterner aux pieds de Vostre Majesté pour luy présenter le véritable Discours de la réduction miraculeuse de Paris, ville capitale de vostre Royaume, recueilly et

agencé fidellement de plusieurs mémoires, et réduit au petit
pied : car qui voudroit s'estendre sur ce subject et en des-
crire au long les particularitez et rencontres plus remarquables, on en feroit un juste volume. Et ce Discours som-
maire servira pour expliquer ce qui est icy représenté en
ces trois Figures, qui sont mises en public, afin que vos
subjects et les estrangers, mesmes les enfans, gens sans
lettres et ignorans, qui vivent à présent et qui naistront par
cy après, ayent tousjours devant les yeux le pourtraict de
ceste heureuse et esmerveillable journée, en laquelle avez
recouvert, sans perte d'hommes et sans aucune resistance,
l'ancien throne de vos devanciers, Dieu vous ayant, par sa
toute puissante main, conservé et rendu ce que vos plus
cruels ennemis avoient desja tyranniquement usurpé. Et combien qu'il y ait douze ans entiers que cela s'est passé, si est-
ce que j'ose tant me promettre que la mémoire vous en sera,
et à vostre royale postérité, perpétuellement agréable, parceque vous l'avez ainsi tesmoigné par la déclaration qu'en
fistes dès lors, et que à la suite de la reddition de Paris on
a veu tous vos desseins et entreprises héroïques bien réussir
et prospérer, et qu'avez tellement pacifié, asseuré et restably
ce royaume (que vostre prédécesseur avoit laissé, en mourant,
si désolé, qu'il sembloit estre proche de sa totale ruine), que
maintenant il n'y a aucune apparence qu'on le puisse
esbranler, estant en train d'estre sous vostre règne, avec
l'ayde de Dieu, aussi florissant qu'il fust jamais.

Je suppliray doncques très humblement Vostre Majesté
de voir de bon œil cest eschantillon de vostre valeur incomparable et du bonheur qui vous a tousjours accompagné, et
le recevoir benignement, pour gage de l'ardent desir qu'a et
aura toute sa vie au bien de vostre service,

 Sire,
  Vostre très humble et très obeissant

       serviteur et subject

      Jean Le Clerc.

Sommaire Discours de la Réduction de Paris, recueilly par G. M. D. R.

A mémoire des troubles derniers, émeuz en ce Royaume sous le nom de la Ligue, est encore si fraische et recente, que tous ceux qui en ont peu reschaper peuvent tesmoigner avec vérité que le principal dessein des chefs de ceste émotion estoit d'empiéter le sceptre et la couronne, et en priver, sous un spécieux et néanmoins faux prétexte de religion, les princes de la maison de Bourbon, auxquels par droit héréditaire le royaume appartenoit après le décez du Roy Henri III, qui estoit resté seul masle de la royale lignée de Valois. Mais Dieu, qui pénètre au dedans des pensées et intentions des hommes, et dissipe leurs mauvais conseils, n'a pas permis que ce dessein réussist ainsi qu'il avoit esté projecté, ayant confondu ceux qui en estoient les principaux auteurs et promoteurs, et conservé ce précieux héritage aux légitimes successeurs du Roy très chrestien S. Loys, fils aisné de l'Eglise : car, après le détestable parricide commis en la personne du deffunct Roy de très heureuse mémoire, le très valeureux et invincible Henry IIII, lors seulement Roy de Navarre, comme représentant l'aisné de la branche de Bourbon descendue en droicte ligne de S. Loys, recueillit et entra en possession de ce Royaume désolé, que son prédécesseur luy avoit laissé, suyvant la Loy salique fondamentale de cest Estat, dès le 2 d'aoust 1589. En la conduite et gouvernement duquel il a esté continuellement assisté de la faveur et grace spéciale de Dieu, de sorte qu'il a obtenu et gaigné contre ses ennemis et sujets révoltez plusieurs signalées victoires et batailles mémorables, et nonobstant leurs pernicieux efforts et mal'heureux attentats il a miraculeusement reconquis toutes ses villes rebelles, et enfin, après avoir courageusement surmonté infinies traverses et difficultez et résisté prudemment aux orages et bourasques contraires, il est, au neufviesme an de son règne et quarante cinquiesme de son aage, demeuré paisible en son Royaume, où il est recognu, chéry et aymé de ses sujets, comme Père très-débonnaire et restaurateur de la liberté Françoise, et s'est rendu redoutable aux estrangers comme un foudre de guerre, et laissé sa mémoire à jamais recommendable à la postérité par sa clémence nonpareille et par ses prouesses et autres vertus héroïques, ce qui mérite un discours de plus forte haleine et de plus grande estendue que celuy-cy.

Pour venir au particulier de ceste histoire, il convient entendre qu'après la conversion du Roy, tant désirée par ses bons sujets, et profession publique, par luy faite à S. Denis, le 25 juillet 1593, de la religion Catholique, Apostolique et Romaine, et qu'il eust esté oinct et sacré en la ville de Chartres, le 27 febvrier 1594, par messire Nicolas de Thou, évesque du lieu, l'obstacle et empeschement mis en avant par les séditieux et rebelles fut osté et le prétexte levé, de sorte que les François qui estoient demeurez ès villes liguées, et qui s'estoient laissé emporter à ceste opinion qu'il ne falloit recognoistre pour Roy celuy qui estoit devoyé de la religion ancienne de nos majeurs, commancèrent à dessiller les yeux et voir clair aux affaires, et à souhaiter un gouvernement monarchique et royal, au lieu qu'ils avoient vescu ou plustost languy, l'espace de cinq ans, en une oligarchie ou, pour mieux dire, anarchie et confusion tyrannique. Et, de faict, les villes de Meaux, Lyon, Orléans, Bourges, Aix en Provence et Pontoise, ayant volontairement quité et secoué le joug Espagnol, et gousté la douceur de la domination de nostre Roy légitime, frayèrent le chemin aux habitans de ceste grand' ville, capitale du Royaume et siège principal des Roys très chrestiens, pour faire de mesme. Alors estoit gouverneur de Paris comte de Brissac, par la démission du sieur de Belin ; le sieur Lhuillier, Maistre des Comptes, Prevost des Marchans, et le sieur de Beaurepaire Langlois, ancien advocat en la Cour, l'un des eschevins, avec le sieur Neret ; et entre ceux qui estoient restez du corps du Parlement en la ville, combien qu'il eust esté du vivant du feu Roy transféré à Tours, paroissoient le feu sieur président le Maistre et le sieur président Molé, qui exerçoit lors, par commission du duc de Mayenne, la charge de procureur général, avec les sieurs d'Amours et du Vair, et plusieurs autres conseillers qui avoient l'ame françoise et ne pouvoient supporter la domination estrangère, ny permettre qu'on fist aucune brèche aux loix fondamentales de la Couronne. Ceux-là, avec quelques colon-

nels et capitaines des bourgeois, furent les principaux auteurs de la réduction de la ville en l'obéissance du Roy, qui
promist de persévérer en la religion Catholique, dont peu
auparavant il avoit faict profession, de rendre à la Ville ses
anciens honneurs, priviléges, dignitez, prérogatives, exemp-
tions et immunités, et d'oublier tout ce qui s'estoit faict
contre son service et son prédécesseur. Ceste entreprise ne
pouvoit estre exécutée à force ouverte, sans une horrible
effusion de sang, ny sans jetter la ville en hazard d'une
totale ruine et désolation, parceque les garnisons qui y
estoient, tant de soldats françois qu'estrangers, la tenoient en
misérable servitude. On eut doncques recours à une surprise. Le duc de Mayenne, avec sa femme et son fils aisné,
s'estoit retiré à Soissons dès le 6 de mars, l'absence duquel
rendit l'exécution plus facile de ce qui avoit esté entrepris ;
et, parceque pour cest effect il estoit besoin d'une favorable
assistance du Ciel, il fust advisé que le jeudy de la my-caresme 17 de mars, il seroit faict une procession générale et
solennelle, et que la châsse où reposent les reliques de
S. Geneviefve (vierge, après Dieu, tutélaire de Paris), seroit
descendue (ce qui n'a accoustumé d'estre faict si non en cas
de nécessité extrême) et quelle seroit conduite en l'église de
Nostre Dame. Ces prières publicques furent faictes et incontinent exaucées, car, deux jours après, l'ordre qu'on devoit
tenir en la réduction fust arresté et porté au Roy, qui estoit
à Senlis, et fut résolu par Sa Majesté que l'exécution s'en
feroit le mardy 22 du mesme moys, dès le poinct du jour,
et, pour faciliter le tout, on fist courir un bruict de paix ac-
cordée entre le Roy et le duc de Mayenne, et, le 21 mars au
soir, furent envoyez des billets signés Lhuillier et Langlois
en forme de mandements aux principaulx des quartiers,
qu'on sçavoit estre affectionnez à la paix, et qui chérissoient
encores en leurs ames la blancheur des fleurs de lys, par
lesquelles ils estoient advertis de l'accord, et priés de s'ar-
mer avec leurs amis pour tenir mainforte à l'introduction
des desputez de part et d'autre qui se présenteroient le lendemain au matin pour la publication de la paix, et résister
aux Espagnols et aux mutins et factieux qui s'y voudroient
opposer. Et ainsi qu'il avoit esté mandé, ainsi fut faict.

Le mardy 22 de mars, au temps de l'équinoxe printanier,
lorsque le soleil estoit au premier degré du signe d'Aries

qui domine en la teste où réside le conseil, à la première heure du jour, le Roy, vrayement martial, accompagné de ses trouppes, qui estoient composées d'environ de quatre mil hommes, tant de cheval que de pied, vint de S. Denis aux Tuileries. Et, aux environs de Paris, il luy fut rapporté que les portes Neufve, S. Honoré et S. Denis estoient ouvertes ; que, à la première, estoit le S^r comte de Brissac et le sieur Forçais, sergent major de la ville ; à la seconde, estoit l'eschevin Neret, avec ses enfans, et à la troisiesme, le Sr Langlois ; et furent ces trois portes en mesme temps livrées aux trouppes de Sa Majesté, qui entra glorieusement en sa ville par la mesme porte par laquelle, six ans auparavant, sçavoir le lendemain des Barricades, 13 de may 1588, on avait veu tristement sortir son prédécesseur. Et le Roy, estant entré, donna son escharpe blanche au Sr de Brissac, qu'il honora en l'acollant du titre de mareschal de France, et receut les clefs des portes, qui lui furent présentées par le Sr Luillier, Prévost des Marchans, et s'asseura de toutes les places fortes en moins de deux heures, horsmis de la Bastille, qui, cinq jours après, luy fut rendue par composition ; et ceste réduction fut faicte sans aucun désordre, sans pillage et sans meurtre ny effusion de sang, ny perte d'hommes, fors de 25 ou 30 lansquenets qui, estans près la porte Neufve, lors de ceste entrée, firent contenance de vouloir résister, et furent incontinent taillez en pièces ou jetés en l'eau, portant sur le champ la peine de leur témérité. Ceux qui conduisoient les trouppes dont se servit Sa Majesté pour l'exécution de ceste entreprise, estoient les sieurs mareschaux de Raiz et de Matignon, le comte de Torigny, le grand escuyer, le marquis de Cueuvre, le comte de S. Paul et le baron de Salagnac, et les sieurs de S. Luc, de Humieres, de Vitry, d'O, de Vic, de Belin, des Acres, de Sancy, de Marsilly, de Harancourt, de Boudeville, d'Edouville, de S. Angel, de Rollet, de Bellangreville, de Trigny, de Favat, de Marin et de Manican, avec le colonel des Suisses de Heild, et plusieurs autres seigneurs et gentilshommes, la mémoire desquels sera perpétuellement recommandable à la postérité, pour le signalé service qu'ils firent, ceste journée, au Roy et à toute la France

꒰ꙮ꒱

BREVIS NARRATIO EORUM QUÆ IN DEDITIONE URBIS PARISIENSIS CONTIGERUNT, 22 MARTII 1594.

Cum Henricus IIII, Francorum et Navarrorum Rex invictissimus, die 25 mensis Julii anni 1593, in urbe Sandionysiana Calvinianam sectam erroresque antiquos quibus implicatus fuerat palam et publicè ejurasset, et ad veram sinceramque fidem Catholicam transiisset, tunc Galli qui, gratia tantum avitæ Religionis conservandæ, arma moverant, tot et tam diuturnis bellis defatigati, oculos in eum, mutatis animis, conficere cœperunt ejusque legitimum imperium votis omnibus exoptare. Et sanè bellum, quod eis antea justum videbatur, ne Principi alterius quam Catholicæ et Romanæ Religionis subjicerentur, Rege ad Ecclesiæ gremium reverso, injustum esse professi sunt, omnesque deinceps curas et cogitationes suas in id converterunt, ut Rex pacificè sceptro Gallico patiretur, et ut regno universo pax tranquillitasque restitueretur. Cupiebat Rex Christianissimus professionem suam a Clemente VIII, Romano Pontifice, qui Divi Petri Cathedram obtinebat, approbari, et, ea de causa, Ludovicum Gonzagam Nivernensem Ducem ad eum Romam miserat, qui, re infecta, reversus est, Philippo Hispaniarum Rege et confederatis fictam et simulatam Regis abjurationem esse falso asseverantibus. Rex tamen ideo non despondet animum, sed, constanter in orthodoxa fide perseverans, Carnutes adit, et 27 mense Februarii anni 1594 sacro Chrismate inungitur ab Antistite Carnutensi Nicolao Thuano, dieque sequenti insignia militaris Ordinis S. Spiritus decenti ritu induit. Quam inaugurationem statim sequuntur fausta feliciaque Regni initia. Certatim ad illum confluunt Proceres principesque viri utriusque ordinis, oppida et urbes legitimum Regem agnoscunt, Meldæ, Genabum Aureliorum, Bituriges, Lugdunum, Aquæ Sextiæ et Pontisara. Imo ipsa Regum æterna sedes, et justitiæ studiorumque parens et altrix, Lutetia, quæ hactenus ejus imperium detrectarat, nunc eum, postquam in Religionem Catholicam juravit, ultro et quidem obviis ulnis expetit, exosculatur, amplectitur. Præcipui enim cives Parisini, ope et consilio Comitum Belini et Brissaci, quo dux Meduanius urbis gubernationi successive præfecerat, una cum Joanne Luillier, Præfecto Ædilium, et Martino Langlois, Ædile, scabinum vulgo vocant, Joanne Le Maistre, Præside, Edoardo Mole, qui Cognitoris Regii munus in Curia tunc temporis obibat, et aliquot Senatoribus quibus lex Salica semper sacrosancta fuerat, ad Regem clam quosdam è suis mittunt Sylvanectum, qui, omnium præteritorum criminum oblivionem dictis pacti, urbem suam illi offerrent. Hi facile impetrarunt quod petebant, quæ fuit dies 22 Martii circa auroram, quo Lutetia Parisiorum pristinam libertatem, Deo opitulante, recuperaret. Eo igitur tempore, qui primus est Veris dies, Rex, lorica armatus et equo insidens, cum quatuor circiter equitum peditumque millibus, ad Portam Novam, quæ Luparæ arci proxima est, venit, et eam sibi cum aliis duabus reseratam inveniens, nullo reclamante, ingressus est urbemque potius urbium matrem, nemine fere obluctante, non sine miraculo, suæ subdidit potestati.

A Paris, chez Jean Le Clerc, ruë S. Jean de Latran,
à la Salamandre Royale.

CXVIII

Comme le Roy alla incontinent à l'Eglise de Nostre Dame, rendre graces solennelles à Dieu de ceste admirable réduction de la ville Capitale de son Royaume.

(2ᵉ FIGURE).

It volitans in equo Princeps, quem plurima cingit
Pax animi, blandoque favens clementia vultu,
Obvia conferti glomerato examine civis
Lætitia fremit exultans, sequiturque, triumpho
Compositi Martis longo dum protinus aras
Virginis et sacrum Templi pulvinar adorat.

Grande gravure sur cuivre, au milieu du placard gr. in-fol. imprimé sur quatre colonnes, dans un cadre formé de fleurons typographiques. H. de l'estampe 0ᵐ220, L. 0ᵐ298. — Le cortége du Roi, composé de soldats à pied armés de toutes pièces, se dirige de gauche à droite vers la Cathédrale, dont on aperçoit le portail, dans le haut de l'estampe, au bout d'une rue que la foule remplit des deux côtés. A gauche de l'estampe, Henri IV à cheval, une badine à la main, tête de face, cause avec le comte de Brissac, à cheval à ses côtés. Au-dessus de ce groupe, les auvents des maisons, sous lesquels s'entassent les spectateurs; au-dessus, quatre fenêtres ouvertes où des hommes et des femmes regardent passer le cortége.

Le nom du graveur est inscrit, à gauche, sur l'auvent d'une maison : *N. Bollery pinxit. Jean le Clerc excu.*

LE Roy, s'estant saisi et rendu maistre du chasteau du Louvre, du palais de l'Hostel de ville, du grand et petit Chastelet et autres places plus importantes, et s'estant asseuré du duc de Feria et des garnisons estrangères, qui estoient en partie d'Espagnols naturels, d'Italiens Néapolitains, Vuallons et lansquenets, auxquels il offrit sauf conduit qui fut par eux accepté, recognoissant que ceste réduction si heureuse procédoit d'en haut, se disposa d'en rendre graces solennelles à Dieu et à la glorieuse Vierge sa mère, et à ceste fin commanda à un de ses gentilshommes qu'il allast à Nostre Dame dire qu'on fist sonner les grosses cloches pour le *Te Deum*, et qu'il vouloit aller à la messe. Et s'estant tenu quelque temps à cheval, ayant la cuirasse endossée, en présence d'une multitude de peuple qui sans frayeur approchoit de luy jusques à l'estrier, avec plusieurs acclamations et signes d'allegresse meslez parmy le son des trompettes et clairons, il s'achemina vers Nostre Dame, accompagné de grand nombre de seigneurs et gentilshommes, dont aucuns estoient à cheval, et d'autres à pied, et de ses Suisses et archers de sa garde, armez de toutes pièces, jusques à cinq ou six cens, traisnans leurs piques en signe de victoire volontaire; et, en ce bel ordre, il arriva jusques aux portes de l'église, où il mist pied à terre, et à son entrée en l'église, il fut receu par un des archidiacres d'icelle nommé Dreux, lequel, accompagné de quelque nombre d'ecclésiastiques pour l'absence de l'évesque et des doyen et chantre, vint au devant de Sa Majesté et se prosterna en terre, et, demourant agenouillé, tenoit un crucifix à la main et parla au Roy, en ceste sorte : « Sire, vous debvez bien louer et remercier Dieu de ce que, vous ayant faict naistre de la plus excellente race des roys de la terre, vous ayant conservé vostre honneur, il vous rend enfin vostre bien. Vous débutez doncques, en ces actions de graces, avoir soin de vostre peuple, à l'imitation de Nostre Seigneur Jesus Christ, duquel voyez icy l'image et pourtraict, comme il a eu du sien, afin que, par le soin que prendrez de luy, en le défendant et soulageant, l'obligiez d'autant plus à prier Dieu pour vostre prospérité et santé, et que, vous rendant bon Roy, vous puissiez avoir un bon peuple. » Auxquels propos Sa Majesté respondit en ces termes ou semblables : « Je rends graces et loue Dieu infiniment des biens qu'il me faict, dont je me ressens estre comme indigne, les recognoissant en si grande abondance que je ne sçay véritablement comme je l'en pourray assez remercier, mais principalement depuis ma conversion à la religion Catholique, Apostolique et Romaine, et profession que j'en ay dernièrement faictè, en laquelle je proteste, moyennant son ayde, de vivre et de mourir. Quant à la défense de mon peuple, je y emploiray tousjours jusques à la dernière goutte de mon sang et dernier soupir de ma vie ; quant à son soulagement, je feray tout mon pouvoir et en toutes sortes, dont j'appelle Dieu et la Vierge sa mère à tesmoins. » Après ces paroles dictes, le Roy baisa la croix et entra dans le chœur, et s'achemina jusque devant le grand autel, où, s'estant mis de genoux sur un oreiller et pulpitre couvert d'un tapis dressé exprès pour cest effect par l'un de ses aumosniers ordinaires, nommé Bernage, chanoine de Paris, il se signa du signe de la croix et fist ses prières ; puis, il fut dict une messe par un des Chappelains ordinaires de sa chapelle, qu'il ouyt avec attention, pendant qu'on chantoit le *Te Deum* avec la musique de voix et des orgues. Quelqu'un qui y estoit présent et regardoit attentivement à tout ce qui se passoit, print garde, lorsque le Roy se fust mis à genoux, qu'aussi tost fut veu à son costé un jeune enfant, comme de l'aage de six ans, beau en perfection et proprement habillé, qui empeschoit aucunement ceux qui arrivoient de moment à autre pour donner advis à Sa Majesté de ce qui se faisoit en la ville ; et, pour mieux approcher, ils le vouloient faire sortir ou reculer. Mais un des curieux regardans dist assez haut : « Laissez cest enfant : c'est un bon ange qui conduist et assiste nostre Roy. » Ce qu'estant entendu par Sa Majesté, elle print de sa main le bras de l'enfant; et, comme les seigneurs et gentilshommes essayoient de le faire lever, elle le retint quelque espace de temps et l'empescha de sortir, jusques à ce que volontairement il se retira, sans qu'on s'apperceust de ce qu'il devint.

Comme le Roy estoit dans l'église de Nostre Dame, le sieur de Brissac, le Prévost des Marchans et Langlois, eschevin, accompagnez de héraulx, alloient par divers quartiers de la ville, annonçans de ruës en ruës, à haute voix, au peuple, grace et pardon, faisoient prendre des escharpes blanches et semoient partout des billets imprimez à S. Denis, contenans en brief l'abolition et remise des insolences passées. La teneur de ces billets étoit telle : « *De par le Roy.* Sa Majesté, désirant de réunir tous ses subjects et les faire vivre en bonne amitié et concorde, notamment les bourgeois et habitans de sa bonne ville de Paris, veut et entend que toutes choses passées et advenues depuis les troubles soient oubliées, défend à tous les Procureurs généraux, leurs substituts et autres officiers, d'en faire aucune recherche à l'encontre de quelque personne que ce soit, mesmes de ceux que l'on appelle vulgairement les Seize, selon que plus à plain est déclaré par les articles accordez à ladicte ville. Promettant sadicte Majesté, en foy et parole de Roy, vivre et mourir en la religion Catholique, Apostolique et Romaine, et de conserver tous sesdits sujets et bourgeois de ladicte ville en leurs biens, priviléges, estats, dignitez, offices et benefices. Donné à Senlis, le 20ᵉ jour de mars, l'an de grace 1594, et de de nostre règne le cinquiesme. *Signé*, HENRY. Et plus bas : *Par le Roy* : RUZÉ. »

La publication de la volonté de Sa Majesté fist que le peuple, qui premierement estoit aucunement estonné, changea cest estonnement en joie et asseurance, et vint en si grande affluence au lieu où estoit le Roy, que l'église de Nostre Dame, ny le Parvis, ny les rues qui y abordent, n'estoient assez grandes ny assez capables pour les contenir tous, ny la voix des chantres ne pouvoit estre entendue, tant le bruit estoit grand qui procédoit des frappements de mains et des criz d'allegresse qu'ils faisoient. On n'oyoit partout retentir que *Vive le Roy!* comme s'il fust venu dedans ceste église durant une paix asseurée. De laquelle église Sa Majesté estant sortie et remontée à cheval, retournant en son chasteau du Louvre, au mesme ordre qu'elle y estoit venue, les mesmes cris et chants de réjouissance furent ouys par toutes les rues où elle passoit, icelles rues et toutes les boutiques et fenestres estans remplies de personnes de tout sexe, de tout aage et de toutes qualitez. On ne voyoit que signes d'allegresse merveilleuse, on n'oyoit sinon acclamations de sincère et naïfve bienveillance. L'amertume du desdaigneux et farouche commandement de l'estranger faisoit savourer aux Parisiens la douceur de la paternelle seigneurie de ses Roys. Ainsi ce peuple, n'aguères si contraire et si plain de cruauté, réduit à telle misère que de n'oser gémir sous sa misère, lors extrêmement joyeux de se revoir en train de jouir de son ancienne liberté, ne savoit par quels applaudissements accueillir la bienvenue de son Roy pacifique, qui, par une clémence du tout inouye, lavant les taches des crimes dont sa capitale ville s'estoit indignement polluë, rendit les habitans d'icelle d'esclaves citoyens, leur fit recouvrer leurs femmes, enfans, biens, honneurs, magistrats et libertez, et donna la paix à ceux qui, quelque temps auparavant, tenoient pour crime de demander seulement du pain, et pour cas punissable de mort, demander du pain et la paix ensemble. Pour conclusion, en moins de deux heures après, toute la ville fut paisible; chacun reprit son service ordinaire; les boutiques furent ouvertes, comme si changement quelconque ne y fust advenu, et le peuple se mesla, sans crainte et avec toute privauté, parmy les gens de guerre, sans recevoir d'eux en leurs personnes ny en leurs biens et familles aucune perte, dommage ny deplaisir; à quoy Sa Majesté avoit fort bien pourveu, ayant pris, peu auparavant son entrée, le serment des capitaines de chacune compagnie de ne faire ny souffrir estre faicte aucune insolence ny outrage à citoyen quelconque, horsmis à ceux qui se roidiroient à quelque opiniastre et perverse résistance, auquel serment ne fut aucunement contrevenu; et ceste parfaicte et entière obeissance tesmoigne à suffire combien grande estoit l'autorité de celuy qui leur commandoit.

A ceste solennelle action de grâces furent présents plusieurs ecclésiastiques et théologiens seculiers et religieux et autres de l'Université, et furent, puis après, par l'espace d'un mois entier, tesmoins oculaires et irréprochables de la continua-

tion et perséverance du Roy en la religion catholique;
mesmes ils prirent garde aux actes parculiers de dévotion
que fist Sa Majesté, toute la Sepmaine saincte et festes de
Pasques, qu'elle toucha six à sept cens malades des escrouelles,
dont la plupart receurent guérison, et ès autres jours suivans : de sorte que ceux de l'Université et de la Sorbonne, de
leur propre mouvement et de franche affection, vindrent en
corps, peu de temps après, se prosterner aux pieds du Roy et
luy faire serment de fidélité, le recognoissans pour leur vray
et unique prince naturel, et le supplier en toute humilité
d'estendre sur eux sa bénignité, comme à ses obéissants serviteurs et loyaux sujets : et d'autant que quelques-uns, mal
instruits et prévenuz de sinistres opinions, avoient malicieu-
sement semé plusieurs scrupules ès esprits des hommes simples, prétendans que ce n'estoit assez que le Roy eust faict
profession de la vraye religion, mais qu'il devoit estre admis
par nostre S. Père le Pape et recogneu par luy fils aîné de
l'Eglise, auparavant que ses sujets fussent tenuz de luy
prester toute obéissance, ils firent, le 22 d'avril ensuivant,
un décret autentique, en l'assemblée et congrégation générale
de tous les membres et suppots de l'Université, par lequel ils
donnèrent résolution certaine, que toute obéissance devoit
être rendue indifféremment au Roy par ses subjects tant seculiers qu'ecclésiastiques et reguliers, comme à leur vray et
légitime prince et seigneur naturel, et mesmes qu'ils deb-
voient faire prières et oraisons publiques et privées pour
luy, nonobstant qu'aucuns ennemis de l'Etat et factieux
empeschassent qu'il fust receu et recogneu par nostre Sainct
Père et le S. Siége de Rome, attendu qu'il avoit envoyé des
ambassadeurs vers Sa Saincteté pour luy faire de sa part toutes
les submissions deues et nécessaires, et qu'il avoit faict tout
ce qui estoit en luy pour ce regard; et, pour plus grande
approbation de ceste résolution conforme à l'expresse parole
de Dieu, elle fut, par chascun d'eux, confirmée par serment
solennel presté corporellement sur les saincts Evangiles.

REX CHRISTIANISSIMUS AUGUSTORUM DIVÆ MARIÆ VIRGINIS
TEMPLUM ADIT, DEO OPT. MAX. SOLENNES GRATIAS
REDDITURAS PRO TAM FŒLICI URBIS DEDITIONE.

MIRA procul ¡dubio res est stuporisque plena, tam
faustum et pacificum fuisse Henrici Regis in Pa-
risiensem urbem ingressum. Viginti enim quin-
que aut triginta tantum mercenarii milites Germani, quos vulgus Lansquenetos appellat, qui ad Portam
Novam excubabant et ad arma conclamabant, in ipso prope
ingressu trucidati sunt, et unus duntaxat in urbe tam po-
pulosa civis, qui armatus inter milites regios temerè pro-
ruperat, sua morte illico tantæ temeritatis et audaciæ
pœnas luit. Cæteri milites Præsidiarii se in armis quieti
in suis stationibus continuerunt et ne hiscere quidem ausi
sunt, sed conditiones ultro a clementissimo Rege oblatas statim acceptarunt. Milites regii tam religiose et accurate militarem disciplinam et mandatum Principis observa-
runt, ut nullius eorum visus sit ordinem suum deserere.
Nullum ab iis damnum, nullam injuriam aut molestiam
aliqui cives perpessi sunt, non etiam sexdecim viri. Arces
præcipuas et munitiora urbis loca, uno tantum excepto, Rex
potestati et ditioni sua subjecit, et, minori duarum horarum
spatio, ipsa pacata et tranquilla ejus imperium suscepit.
Quæ omnia cum singulari Dei præpotentis ope effecta esse
Rex Christianissimus perpendisset, circa horam diei octa-
vam et ab ortu solis secundam, stipatus sexcentis aut circiter
militibus cataphractis, ad Templum divæ¡Virginis Mariæ sacrum eques et armatus processit, Deo tanti ac tam immensi
hujusce beneficii auctori solemnes gratias persoluturus. In
ipso Templi limine, simulacrum Servatoris nostri Jesu
Christi è cruce pendentis piè exosculatus est, quod is Ecclesiæ Archidiaconus, absentibus Episcopo, Decano et Præ-
centore, clero comitante, obtulerat, et ad majus altare acce-
dens, et humi procumbens, frontem vivificæ crucis signo
munivit, multasque preces devotus Deo fudit. Imo et ipse
attentus interfuit sacrosancto Missæ sacrificio quod celebrari
jussit, et tunc temporis Canticum Χαριστιχον, *Te Deum lau-
damus*, a clero, solemni ritu, decantatum est. Hæc dum in
æde Virginis Deiparæ peraguntur, Feciales et Præcones

vicatim urbem circumeunt, populoque nunciant incruentum
Regis clementissimi ingressum, atque optimum et indul-
gentissimum principem omnem præteritorum criminum
quantumvis atrociam memoriam æternæ oblivioni man-
dasse passim testantur. Quo nuntio primum attoniti et stu-
pefacti, mox demum recreati, cives statim undequaque ad
Templum D. Virginis convolant, pro recuperata libertate
ingentes Deo gratias acturi et humanissimum Regem sa-
lutaturi. Passim lætitiæ et exultationis voces exaudiebantur et
omnes, tantam Principis benignitatem clementiamque admirantes, multos ei prosperos annos et pacatum deinceps
diuturnumque regnum exoptabant, eumque Templo egres-
sum, quocumque iter faciebat, miris plausibus et acclama-
tionibus prosequebantur. Huic solemnium gratiarum ac-
tioni præsentes interfuere plerique Theologi et Academiæ
Professores, qui accuratissime perpensis regiæ pietatis argu-
mentis et operibus, quæ, toto eo tempore et hebdomade
sanctæ feries quæ Paschalibus diligenter observaverant, palam testati sunt Christianissimum Regem omni suspicione
fictæ et simulatæ religionis carere, eum que in orthodoxa et
catholica fide constanter perseverare. Quapropter a Rectore
et ab ipsa Academia Parisiensi, 22 die mensis Aprilis, rite
convocatis omnibus Theologiæ, Juris Pontificii, Medicine
et Artium Professoribus cæterisque ordinibus, nemine dis-
crepante, decretum est *Henricum IV* (ut decreti verba refe-
ram) esse Dei gratia legitimum et verum Regem, dominum
naturalem et hæredem regnorum Franciæ et Navarræ, ei-
que obedientiam ab omnibus subditis dictorum regnorum
et incolis præstandam esse sponte et libere, prout a Deo im-
peratum est, etiamsi hostes regni et factiosi homines obsta-
rent eum admitti a sanctissima sede et agnosci tanquam filium
benemeritum et primogenitum sanctæ matris nostræ Ecclesiæ Catholicæ, et idcirco eos qui potestati ejus resistunt
Dei ordinationi resistere et æternam sibi damnationem ac-
quirere. Et ut horum omnium major fides constaret, omnes
ejusdem Academiæ Professores sponte, et divina aspirante
gratia, in obedientiam dicti Henrici Regis Christianissimi
corde et ore jurarunt, orationesque et gratiarum actiones
publicè et privatim pro eo et omni sub eo magistratu con-
stitute faciendas decreverunt, et omnibus veris et orthodoxis
Gallis et sinceræ fidei cultoribus, ut idem facerent tuta

conscientia consilium, quantum in illis erat, dederunt salu-
berrimum.

CXIX

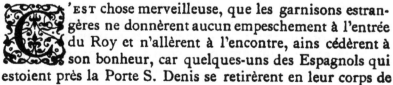 Comme Sa Majesté, le mesme jour,
estant à la Porte Saint-Denis, veid sortir
hors de Paris les garnisons estrangeres
que le Roy d'Espagne y entretenoit.

(3ᵉ FIGURE.)

Inde cohors cedit portis Hispana, stupetque,
Attonitis hærens animis, quod victa, volente
Rege, triumphati secum fert signa Philippi;
Victoremque suum laudat, FERIATAQUE gaudens
Consilia incauto tandem sublapsa labori,
Miratur nullas Francorum Cæsaris iras.

N. RICH. P.

Gravure sur cuivre, en tête du placard in-fol. imprimé en travers
sur 5 colonnes, et encadré de fleurons typographiques. A gauche, au
bas de l'estampe, sur deux lignes : *N. Bollery pinxit. Jean Le Clerc ex.*
Henri IV est seul, à la fenêtre d'un bâtiment qui occupe le fond du
sujet et qui fait partie de la Porte Saint-Denis. La garnison espagnole,
en armes, marchant vers la droite, sort de Paris, par la poterne qui se
trouve au-dessous de la fenêtre où le Roi assiste au départ des soldats
étrangers, qui défilent devant l'armée royale rangée en bataille. Au
fond, à gauche, les habitants, aux fenêtres des maisons; à droite,
quelques curieux dans la rue.
H. de la gravure 0ᵐ226, L. 0ᵐ300.

C'EST chose merveilleuse, que les garnisons estrangères ne donnèrent aucun empeschement à l'entrée
du Roy et n'allèrent à l'encontre, ains cédèrent à
son bonheur, car quelques-uns des Espagnols qui
estoient près la Porte S. Denis se retirèrent en leur corps de

garde, les autres avec les Néapolitains et Vuallons, demeurèrent dans leur logis, sans paroistre par les rues. Ils firent mine, par quelque espace de temps, de vouloir tenir fort, n'osant se promettre tant de la clémence du Roy, qui leur fist grace; mais Sa Majesté ayant faict demander au Duc de Feria le capitaine S. Quentin, colonnel des Vuallons, qu'il tenoit prisonnier en sa maison depuis sept jours, sur quelques advertissemens receus des Païs Bas, qu'il se vouloit rendre du costé du Roy, il le luy envoya incontinent sans en faire aucune difficulté : qui fut cause que benignement Sa Majesté octroya sauf conduit au Duc de Feria, à Dom Diego d'Ibara, ambassadeur, et aux garnisons qui estoient en la ville de la part du Roy d'Espagne, pourveu qu'ils ne s'en rendissent point indignes, ce qui fut promptement par eux accepté. Mesmes il leur fut permis de sortir, le mesme jour, tambour battant, les enseignes deployées, les armes sur l'espaule et la mesche esteinte, et d'emporter leur bagage qui estoit grand et précieux; de sorte qu'ayant esprouvé une si grande bonté du Roy, s'estans remis à sa mercy et discrétion, il leur estoit bien malaisé de dire s'ils avoient plus redouté sa vertu en bataille rangée, ou, estant ainsi vaincuz, s'ils devoient plus aymer et louer sa douceur. Quant au Cardinal de Plaisance et au Cardinal de Pelevé, Archevesque de Sens, et aux Dames de Nemours et de Montpensier, aussi tost que le sieur de S. Luc eut rangé en bataille les forces par tous les endroits de la ville, il alla les trouver de la part de Sa Majesté, et en son nom les asseura de toute faveur, qu'il ne leur seroit faict aucune disgrace ny desplaisir, et qu'ils pouvoient demourer seurement en leurs maisons, pour la conservation desquelles leur fut baillé des archers des gardes du Roy, plustost pour leur contentement et asseurance que pour aucun besoin qu'il en fust. Car c'estoit chose esmerveillable de voir que les soldats estoient par les rues et les portes des maisons ouvertes, sans toutefois qu'ils y entrassent, combien qu'aucuns d'eux en fussent instamment requis par les habitans, qui ne ressentirent aucun dommage, fors un Procureur de la Couronne, nommé Filleteau, qui, se jettant à corps perdu entre les armes de ceux qui s'étoient saisiz du Palais et des environs, et résistant avec opiniatreté, se précipita à la mort témérairement et malheureusement.

Après que le Roy eust diné au chasteau du Louvre, il monta à cheval, ayant quitté la cuirasse, et vint à la Porte S. Denis, pour voir sortir les garnisons : où il se mist à une fenestre qui est audessus de la Porte, de laquelle il voyoit de front dans la grand'rue S. Denis. Et bientôt après commencèrent à passer les compagnies de Néapolitains, au milieu desquelles estoient celles des Espagnols, qui enfermoient le Duc de Feria, l'ambassadeur Dom Diego d'Ibara et leur Pagadour Taxis, montez sur doubles genets d'Espagne, avec le bagage. Et, derrière tout cela, marchoient les compagnies Vuallonnes, et sortirent en cest ordre de la ville, à la veue de Sa Majesté, qui salua courtoisement tous les chefs des compagnies, selon le rang qu'ils tenoient, mesme les Duc de Feria, Ambassadeur, et Pagadour, auxquels le Roy dist : « Recommandez-moy à vostre maistre, mais n'y revenez plus ! » Ce qui donna occasion de soubsrire aux Seigneurs et Gentilshommes, et aux Archers des gardes qui y estoient présents, armez de pied en cap, tenans la pique en main. Les soldats marchoient quatre à quatre, et, lorsqu'ils estoient au devant de la fenestre où estoit Sa Majesté, advertiz de sa présence, ils levoient les yeux en haut vers elle, tenant leurs chappeaux en la main, et puis, les testes baissées profondément, ils s'inclinoient, et, faisans de très-humbles révérences, sortoient de la ville. Et, lors de ceste sortie, il tomboit une telle pluye qu'il sembloit qu'elle fust envoyée du ciel sur leurs testes, pour monstrer son courroux contre eux, et pour empescher qu'aucun d'eux, quand il eust voulu, ne peust malfaire au Roy qui les regardoit passer.

Les sieurs de S. Luc et Baron de Salagnac les allèrent conduire jusques à Bourges, et de là ils furent escortez jusques à Guise, vers la frontière de Picardie et des Pays Bas, après avoir promis volontairement, en recognoissance de la grace qui leur estoit faicte, de ne jamais porter les armes en France contre le service de Sa Majesté, laquelle retint le capitaine S. Quentin des Vuallons et son frère, pour s'en servir, avec quelques Vuallons et Néapolitains qui avoient quitté les trouppes et estoient revenuz à Paris, dont fut faicte une compagnie. On dict que le Colonel des Néapolitains, nommé le Capitaine Alexandre, qui estoit brave et plein de valeur, fist, tant pour luy que pour ses

soldats, offre de son service au Roy, qui l'en remercia et luy
dist, qu'ils estoient anciens François du royaume de Naples,
et qu'il espéroit les y revoir quelque jour, et que là ils
pourroient luy faire service.

Le sieur de Bourg, qui n'estoit de l'entreprise de ceste
reddition, ne voulut rendre la Bastille, dont il estoit gouverneur pour le Duc de Mayenne. Ainsi, la nuict d'entre les
21 et 22 de mars, lorsqu'on ouvroit les Portes Neufve,
S. Honoré et S. Denis, à Sa Majesté, il fist sortir de ses
soldats, qui furent ès maisons voisines et aux moulins à vent
des remparts prochains, et s'estant saisy des farines qui y
estoient et de quelque quantité de vins, il se résolut de ne
quitter la place et d'y tenir bon. Et, de faict, il commença à
faire tirer quelques coups de canon, du long de la rue
S. Antoine, dont il blessa plusieurs personnes, et tint en
ceste sorte jusques au samedy suyvant, que, se sentant foible
et redoutant la valeur et bonheur du Roy, il accepta ceste
composition, qu'il sortiroit le lendemain, luy à cheval, et ses
soldats avec leurs armes, et seroient conduits jusques à la
première ville tenant le party de la Ligue, en toute seureté,
ce qui fut exécuté le dimanche 27 de mars, selon qu'il avoit
esté promis, et, le mesme jour, à pareilles conditions, fut
rendu le chasteau du boys de Vincennes par le Capitaine
Beaulieu.

Dès le lendemain de ceste réduction, Sa Majesté remist en
son Gouvernement de Paris et de l'Ile de France le sieur
d'O, que la révolte générale en avoit dépossédé dès l'année
1588, et le commist pour aller à la Maison de Ville recevoir
les sermens des Officiers d'icelle, en présence du s' Myron,
pour lors Conseiller du Roy en son Conseil d'Estat, Maistre
des Requestes ordinaires de son Hostel, Président au Grand
Conseil, Intendant de la justice et police ès armées du Roy,
et à présent Lieutenant civil et Prévost des Marchans, qui
fut député pour y assister.

Le lundy 28 de mars, le sieur Comte de Cheverny
Hurault, lors Chancelier, accompagné de quelques Officiers
de la Couronne, Pairs de France, Conseillers du Conseil
d'Estat, et Maistre des Requestes, vint au Palais et y fist lire
l'Edict et Déclaration du Roy sur la réduction de sa ville
de Paris, et les Lettres de restablissement de la Cour de Parlement, ce requerans Antoine Loysel et Pierre Pithou,

anciens et célèbres Advocats de la Cour, qui exercèrent en ceste séance si mémorable les charges d'Advocat et Procureur généraux, comme ils avoient faict auparavant, en l'an 1582, en la Chambre de justice envoyée en Guyenne. Et, après ce restablissement, tous les Présidents, Conseillers, Officiers Advocats et Procureurs de la Cour prestèrent le serment de fidélité entre les mains du sieur Chancelier, ce qui fut aussi faict, le mesme jour, ès autres Compagnies souveraines, sçavoir en la Chambre des Comptes, en la Cour des Aydes et en la Chambre des Monnoies. Et pareillement au Chastelet de Paris, le sr d'Autry Séguier, lors Lieutenant civil, accompagné des Conseillers qui s'estoient réfugiez avec luy à S. Denis, tenant, ce jour, le siége, y fist faire lecture de la Déclaration de Sa Majesté, et receut le serment des autres Conseillers qui estoient demeurez en ceste ville.

Le mardy 29 de mars, octave de la réduction, pour en rendre graces à Dieu, fut faicte une procession générale, dicte vulgairement la Procession du Roy, à laquelle Sa Majesté assista, accompagnée des Officiers de la Couronne et de Sa Maison, avec les Officiers du Parlement, Chambre des Comptes, Cour des Aydes et de la Ville, nouvellement restablis, et y furent portées la vraye Croix, la Croix de Victoire, la Couronne d'Espines et le Chef du Roy S. Loys, avec infiniz autres précieux reliquaires, qu'on y apporta de toutes les églises et monastères de Paris et des environs.

Et le 30, fut vérifié en Parlement un édict contenant la création de deux estats de Président, l'un de la Cour, pour le sieur le Maistre, qui auparavant n'estoit Président que par commission du Duc de Mayenne; l'autre, en la Chambre des Comptes, pour le sieur Lhuillier, Prévost des Marchans, et un estat de Maistre des Requestes pour le sieur Langlois, Eschevin, personnage de très-grand mérite (lequel, ayant de longue main projecté ceste reddition, l'a enfin heureusement exécutée), et ce, en recognoissance du signalé service qu'ils avoient faict au Roy et au Royaume, avec le sieur Comte de Brissac, que Sa Majesté des lors avoit faict Mareschal de France. Ainsi le Roy récompensa ceux qui l'avoient si bien servy et assisté en ceste si grande et notable entreprise. Et, par arrest du mesme jour, contenant la révocation de ce qui avoit esté faict depuis les troubles au préjudice de l'autorité du Roy et des loix du Royaume, il fut ordonné

que à perpétuité tous les ans seroit solennisé le 22ᵉ jour de
mars, et qu'à ce jour seroit faicte Procession générale, où la
Cour assisteroit en robbes rouges, en mémoire de ceste heureuse délivrance, comme pareille Procession annuelle avoit
esté ordonnée au premier vendredy d'après Pasques, pour la
réduction de la mesme ville en l'obéissance du Roy Charles
Septiesme, qui advint le vendredy 13 d'Avril 1436, après
Pasques.

Les nouvelles de ceste mémorable journée, ayant esté
éparses par le Royaume, invitèrent les autres villes rebelles
d'entendre à pareille réduction, et les Officiers de Parlement,
qui avoit esté transféré à Tours et à Châlons, en ayant esté
advertis, en firent les feux de joie, et peu de temps après
s'en vindrent seoir et exercer la justice en leur ancien throne
et tribunal, ayans ordonné qu'en mémoire de ce que le Parlement avoit esté cinq ans séant à Tours, on solenniseroit
au Palais, tous les ans, la feste de S. Gacian, eschéant au
2 de May, à l'exemple de ce que la feste S. Hilaire, qui
advient le 13 de Janvier, y est festée, d'autant que le Parlement avoit esté séant à Poitiers 18 ans, lorsque les Anglois
occupoient ceste ville de Paris.

❧

Præsidiarii milites Hispani,
cum suis ducibus, per Portam Sandyonisianam armati
urbe egredientur, juxta conditiones eis
a clementissimo Principe oblatas.

POSTQUAM Rex Christianissimus in urbem, tam
fausto et felici successu, sine ulla suorum cæde et
strage, invectus est, extemplo appulit animum ut
pacata tranquillaque et tuta essent omnia, eaque
de causa statim per Feciales Duci Feriano cæterisque Præsi-
diariorum militum ducibus, qui partes Philippi Hispaniarum Regis sequebantur, bona verba nuntiavit, et magnifice
cum eis agens ultro conditiones pacis obtulit, nempe se eos

in Belgium usque illæsos dimissurum cum classicis, vexillis, armis, sarcinis et impedimentis omnibus, quibus conditionibus se quamprimum parere velle renuntiarunt, tantam et tam insperatam optimi Principis clementiam admirantes. Post meridiem igitur, collectis vasis et sarcinis, omnes urbe dimissi sunt per Portam Sandionysianam, quaternario incedentes ordine, in ipso Regis conspectu, eisque comites dati, a quibus, observandæ fidei publicæ causa, ad Belgii limites tuto et secure Guisiam usque deducerentur. Unica arx munitissima in urbe restabat ad Portam D. Antonii sita, Bastillam vulgo indigitant, cui præerat Burgius, et altera extra urbem, Castrum vocant saltus Vincennarum, quarum Præfecti, in eo ipso ingressus die, detrectarunt legitimum Regis imperium subire, sed 27 Martii mensis die eos Regiæ potestati cum omnibus tormentis et machinis bellicis reliquerunt. Sequenti die, cum omnia in urbe pacata essent et rite composita, omnes magistratus, dignitates, privilegia et ornamenta Rex ipse urbi Parisiensi volens lubensque restituit, quibus antea integro quinquennio spoliata fuerat, et eo die pristina auctoritas potestasque reddita est centumviralis Curiæ conscriptis Patribus, rationum Regiarum Præfectis, summis vectigalium et monetarum judicibus, et aliis quibusdam Prefecturis. Cæterum, 30 ejusdem Martii mensis die, promulgatum est Panegyricum Curiæ Arrestum, quo eadem Curia omnia decreta, placita, edicta et sacramenta quoquemodo auctoritati Regiæ et Regni legibus adversantia abrogavit et antiquavit, utpote vi et metu, a 29 Decembris anni 1588 in eum usque diem, extorta; omne imperium antea Duci Meduanio, sub titulo generalis Coronæ Francicæ Vicarii datum, revocavit; omnia quoque acta et decreta ab iis qui Lutetiæ generalium hujusce Regni ordinum nomine convenerant pronuntiavit esse irrita nulliusque momenti, nimirum a perduellibus legitima potestate carentibus facta, Hispanorumque fautoribus; omnes denique supplicationes toto belli civilis et intestini tempore et illius causa institutas abolevit, jussitque in perpetuum quotannis 22 Martii mensis diem in urbe sacrum et solemnem haberi et generalem eo die Supplicationem fieri, cui Patres ejusdem Curiæ conscripti præsentes adessent, purpureis togis induti. Quod ideo constitutum est ut singulis annis reddantur Deo Opt. Max. solennes gratiæ pro tam felici urbis deditione, et ne tanti hujusce beneficii memoria apud bonos cives ullo unquam tempore consenescat.

Finis.

A Paris, chez JEAN LE CLERC, ruë S. Jean de Latran, à la *Salemandre Royale*.

CXX

Les Cérémonies qui ont esté faictes et observées à Rome, au mois de Septembre 1595, pour l'absolution de Henry de Bourbon, IVᵉ de ce nom, Roy de France et de Navarre.

Copie ms. du temps, en un cahier de 5 pages in-fol.

Dimanche au matin, qui fut le 17 de ce mois de Septembre 1595, nostre S. Père le Pape vint dans le porticque de Sainct-Pierre, avecq la crosse et la mitre, où estoit préparé un parquet pour sa Saincteté et pour les Cardinaux, Prélats et Officiers qui ont accoustumé de se trouver aux Chappelles, comme aussy tous les Consulteurs du Sainct-Office et Pénitentiers de Sainct-Pierre.

S'estant assise sa Saincteté, tous les Cardinaux, avecques les chappes violettes, allèrent à l'obédience accoustumée.

Depuis, Messieurs Du Perron et Dossat, qui attendoyent, comparurent devant sa Saincteté, au milieu des cérémonies, et, après avoir baisé les pieds de sa Saincteté, Monsieur Du Perron, comme procureur du Roy de France et de Navarre, avecq Monsieur Dossat, se mit à lire la demande de la suprême bénédiction et absolution.

Comme il eust achevé, le sʳ Cosme de Angelis, assesseur

du Sainct-Office, leut l'absolution de nostre Sainct-Père, laquelle contenoit que sa Saincteté déclaire nulle et de nulle valeur l'absolution qui auroit esté cy-devant donnée à Henry IV, Roy de France et de Navarre, déclairant néantmoings valides tous les actes catholiques faicts par ledict Roy depuis ladicte absolution jusques à présent.

Absoult ledit Roy de toutes les excommunications et censures ecclésiastiques, où il pourroit estre tombé, et mesme par la Bulle de feu heureuse mémoire Sixte Cinquième.

Avecques condition que les susdits sieurs, au nom du Roy, pour lesquels ils promettent ratification, abjurent toutes les hérésies et particulièrement celles de Calvin, et que, au nom dudit Roy, ils ayent à accepter les conditions et pénitence que sa Saincteté luy vouldra donner.

C'est que le Roy confirmera le tout et de nouveau répétera l'abjurement, en France, en présence d'ung Légat ou nommé de sa Saincteté.

Depuis, lesdits sieurs Du Perron et Dossat leurent ladicte abjuration, le premier à haulte voix, et l'aultre tout bas.

Ladicte abjuration contenoit toutes les hérésies de Calvin : abjurant et détestant, au nom du Roy, icelles et toutes aucunes hérésies ; promettant, comme procureurs, que le Roy observeroit ce que sa Saincteté ordonneroit ; et, en oultre, firent profession, au nom dudict Roy.

Après cela, le sieur Cosme se mist à lire les conditions et pénitence que sa Sainteté donnoit au Roy, et le nomma Roy de France et de Navarre Très-Chrestien.

Les conditions et pénitence sont que le Roy acceptera et fera observer le Concile de Trente, et, si en quelques parties il ne se peut observer sans danger de quelques nouveaux troubles, sera le Roy tenu en demander dispense au Pape.

Que, dedans le temps d'ung an, il levera des mains des Hérétiques le prince de Condé et le fera nourrir à la religion catholique, apostolique et romaine.

Qu'en la principauté de Béarn il fera nomination des Eveschez qui y vacquent, faisant rendre tous les revenus d'icelles églises, et ce pendant qu'elles seront rendues.

Qu'il ayt à maintenir lesdits Eveschez, du sien propre ; qu'il fera rendre tous lesdits revenus aux Evesques et abbés, et autres bénéfices de son royaulme, qui ont esté par le passé usurpés.

Qu'il escripra à tous les Princes Catholiques, leur donnant avis de sa conversion et détestant lesdictes hérésies.

Qu'il dira tous les jours le chappellet, tous les mercredis la letanye, et les samedis le rozaire, prenant pour son advocat la glorieuse Vierge Marie.

Que tous les jours il oirra messe, et, les dimanches et autres festes, la grande messe, s'il n'est empesché.

Qu'en chacune province de son Royaulme il fera édifier un couvent ou monastère de moines, de nouveaulx réformés.

Qu'il se confessera et communiera quatre fois l'an.

Qu'il observera toutes les jeusnes et vigilles commandées par la saincte Eglise.

Lesdicts sieurs Du Perron et Dossat acceptèrent lesdictes conditions et pénitence : s'estant signé en ce lieu, Monsieur Du Perron, *Orateur*, et au précédent il s'estoit signé *Procureur*.

Depuis, les chantres du Pape chantèrent le *Miserere*, et ce pendant sa Saincteté, ayant une baguette de pénitencier, frappa sur les espaules desdicts Du Perron et Dossat, ainsi que l'on a accoustumé de faire aux Hérétiques pénitents, en acte de leur absolution.

Achevé que fut le *Miserere*, sa Saincteté se leva, et, se faisant oster la mittre et la crosse, il dit oraison, et après leur donna sa saincte bénédiction.

Au mesme instant, le Fiscal général de nostre Sainct-Père et le Fiscal général du Sainct-Office dirent à tous les Prothenotaires et Notaires présens, qu'ils feissent instrumenter de ce dont ils estoient tesmoings, et ainsi le sieur Bandini, Prothenotaire du Sainct-Office, s'en chargea.

Après ce, l'on entendit les trompettes et tambours qui estoient au-dessus dudict portique de S. Pierre, et l'artillerie du Chasteau S. Ange, avec une très-grande joie des assistants et de toute la ville.

Et, pour la grande multitude du peuple, il fut besoing de tenir les portes fermées, avec la garde des Suisses et Chevaulx légers.

Après, sa Saincteté manda le Cardinal Saincte-Severine, comme Grand-Pénitencier, et luy ordonna d'amener lesdits sieurs Du Perron et Dossat dedans l'Eglise, où sa Saincteté leur dict qu'il avoit ouvert la porte de l'Eglise au Roy, et que maintenant c'estoit à luy à s'ouvrir celle du Ciel.

Depuis, ledict Cardinal Saincte-Severine les mena dedans S. Pierre, où, ayant faict son oraison devant le S. Sacrement, ils allèrent à l'Autel des SS. Apôtres, où il dict encore quelques oraisons, et ce pendant sa Saincteté et les Cardinaulx s'en allèrent.

Enfin lesdicts sieurs Du Perron et Dossat, avecq le Cardinal de Joyeuse, s'en allèrent à Saint-Louys, suivis de tous les Prélats et de plusieurs François, où fut chanté solennellement le *Te Deum,* après lequel l'Archevesque d'Embrun dict quelques oraisons. Ce faict, chacun se retira.

Incontinent que la bénédiction fut donnée, il se vit, par la ville, une infinité de pourtraicts du Roy, que l'on vendoit, et mesmes les affectionnés à la France mirent les armoiries du Roy sur les portes de leurs maisons.

Après disner, lesdits sieurs Du Perron et Dossat, avecq le Cardinal de Joyeuse et plusieurs Prélats et Gentilhommes françois, allèrent à la Trinité des Monts, où fut chanté le *Te Deum* et tiré, par allégresse, une salve de Mousquetaires, et le soir furent faits encore plusieurs autres feux d'allégresse, en divers lieux, tant de feux que d'artillerie.

Lesdicts sieurs Du Perron et Dossat, avecq ledict Cardinal de Joyeuse, allèrent remercier sa Saincteté et ses nepveux, et après ce, feirent le semblable à tous les Cardinaulx.

Le Cardinal Alexandrin ne se peut trouver à l'absolution.

Sa Saincteté fera instance à toutes les provinces, qu'elles aient à recognoistre le Roy, pour faciliter les affaires de la France.

CXXI

HENRICUS IV

CHRISTIANISSIMUS FRANCIÆ ET NAVARRÆ REX

ÆT⁶. ANN. R. XLIIII.

Philippus Thomassinus Trecensis, sculptor, Romæ dicavit, anno salutis M.D.XCVI, *die 12 decembris.*

Gravure sur cuivre, ainsi que l'inscription du haut et la légende du bas. H. de l'estampe 0ᵐ465, L. 0ᵐ358.

Le cheval, caparaçonné aux armes de France, marchant vers la gauche, sur un terrain couvert d'armoiries et d'armes de guerre. Dans le fond, batterie de siége foudroyant une citadelle, et un champ de bataille. Le Roi, en selle, tourné vers la gauche, couvert d'une armure complète, tenant le bâton de commandement, l'épée dans le fourreau ; tête nue, de trois quarts, moustaches et barbe. A droite de la tête, les armes de France dans un ovale réservé. Dans le haut de l'estampe, la devise : Duo protegit unus. Au bas du titre, la légende ci-dessus avec ces quatre vers latins :

Quem tota armatum mirata est Gallia Regem,
　　Mirata est etiam Roma beata pium.
Magnum opus est armis stravisse tot agmina ; majus
　　Pontificis pedibus procubuisse sacris.

L'Estoile a écrit en marge :

« Tout est bien en ce pourtraict, hormis le visage qui ne ressemble de rien au Roy. »

CXXII

Les cinq Chanceliers et Gardes des Sceaux de nostre France, depuis l'an 1559, jusques à l'an 1599, que fust fait Chancelier messire Pomponne de Belièvre.

Cinq portraits, sur cuivre, avec la légende de chacun, H. 0^{m}044, L. 0^{m}025. — Ces portraits, gravés par Léonard Gaultier, sont extraits de la grande planche des *Pourtraicts de plusieurs hommes illustres.* Voyez ci-après, page 347.

Sous les trois portraits des Chanceliers *François Olivier, Michel de l'Hospital* et *René de Birague,* L'Estoile a écrit :

« On appeloit ces trois les trois Chanceliers bannis ; sur quoi fut divulgué l'épigramme suivant :

DE TRIBUS GALLIÆ CANCELLARIIS.

Nuper ab exilio fuerat revocatus in Aulam,
    Qui Gallis, puero Principe, jura dabat.
Hujus successor patre natus ab exule, rursus,
    Invidia ex Aula pulsus in exilium est.
Vis fati quanta est! Novus ecce renascitur exul,
    Qui miseris præsit Legibus atque Togæ.
Omen averte, Deus! Nisi respicis, ista minantur,
    Legibus exilium, Regibus exitium.

Entre les portraits des Chanceliers *Philippe Hurault* et *François de Monthelon* (sic), L'Estoile a écrit :

« A cestui-ci furent ostés les seaux et baillés à maistre François de Monthelon, pour esblouir les yeux à la Ligue, l'an 1588 : lequel, après la mort du Roy Henry III*, son maistre, l'an d'après 1589, s'en déposa volontairement et les remist entre les mains du roy Henry IV* (chose si rare, qu'elle ne se remarque point), préférant sa conscience à l'honneur. Au moien de quoi, messire Philippe Hurault (qui n'en avoit guères, selon le bruit commun) fut rappelé et fait de nouveau Chancelier. Du Haillan, faisant un jour comparaison de lui avec messire Michel de l'Hospital, dit, en présence du Roy, que les œuvres de l'un se voioient sur les libraires, et que les œuvres de l'autre se trouvoient sur les notaires. »

CXXIII

PORTRAIT DE LA PYRAMIDE

Dressée devant la porte du Pallais.

A Paris, 1597. Avec Priviége du Roy.

Grande estampe sur cuivre. H., y compris la bordure, 0m475, L. 0m255. Dans une bordure ornementée, la Pyramide, avec son obélisque et ses statues, vue de trois quarts, sans les inscriptions qui

.couvraient chaque face. On lit, au centre du soubassement, l'inscription que nous avons reproduite en tête de cette description de l'estampe. Au-dessous de ladite inscription : *Jean Le Clerc ex.* — *I. D. Weert f.*

CXXIV

La Maintenue des Roys contre les Assassins endiablez.

Cette estampe et le texte qui l'accompagne sont les mêmes que ceux de la pièce décrite ci-dessus page 295, sous ce titre : *Le Prix d'outrecuidance et Los de l'Union.* Ce titre seul a été changé et remplacé par celui qui vient d'être transcrit ci-dessus.

CXXV

LA RETRAICTE

D'ALBERT CARDINAL D'AUTRICHE

Chef et conducteur de l'armée Espagnolle au secours de la ville d'Amyens.

Pièce in-folio en travers; estampe gravée sur cuivre, au bas de laquelle on lit : PAR CHATILLON TOPOGRAPHE DU ROY. H. 0^{m}155, L. 0^{m}410. A gauche, dans le haut, la ville d'Amiens; l'action est engagée entre les Français et les Espagnols, sur toute l'étendue du terrain représenté; dans le bas, sur la longueur de l'estampe, le camp retranché de Henri IV. Au-dessous de l'estampe, texte imprimé sur trois colonnes.

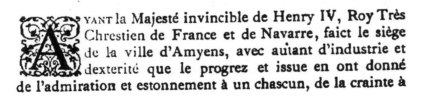

YANT la Majesté invincible de Henry IV, Roy Très Chrestien de France et de Navarre, faict le siège de la ville d'Amyens, avec autant d'industrie et dexterité que le progrez et issue en ont donné de l'admiration et estonnement à un chascun, de la crainte à ses ennemis, finalement de la joie à ses vrays et loyaux sujects, pour l'espérance qu'ils ont d'un repos général à tout le Royaume : ce siége fust continué un long temps avec tant d'heur que les assiégez se trouvèrent fort estonnez, ores qu'ils y fussent 4,000 hommes de guerre en garnison, la pluspart Espagnols de nation, fournis abondamment de toutes choses nécessaires, notamment de plus de 50 pièces d'artillerie, dont les 25 estoient pièces de batterie, et des pouldres pour tirer 10,000 coups, tellement que cela occasionna le Roy d'Espagne, lequel ne désiroit rien tant que de maintenir son usurpation sur une telle et importante ville, Métropolitaine de Picardie, postposant mesmes la perte du Pays Bas (qui s'en est à peu près ensuyvie), de chercher tous moyens qu'il pourroit pour la secourir. Et, à cest effect, Albert, Cardinal d'Autriche, dressa une forte et puissante armée, composée de toutes les forces du Pays Bas, qui faisoyent en nombre 15,000 hommes de pied, et trois à quatre mille chevaux, dix-huict pièces de canon, et infinis chariots enchaisnez ensemblement. Ce grand et superbe appareil sembloit devoir engloutir partie des villes frontières ; mais Dieu, par son assistance et grace spéciale envers les François, a rendu S. M. amplement victorieuse sur tous leurs sinistres desseins, les affrontant et attaquant avec une tant Royale valeur, Héroïque vigueur et Magnanimité généreuse (vertus vrayement siennes), guidée par la justice de sa cause, que ledict Cardinal fust contrainct de faire la retraicte honteuse qui est représentée en ce Dessein, et déclarée par le Discours suyvant. :

Le Cardinal d'Autriche donc, arrivé avec sa puissante armée à Dourlan, fait courir le bruit que infailliblement dans quatre jours il donneroit bataille à S. M., ainsi que plusieurs des siens faicts prisonniers ont référé, voire voulu asseurer sur le péril de leurs vies : ce pendant il est très certain qu'il n'en eust jamais la volonté. Ce que cognoissant très bien S. M. et en estant très asseurée, néantmoins, selon sa sage conduite, courage incomparable, et prévoyance ordinaire, se résoult à la bataille, et à pourvoir à l'artifice dont ledict Cardinal sur ce bruit se vouloit servir pour secourir la place, prend son champ de bataille sur le hault de Long-prez, un quart de lieue arrière la fermeture de son camp retranché, pour se garantir des canonnades, tant des assiégez que des secourans, à la mercy desquelles il estoit ; autrement, il eust esté fort incommodé et endommagé desdictes canonnades ; voire se fust ensuyvy quelque désordre lorsque l'on seroit en gros près ladicte fermeture du camp, estant trop proche de la ville. Et, de faict, le jour précédent et 15 septembre en furent tirées plusieurs par les assiégez, qui passoyent au-dessus des esquadrons de S. M., et celles dudict secours donnoyent en front, et passoyent, anticipant sur celles des assiégez quelquefois plus de deux cens pas. Mais tout cela n'empescha point que l'armée du Roy ne fit ferme comme un roc, s'estans les soldats si bien accoustumez pendant le siége à telles salves de canons, qu'ils ne s'en soucioyent aucunement, bien qu'ils en eussent et en teste et en dos. Or, s'estant ledit Cardinal retiré, le soir quinziesme septembre, au village de S. Sauveur, à deux lieues d'Amyens, en part le lendemain, avant le jour, où le feu est donné à l'instant, et au lieu de tourner teste vers la ville, ou aux trouppes françoises, qui les attendoyent sur la prochaine montaigne, en bataille rengée, prennent chemin contraire, ne jettant que l'espaule droicte de leur armée, droict sur l'advenue des François, qui fust garnie, par les ennemis, de chariots enchaisnez en nombre estrange, faisant à leur teste avancer, comme en croissant, leur cavalerie, tant à droicte qu'à gauche, leur infanterie par esquadrons departis en trois, savoir : l'Avant-garde, Bataille, Arrière-garde ; et les 1,500 hommes destinez pour le secours marchoyent derrière, avec pièces de canon à la teste de chacun gros. En ceste forme, tirèrent sur le haut de la montagne de Vignacourt, lieu jusques auquel S. M. avait faict entretenir l'escarmouche fort vifvement et diligemment. Ayant ainsi sadicte Majesté recogneu toute l'armée ennemie, et de si près qu'elle peust juger de leur nombre, forme et contenance, accompagnée de 6 ou 7 favoris, quelques siens Carabins qui avoient faict leur decharge, et faict rebrousser chemin à ceux qui les poursuyvoient, voire repoussez jusques au gros de leur armée, dans laquelle jouoit incessament le canon de S. M., qu'elle avoit faict avancer pour cest effect. Passé qu'ils ont l'horizon de la montagne, leur cavalerie faisant ferme tant sur le hault que vers Flacelle, estant leur bagage et infanterie en sauveté et exempte de la charge françoise pour ce jour (qu'ils fuyoient autant que les François les recherchoient), font mine de vouloir venir à la charge, mais, aussi tost avancez, aussi tost retirez sur le hault, où depuis n'ont pas paru en corps d'armée, ains firent diligente retraicte en mesme temps, ne voyant aucun moyen de pouvoir secourir les assiégez qui se rendirent peu après. Depuis icelle retraicte, le Roy s'achemine devers Dourlan, avec son armée et huit pièces de canon, donnant un grand effroy dans le pays d'Artoys, duquel la pluspart des habitans s'enfuyent à Arras, où estoit le cardinal d'Austriche, qui, se retirant, fait jeter partie des meilleurs hommes de son armée dans ledict Dourlan, avec un grand convoy de vivres et munitions de guerre, où S. M. ayant faict quelque séjour, sans que les ennemis fissent aucune sortie, part avec sa cavalerie, infanterie et canons, donne aux portes de la ville d'Arras (où estoit encores le cardinal, avec le reste des plus braves, vaillans et courageux de son armée), fait tirer sur icelle 25 ou 30 vollées de canon, y fait ferme long temps, attendant quelque sortie des ennemis, et exploict de gens de guerre ; mais ils n'en firent aucune, se contentant de l'espouvante qui ne fust petite, laquelle espouvante est fort redoublée, tant à leurs villes frontières que par tout le Pays Bas, pour les nouvelles, arrivées depuis huict jours, de la mort du Roy Philippe d'Espagne. De là, S. M. despart, et se r'achemine à Amyens, pour donner ordre aux garnisons, au repos de son armée victorieuse, après un si grand et long siége, l'avoisinans les pluyes et rigueur de l'hyver, et pourvoir aux autres affaires de son Estat : à laquelle Dieu veuille augmenter ses victoires, et donner longue et heureuse vie.

INDICE SUR LE DESSEIN DES DEUX ARMÉES.

A. Portion de la ville d'Amyens, avec les forts plus prochains et trenchées d'approches. — B. Rivière de Somme. — C. Fermeture du camp, garnie de forts pentagoniques. — D. Village de Long-Prez, qui fust fossoyé, l'ennemy en estant à deux cens pas, le quinziesme Septembre à 5 heures au soir. — E. La Magdelaine, logis du Roy au milieu du camp, où le vingt sixiesme Septembre le feu fit grand dommage, et furent faicts des grands larcins, par les soldats mesme, sur les finances de Sa Majesté. Toutes fois, par la prevoyance du Roy et de M. le Mareschal de Biron, le tout fust tost appaisé. Ledict sieur Mareschal y perdit partie de ses meubles, et argent monnoyé estant en ses tentes. — F. Village de Hailly, jusques où l'ennemy ayant esté, est contrainct retourner en son pont, sur lequel il avait passé.

— G. Escarmouche à la retraicte des ennemis à leurs ponts de basteaux. — H. Arguesne, petit village où ils mettent le feu. — I. Village de Sainct Sauveur, où les ennemis séjournèrent seulement la nuict d'entre le quinzieme et seiziesme Septembre : auquel, à leur partement, ils mettent le feu. — K. Piquigny, petite ville et chasteau sur Somme, distant d'Amyens deux lieues et demie, et trois quarts de lieues dudict Sainct Sauveur. — L. Gros de cavalerie ennemie, qui marchoit sur leur main gauche, gaignant le hault de la montagne. — M. Gros de cavalerie, au front de leur armée, sur leur main droite et vers l'advenue des François. — N. Le bois de Flecelle. — O. Village de Flecelle, environné de bois, dans lesquels estoient plusieurs paysans, tant de la frontière qu'autres, qui, soubs le bruict qui couroit dans l'armée espagnole d'une bataille infaillible, s'attendoyent de despouiller les plus faibles, voyans lesdictes armées si prochaines, sans bois, hayes, termes ni ruisseaux, qui eussent pu empescher ledict cardinal de ce qu'il avoit tant publié, ains très belle campagne.

Par Claude Chastillon, *Topographe du Roy.*

A Paris, chez Jean Le Clerc, rue S. Jean de Latran.
A la Salemandre, 1597.

CXXVI

LE PAPE CLÉMENT VIII.

Portrait gravé sur cuivre, ainsi que l'inscription, au-dessus de laquelle on lit : *I. Le Clerc excudit.* — *L. Gautier fecit,* 1601. H. de l'estampe 0ᵐ15o, L. 0ᵐ1o3. — Dans un cadre ovale, autour duquel est la légende, tête de trois quarts, tournée à droite et regardant à gauche, avec moustaches, favoris et barbe frisés ; bonnet et chappe de soie, garnis de fourrures.

La légende est : Clementis VIII, Pont. Opt. Max. Anno IX, et on lit au bas ce quatrain :

Pource que Jésus Christ, seul le chef de l'Eglise,
Sainct Pierre nous laissa, son lieutenant icy,
On doit ses successeurs tels reconnoistre aussy,
Auxquels, comme au premier, ceste charge est transmise.

Aux deux côtés de ce portrait, L'Estoile a écrit ces lignes : *Hispanus verbis,* — *re Gallus,* — *Nomine Clemens,* — *Hetruscus patria,* — *Fide animoque nihil.*

CXXVII
PORTRAIT DE HENRI IV.

Portrait gravé sur cuivre, ainsi que l'inscription encadrée au bas de l'estampe. On lit au-dessous du portrait : *Thomas de Leu fecit*, et au-dessous de l'inscription : *Mauricius Boguerealdus Turon. excud.* — Dans un ovale, autour duquel se trouve la légende. Tête de trois quarts tournée à gauche; le Roi est représenté tête nue, cheveux relevés, avec la moustache saillante et la barbe en éventail, couvert d'une armure, l'écharpe blanche sur l'épaule droit. De chaque côté du cadre, une figure allégorique de femme : celle de gauche, vêtue d'une robe fleurdelisée, tient une épée entourée de feuillage d'olivier et surmontée de la couronne royale; celle de droite, vêtue d'une robe aux armes de Navarre, tient d'une main l'écusson de ces armes, et de l'autre élève en l'air une couronne. H. de l'estampe 0ᵐ169, L. 0ᵐ212.

Sous le portrait est gravé ce quatrain :

Voicy le preux Henry, des Espagnols vaincueur,
Qui deux sceptres puissants maintient d'une main forte.
C'est le Roy qui, pour signe, au front la gloire porte,
La clémence dans l'ame, et la prouesse au cœur.

CXXVIII

QUATRAINS EN L'HONNEUR DU ROY

HENRY QUATRIESME, ROY DE FRANCE ET DE NAVARRE,
JOINCTS DE PRIÈRE ET ACTION DE GRACES
DE LA FRANCE POUR SA MAJESTÉ.

Placard imprimé, grand in-4º, sur trois colonnes.

I

Voicy le preux HENRY, le monarque françois,
A qui Mars a cédé tout l'honneur de la guerre.
enn'importe qu'icy tu n'entendes sa voix,
Quand le bruit de ses faictʒ remplit toute la terre

II

L'héroïque vertu, en sa forte lueur,
Se monstre d'un HENRY si fidelle compaigne
Qu'après mille travaux, tesmoings de sa valeur,
Ses beaux faits le feront appeler Henry-Maigne.

III

Le peintre, ayant promis d'Hercules le visage,
Fist plus, pour avoir sceu HENRY représenter :
Car si l'hydre sentit d'Hercules le courage,
La Ligue a esprouvé HENRY plus mériter.

IV

Quiconque aime le fard séjour icy ne face :
Ce Roy n'a jamais eu le visage trompeur.
Que si voir on pouvoit son cœur, comme sa face,
Notre œil confesseroit n'avoir rien veu si pur.

V

D'un HENRY le pourtrait, tiré divinement,
Sans nom fut présenté, mais, voyant tel ouvrage,
Soudain l'on devina qu'un si royal visage
Au valeureux HENRY convenoit seulement.

VI

La face d'un grand Roy tu vois icy, Lecteur,
Qui de tout autre Roy surpasse la grandeur
Ignorant sa valeur, à son masle visage,
Tu peux juger combien est masle son courage.

VII

Quel chef, en ce tableau, nous est représenté?
Non un seul, mais plusieurs : les Scipions de Rome,
Et tous ceux que vaillans l'antiquité renomme,
Sont compris dans le cœur de ce Roy indompté.

VIII

Aux armes un HENRY passe les plus adroits,
Quoique la paix ne soit d'un autre plus aymée ;
Ainsi, Royne des arts, Pallas estoit armée,
Chérissant néantmoins la paix en tous endroits.

IX

D'un Roy qui, valeureux, par son travail a faict
Que la France ne cheust, c'est icy le pourtraict.
Heureux est aux François d'un tel Roy la présence,
D'un tel Roy aux François malheureuse l'absence !

I. D. B.

ЭΚ

Prière et Action de graces.

Roys des Roys, Immortel, Impassible, Immuable,
Facteur des Cieux astreᴢ et de tout l'Univers,
Qui séparas les Eaux de la Terre, et les Mers
Bornas, par ton vouloir et puissance admirable ;

DIEU seul, qui, de ta voix, ornas le Firmament
D'astres et de flambeaux, pour esclarer la terre ;
Qui dessus les meschans escartes ton tonnerre,
En deffendant les tiens miraculeusement ;

Extermine, Seigneur, ceste Espagnole race,
Qui, abbayant ton Oinct, ne cesse de japper.
Fay, ô DIEU, qu'en ses mains il les puisse attraper,
En monstrant aux François ta faveur et ta grace !

Tu nous viens au devant !... Je voy sa dextre armée
D'un brave coutelas, garny de son bon droict,
Et de l'autre costé son Escu très adroict,
Targuant en ta faveur sa France bien-aymée.

A mon humble Oraison, Seigneur, fay que ton Ange
Effraye ces Marrans, qui tous escrouellés
Veullent m'oster les miens soubz l'habit de Zellés,
Pour cruel les navrer et fouller comme fange.

Le Cheval de mon Roy soit l'honneur de ta gloire ;
Ses Esperons dorez, l'amour de ses subjects,
Sa Cuirasse et Armet, de ton vueil les projets,
Et pour son Poictrinal ayt TOURS *en sa mémoire !*

Ses Lance et Coutelas au costé, sont les Princes,
Yssus du Sang Royal, qui d'actes généreux
Monstreront au Marran, par leurs bras valeureux,
Combien t'est desplaisant d'usurper mes Provinces.

Son courage sera anté en ma Noblesse,
Suivy des Scipions, de France Mareschaux,
Qui sur ces Triacleurs passeront leurs chevaux,
Et du Catholicon *trouveront la finesse.*

Sa Fiance sera, o DIEU *des exercites,*
Sur le Phare luisant de tes divins escrits,
Qui asseurent les tiens combien te sont proscrits
Ceux qui dessus l'autruy advancent leurs limites.

L'Église des François est sa Gendarmerie,
Pour Trompette et Tambour seront les Oraisons,
Et pour Enfans perdus les Divins Champions
*Aislez renverseront d'*Inferno *la furie.*

Eternel, j'apperçoy combien l'Oraison même
T'est agréable, estant appuyée en ton bras :
Esplorée que suis, jamais ne permettras
Que ta France chérie Espagnolle devienne.

Armé selon ton vueil, t'ayant pour Sauvegarde,
Je voy mon Roy volant au camp des ennemis.
L'Ordonnance prédite, il s'est tout à coup mis
Soubz ton Aisle, forçant toute leur Avant-garde.

Je le voy au milieu, avec mes Estandars,
Suivy comme dessus, au fort de la bataille,
Qui de chic, qui de choc, abbat ceste canaille,
Encourageant les Chefs suivis de mes Soldars.

Suivez, suivez, enfants, suivez vostre grand Maistre,
Fouldroyez ces Marrans, et prompt les accablez !
Qu'ils servent de fumier à enfumer vos blés !
Aux Chiens et Corbeaux baillez-les pour repaistre !

A Arques et Yvry, gente métamorphose,
Les miens ont sur les flancs leurs aisles de valeur ;
Celles des Espagnols à leurs pieds, qui, de peur,
N'osent tourner visage à gaigner quelque chose.

PARIS, *ma fille aisnée, a peu appercevoir*
Combien mon oraison à DIEU *fut agréable,*
Quand mon Roy, l'allant voir, Vaillant et Pitoyable,
Emporta ses faulxbourgs, ses hommes et Avoir.

Mes villes de renom, joyeuses de me voir
Resflorir, au moyen du grand DIEU *donne-Sceptre,*
Ont veu, soit tost ou tard, combien la main adextre
De son Oinct bien-aymé a eu sur eux pouvoir.

Moy, FRANCE, *avec* PARIS, *ma Noble géniture,*
Prosternez, devant DIEU, *devons humilier*
Nos pouvoirs, nos Citez, et réconcilier
A nostre grand HENRY, *pour nostre forfaicture.*

    I. D. B.   M. BOUGUEREAU.

A Tours, par Maurice Bouguereau, avec privilége du Roy.
1595.

CXXIX

LE PROFIL D'AMIENS.

Placard in-fol. Gravure sur cuivre, en longueur. H. 0^m060, L. 0^m333. — Vue de la ville, dans le centre de l'estampe; en haut, sur une banderole : PORFILLE (sic) DAMIENS, 1597. On lit comme signature : *J. Deweert fe.* Au-dessous de l'estampe, texte sur deux colonnes.

Tu as icy, Amy lecteur, le porphille de la ville d'Amyens, laquelle fust surprise de l'Espagnol, le 11 Mars 1597, par la négligence et pusillanimité des habitans, et pratiques des plus factieux, qui, huit jours auparavant, avoient refusé les garnisons à eux envoyées par le Roy très-chrestien Henri IIIIe du nom, iceux remonstrans leurs anciens priviléges, la force de leur place et le grand nombre d'hommes y résidant, outre leur fidélité, de laquelle au plus grand besoin ils ne rendirent aucune preuve. Incontinent après, les ennemis, redoubtans un siége, mettent le feu aux fauxbourgs et villages circonvoisins. Ils sont investis, deux jours après, et consécutivement le siége, formé de 45 pièces de canon par S. M., estant lieutenant en son armée Monsieur le Mareschal de Biron. Le 17 juillet, fut faicte une sortie, où, de la part du Roy, meurent les sieurs de Montigny, Maistre de Camp, de Flessan et Fouquerolle; des assiégez, le s^r de Mandosse, et autres. Le 2 septembre, le Ravelin est battu. Le 3, Arnantel, chef des assiégez, emporté d'une mousquetade, et, le 5, Monsieur de Saint-Luc tué dans le fossé. Le 14, la mine fit son effect au Ravelin. Le 15, le Cardinal d'Austriche, avec la plus forte et puissante armée qu'eust jamais l'Espagnol, s'avance jusques sur le hault de Long-Prez, où, estant salué du canon de S. M., se retire en mesme temps à S. Sauveur, distant d'une lieue, où le soir il dresse son pont sur Somme pour jetter secours aux assiégez. Passez qu'ils sont, se trouvent attaquez par les sieurs de Montigny, colonel, de la Noüe, de Vicq et Descluzeaux, et si chaudement, qu'ilz sont contraincts de repasser promptement au gros de leur armée, laissans partie de leur pont. Le lendemain, devant jour, font tous ensemble retraite paisiblement et sans rumeur, tirans droict à Vignacourt, où ils mirent le feu et aux villages voisins. Ils sont néantmoins suivis en queue par Sa Majesté une grand'lieue, ayant faict avancer des canons, et tirer plusieurs volées dans les bataillons de leur infanterie. Ladite armée estoit de 15,000 hommes de pied, 3,000 chevaux, 18 pièces d'artillerie, avec infinité de chariots enchaisnez ensemble, pour s'en servir contre la cavalerie Françoise. Deux jours après ceste honteuse retraicte, les assiégez parlementent, promettent la place dans six jours s'ils ne sont secourus, en sortent, le 25 septembre, avec armes et bagages : assavoir, 18,000 hommes de pied, 600 chevaux, 160 chariots, 900 femmes, et sont conduits à Dourlan. Ce siége doit estre tenu pour un des plus grands et remarquables de nostre temps, où toutes sortes d'artifices, inventions et machines de guerre ont esté pratiquées, mais principalement avec un incroyable et invincible travail au remuement des terres, si que ni leur grand nombre d'artillerie, ni la profondeur de leurs fossés, ni la force de la place en la partie attaquée, n'ont peu empescher qu'on ne se soit logé pied à pied jusques sur leur rempart et Ravelin, voire de si près, qu'on y est venu aux mains. Or, à peine pourra croire la postérité les cruautez et inhumanitez exercées par lesdicts Espagnolz sur les pauvres habitans de ladite ville, qu'ilz ont traité de la façon des Indiens : ce qui doit servir de patron et d'exemple à toutes villes frontières, accroistre le courage à tous les François de plus en plus à courir sus et rendre très-bon et loyal service à très-puissante, très-magnanime et Auguste Majesté du Roy, auquel Dieu, continuant, voire accroissant ses victoires, veuille donner accomplissement à ses louables, justes et sainctes entreprises.

Par Claude Chastillon, *Topographe du* Roy.

A PARIS, chez Jean le Clerc, ruë S. Jean de Latran,
à la Salemandre, 1597.

℃℅

L'Estoile a écrit, au verso, cette note, et, en regard, un dizain en vers métriques, hexamètres et pentamètres, composés dans la forme latine par Nicolas Rapin :

« Ladite ville fust rendue au Roy, par composition, l'an

1597, le 25ᵉ septembre. Et disoit l'Espagnol qu'il avoit fait le Roy « Roy d'Amyens », ne l'estant auparavant. Mais les priviléges de la ville, assez à propos, pource que lesdits priviléges, desquels ils s'armèrent pour ne recevoir garnison, l'avoient soustraite de l'obéissance du Roy, et par mesme moyen ruinée. »

SUR LA REPRISE D'AMIENS.

FRANCE, *tu dois, à ce coup, bastir des temples à ton Roy,*
　　Pour tesmoignage d'honneur, d'obéissance et d'amour.
Puisqu'Amiens est pris, tu peux à son ombre reposer,
　　Libre de tous partis, libre de guerre et de peur.
Par ce labeur dernier, de rechef le Royaume a conquis.
　　L'espée a fait pour lui plus que le droit d'héritier.
Qu'on crie Vive le Roy ! *la France est en sa liberté,*
　　Puisqu'Amiens est pris ; qu'on crie Vive le Roy !
Vive le Mars françois, de qui l'heur aux armes a rempli
　　Ses citoyens de repos, ses ennemis de frayeur.

　　　N. RAPIN.　　　　　Du 1ᵉʳ octobre 1597.

CXXX

PLAINTE FUNEBRE

D'UN HABITANT DE LA VILLE D'AMIENS, SUR LA MORT
DE L'ASNE ESPAGNOLISÉ LE 12 DE SEPTEMBRE 1597.

Placard in-4°. Texte imprimé sur deux colonnes. Gravure sur bois, en tête de la première colonne. H. 0ᵐ90, L. 0ᵐ65. — A gauche, une femme et un homme, en costume de la bourgeoisie, s'attristent du spectacle que leur offre un boucher, qui dépèce et débite leur âne, après lui avoir arraché ses quatre fers.

Une coupure maladroite, dans le bas de la pièce, a enlevé quelques vers, qu'on remplace ici par des points.

SI *la douleur de quelque perte,*
　Qui ne peut estre recouverte,
　Nous engrave quelque rigueur,

Par quelque sinistre malheur,
Puis-je cesser le cours des larmes
Et faire mes tristes vacarmes,
Ayant perdu tous mes moyens,
Depuis la prise d'Amiens ,

Amiens, dont la fascherie,
Qu'une sanglante boucherie
Me rend ainsi triste et pitueux ,
Mélencholicque et soufreteux.

Le cœur me fault, quand j'ay mémoire
De ma beste de brun gris-noire,
De son maintien et gentil nom,

.   .   .   .

.   .   .   .

Qui n'estoit point de couleur grise,
Ains bigaré, et de franc pas,
Ce qui luy causa le trespas,
Car l'Espagnol eut grand'envie
Dessus sa façon si jollie,
Le voyant de mesme couleur
Qu'est un Espagnol de valeur.

Au reste, avec de grand sçavoir :
Hélas ! il l'avoit bien fait veoir,
Lorsque l'Espagnol print la ville,
Par trahison et sorte vile,
Car le pauvre, le lendemain,
Ne voulut plus manger du pain,
Jugeant qu'il seroit de requeste.
Aussi, hélas ! la pauvre beste
Depuis n'en demanda morceau.

Plus cher vendu fust qu'un toreau,
De cinquante ou soixante livres,
Pour manger, au lieu d'autres vivres.

Après sa funeste tuerie,
Estallé fut en boucherie ;
Son corps despessé par morceaux,
Sans jetter trippes ne boiaux.
Plusieurs, sans verjus ne moustarde,
Mangèrent bien la carbonnade.

L'on fit présent au Gouverneur
Du poulmon, du foye et du cœur.
Le reste fut pour la Commune,
Qui fut repeüe de sa fortune.
Aussi gentil qu'un rossignol,
Il mourut, servant l'Espagnol.

Quant il se mettoit à chanter,
On se plaisoit à l'escouter,
Tant il avoit une voix claire.
Aysement on le faisoit taire
En lui faisant signe des doigts,

. . . .

CXXXI

ANTIDOTE

CONTRE LE DÉFAUT ET GRAND MAL DE CŒUR D'ALBERT,
CARDINAL D'AUTRICHE, POUR LA REPRINSE D'AMIENS.

Copie manuscrite, contenant cette pièce et la suivante. Une coupure,
au bas du feuillet, a enlevé quelques vers à la fin des deux pièces.

Acourez, *médecins de France,*
Faictes quelque bonne ordonnance
Pour ce pauvre guerrier Cardinal !

Une chaude et bouillante ragé
Et un froid défaut de courage
Sont les deux causes de son mal.

Causes ocultes et contraires,
Que vos receptes ordinaires
Dompteront difficilement.
Il faut donc attendre la cure
De la seule aide de Nature,
Mais voicy bon commencement.

Un flux de ventre, que la crainte
Enfante en la personne attainte
D'une couarde et lasche peur,
L'a jà vuidé de tant d'ordure,
Qu'il n'a plus besoing, à cest' heure,
Que d'un restaurant pour le cœur.

Cœur, qui d'une façon estrange
Lui bat, de voir qu'un César range
Encontre un Cler ses bataillons,
Qu'en pièces son secours il taille,
Qu'il lui présente la bataille,
Qu'il le chasse à coups de canons.

Cœur! qui de regret syncopise

. . . .

༄

L'Horoscope du mesme Cardinal Albert.

*C*E *nom, qu'exprès ont voulu prendre*
Beaucoup de vos braves ayeux,
Que vous portez, vous devroit rendre
Naturellement valeureux.

Le Ciel vous donne autre influence,
Car je trouve, en vostre naissance,
Que Mars, en toutes les façons,
D'un quadrat aspect vous regarde,
Quand, rebours, Vénus vous mignarde,
Estant l'almat en des maisons.

Et veu qu'avec Vesper la brune,
Mercure, Saturne et la Lune,
Planettes de dévotion
Sont mesmes en conjonction :
C'est un infaillible présage,
Qu'au lieu d'estre, par mariage,
Avecque l'Infante conjoint,
Prestre sacré vous serez oinct.
Jà desjà l'heure est prochaine.
Car, ayant laissé eschapper
Amiens, sans un seul coup frapper,
Vous méritez, pour juste peine,
De vivre en un cloistre en repos,
Plustost qu'avoir chargé le dos
. . . . . qu'on n'en treuve.
. . . .

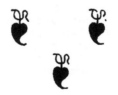

CXXXII

POURTRAITZ

DE PLUSIEURS HOMMES ILLUSTRES QUI ONT FLORY EN FRANCE,
DEPUIS L'AN 1500 JUSQUES A PRESENT [1].

Grand placard, composé de 2 feuilles, imprimé sur 6 col. en petit texte, sans date, avec 144 petits portraits gravés par Léonard Gaultier, ayant chacun 0m45 de H., et 0m27 de L., y compris le nom du personnage gravé au-dessous de chaque portrait. Ces 144 portraits sont sur la même planche, au centre du placard qui était destiné à former un tableau collé sur toile. Le texte présente quelques lacunes résultant de déchirures du papier; on les a remplacées, d'après un exemplaire intact.

A TRÈS GENEREUX ET TRÈS PRUDENT

MESSIRE JACQUES DE LA GUESLE,

Seigneur de Laureau, Chars, Marigny, Vaillé et Bellay, Conseiller du Roy en ses Conseils Privé et d'Estat, et son Procureur général en sa Cour de Parlement.

Monseigneur, sachant qu'à l'abry de vos rares perfections la Vertu se peut garantir de l'envie de ceux qui l'aboyent trop ordinairement, j'ay conclud en moy-mesme que ce seroit vrayment approprier la chose à son poinct, que de vous dédier ce nombre de grands et illustres personnages, gravez à peu près de leur naturel, mais principalement recommandez, par un brief récit, les uns pour leur saincteté de vie, les autres pour leurs hauts et généreux faits d'armes, aucuns pour le maniement des affaires d'Estat, et aucuns pour la parfaicte cognoissance qu'ils ont eu de diverses sciences. Et ceux-là seulement dont j'ai peu recouvrer les pourtraicts, qui ont diversement excellé en ce Royaume, soubs les règnes de nos Rois très Chrestiens, Louys XII, François Ier, Henry II, François II, Charles IX, Henry III et Henry IV, heureusement regnant, miracle de noz Roys. Mais, comme ce m'est un singulier contentement de vous avoir pour protecteur asseuré de mon labeur,

1. *Note de L'Estoile :* « Pourtraits d'hommes illustres, assez mal faits pour la plus part. — Du D. de L., en décembre 1601, le jour de S. Nicolas. »

aussi reputay-je à un grand heur, si vous le recevez de bon œil, ayant pour agréable ce gage de l'affection et bonne volonté qu'a de vous rendre service à jamais

Votre très humble et très fidelle serviteur,

JEAN LE CLERC.

⌘

Briefs éloges des Hommes illustres, desquels les pourtraicts sont icy représentez. Par Gabriel Michel, Angevin, avocat en Parlement.

PHILIPPES de Commines, sieur d'Argenton en Poitou, nasquit, l'an 1445, au chasteau de Commines, près de Messine, sur le fleuve du Lis, au pays de Flandres. Il fut nourry en la court du Duc de Bourgoigne, et, en l'an 1464, vint au service du Roy Louis XI, duquel il fut Chambellan et Seneschal de Poictou, et employé en de grandes charges, tant par le Roy Louys, son maistre, que par Charles VIII, son successeur. Il a escrit en françois l'histoire de son temps, qu'on estime la plus véritable, laquelle a esté traduicte en latin, en italien et en alleman. Il espousa dame Hélène de Chambes, de la maison des Comtes de Monsoreau, en Anjou, dont il eut une fille unique nommée Jeanne, qui fut mariée à René de Bretagne, Comte de Penthièvre; il mourut en sa maison d'Argenton, le 17 octobre 1509, aagé de 64 ans. Il fist édifier une chapelle dans l'église des Augustins de Paris, où il est enterré avec sa femme et sa fille.

2. Charles d'Amboise, sieur de Chaumont, fils de Charles d'Amboise, Chevalier de l'Ordre du Roy, Gouverneur de l'Ile de France et depuis de Champagne, et de Catherine de Chauvigny, fut en grand crédit vers le Roy Louis XII, par lequel il fut estably Lieutenant au Duché de Milan, où il donna certaines preuves, par ses haults faicts d'armes, de la grandeur de son courage et de sa valeur, tant contre les Suisses que contre les Vénitiens. Il fut Chevalier de l'Ordre, Mareschal, et depuis Grand-Maistre de France. Il mourut d'une fiebvre à Corrége, l'an 1511. Il épousa dame Jeanne de Graville, fille de l'admiral Graville, de laquelle il eut un seul fils, nommé George, qui fut tué à la bataille de Pavie.

3. Gaston de Foix, Duc de Nemours, fils de Jean de Foix, vicomte de Narbonne, et de Marie d'Orléans, et nepveu du Roy

Louys XII, fit preuve de sa valeur en la guerre contre les Vénitiens, à la journée de Ghiaradadde. Il fut général de l'armée
contre le Pape Jule II et autres potentats d'Italie confédérez. Il
rompit en bataille Jean-Paul Baglion, général des Vénitiens,
reprit la ville de Bresse, secourut Boulongne et deffit les confédérez en la journée de Ravenne, où il demoura vainqueur;
mais, poursuivant un esquadron d'Espagnols, il fut tué d'un
coup de pique, le jour de Pasques 1512, en sa fleur de jeunesse.
Il est enterré à Milan.

4. Arthus Gouffier, sieur de Boisy, fut gouverneur de François I
en sa jeunesse, et lorsqu'il estoit seulement Duc de Valois et
Comte d'Angoulesme, lequel, y estant parvenu à la couronne,
le fit Grand-Maistre de France et surintendant de sa maison. Il
estoit Chevalier de l'Ordre du Roy, et fut par luy envoyé vers les
Princes Électeurs d'Allemagne, après le décez de Maximilien,
Empereur, pour briguer leur faveur et l'eslection à l'Empire.
Mais la brigue de Charles d'Austriche fut plus forte, et, le sieur
de Boisy estant de retour, fit un voyage à Montpellier, afin d'adviser avec le sieur de Croy, qui avoit aussi esté gouverneur
dudit Charles, des moyens d'une bonne paix entre leurs maistres, ce qui demeura sans effect, à cause de la maladie dudict
sieur de Boisy, dont il décéda au moys de may 1519.

5. Pierre du Terrail, sieur de Bayard, natif de Dauphiné, l'un
des plus vaillans capitaines de son temps, fut au voyage de
Naples, avec le Roy Charles VIII, où il fit de grands exploits
d'armes, et depuis en la bataille d'Aignadel, et en la prise de
Bresse, et mesmes en un duel singulier avec Alphonse de Saincte-
Maure, Espagnol. Il repoussa les forces de l'Empereur Charles V
de devant Mézières. Le Roy François I voulut avoir de luy l'ac-
collade de Chevalier, et enfin fut tué d'un coup d'arquebuse,
près de Rebec et de Biagras, sur le chemin de Romagnan.
Depuis sa mort, les François tindrent les affaires d'Italie
comme desespérez.

6. Louys de la Trimouille fut, en l'aage de 26 ans, Lieutenant général du Roy Charles VIII, en l'armée de Bretagne contre
le Duc d'Orléans, où il obtint la victoire près S. Aubin du Cor-
mier. Il accompagna le Roy au voyage de Naples, et fut à la
bataille de Fornoue. Le Roy Louis XII le fit son Lieutenant
en Italie, où il reconquit en peu de temps le Duché de Milan. Il
fut aussi à la bataille de Marignan contre les Suisses (1515), où
son fils unique Charles de la Trimoille fut tué, et enfin, aagé
de 75 ans, il mourut à la journée de Pavie (1524), et est enterré
en la chapelle du chasteau de Thouars.

7. Jacques de Chabanes, sieur de la Palisse, fils d'Antoine de
Chabanes, Grand-Maistre de France, fit son apprentissage avec

le Roy Charles VIII, au voyage de Naples, et fut compagnon de Gaston de Foix, et, après la mort d'iceluy, fut chef de l'armée victorieuse. Le Roy Louis XII le fit Grand-Maistre de France, après le décez du sieur de Chaumont, dont il se démist, par le vouloir du Roy François I, en faveur du sr de Boisy, et fut faict Mareschal de France. Il mourut à la bataille de Pavie.

8. Guillaume Gouffier, sieur de Bonnivet, frère du sr de Boisy, fut Admiral de France sous le règne de François I. Il fut employé pour traicter l'accord entre son maistre et le Roy d'Angleterre, qui sortit effect, et s'entrevirent les deux Roys à Ardres. Lorsque le Roy estoit à la conqueste de Milan, il entretint en paix les peuples de la Guyenne, et print Fontarabie en Navarre. Au second voyage d'Italie, il fut dépesché pour la conqueste de Milan et empescher les desseins de Charles de Bourbon, qui s'estoit joinct avec l'Empereur, où il fut blessé d'une arquebusade dans un bras, et, finalement, il fut tué à la bataille de Pavie.

9. Jean-Jacques Trivulce, Milanois, a esté très-affectionné serviteur des Roys Charles VIII, Louis XII et François I, et les a assistez, ès guerres d'Italie, pour le recouvrement de Naples et de Milan, dont il chassa Ludovic Sforce, et le print prisonnier. Il fut faict Mareschal de France pour récompense de ses signalez services, et enfin, aagé de 80 ans ou environ, il mourut, en la ville de Chartres, d'une difficulté d'urine, et est enterré à Milan, comme il avoit ordonné par son testament.

10. Charles de Bourbon fut fils de Gilbert de Bourbon, Comte de Montpensier et de Claire de Gonzague, fille de Ferry, Marquis de Mantoue, et fut, pour sa valeur et magnimité, fait Connestable de France par le Roy François I, l'an 1516, pour le service duquel il fit de grandes prouesses ; mais, pour quelque desplaisir qu'il reçeut en Cour, attiré par les pratiques de l'Empereur, il quitta le service de son Roy, et, en l'an 1527, ayant assiégé Rome pour l'Empereur, il la prist d'assault, et toutesfois il ne se ressentit du fruict de la victoire, car il fut tué le jour de la prise, qui fut le 5 may. Il est enterré à Caiete, en la chapelle de la Roque.

11. Odet de Foix, sieur de Lautrec en Gascongne, après la bataille de Ravenne poursuivant un escadron d'Espagnols, fut blessé en vingt endroicts, et estant prisonnier fut mis à rançon ; depuis, il laissa des marques de sa vertu, à la journée de Marignan et à la défence de Milan contre les forces de l'Empereur. Il fut esleu Général de l'armée du Roy François I, lorqu'il fit alliance avec le pape Clément VII et le Roy d'Angleterre, pour délivrer Rome occupée par les Impérialistes, laquelle il remist en l'obéyssance du Pape, et, delà passant avec une belle armée pour la conqueste

du Royaume de Naples, il le réduisit quasi en sa puissance, et, assiégeant Naples, il mourut de peste, au moys d'Aoust 1528. Et est enterré audict Naples, où Ferdinand Consalve, Espagnol, luy a faict dresser un beau sépulchre de marbre, 28 ans après sa mort.

12. Louys de Lorraine, Comte de Vaudemont, estoit fils puisné de René II, Duc de Lorraine, et de Philippes de Gueldre, et petit-fils de Ferry de Lorraine et d'Yolande d'Anjou. Lorsque son frère aisné Antoine, Duc de Lorraine, eut guerre contre les rebelles du Duché de Gueldres, ses subjets, il fut colonnel de l'infanterie et donna preuve très-certaine de sa prouesse à Lupescin et au siége de Saverne. Depuis, il fit le voyage de Naples avec le sieur de Lautrec, où il fut estably général des Lansquenets, et au siége de Naples il mourut de peste, 1528, au moys d'aoust, et est enterré audict Naples, en l'église de S. Claire.

13. Theodore Trivulce, Milanois, cousin-germain de Jean-Jacques Trivulce, suivit aussy les armes de France et y fit de signalez services sous les règnes de Louys XII et de François I, lequel, pour récompense, le fit Mareschal de France. Il fut estably Gouverneur pour le Roy en la ville de Gênes, l'an 1527, et puis après il fut commis au gouvernement de Lyon, où il décéda en l'année 1533, aagé de plus de 75 ans, et fut plaint et regretté de tous comme un bon père.

14. Philippes de Villiers, issu de la noble maison de l'Isle-Adam, en France, estant Chevalier de Rhodes, fut, l'an 1520, élu Grand-Maistre de l'Ordre, et, en l'an 1522, le jour de Noël, la ville de Rhodes, avec l'Isle, fut rendue par composition à Sultan Soliman, après un siége mémorable de neuf mois, et furent les Chevaliers, avec leur chef, mis en l'isle de Malte, où il mourut le 21 d'aoust 1534, aagé de 75 ans, ayant porté les armes 40 ans pour la défence de la foy contre les infidelles.

15. François, Dauphin de France, fils aisné de François I, nasquit à Amboise, 1517, en febvrier, et furent ses parrains le Pape Léon X, représenté par Laurent de Medicis, Duc d'Urbin, son nepveu, père de la deffuncte Royne Catherine, et Antoine, Duc de Lorraine. Pour la délivrance de son père, il fut, avec son frère puisné, Henry, lors Duc d'Orléans, baillé en ostage à l'Empereur. Il estoit studieux et amateur des bonnes lettres, et plain de générosité; mais, allant vers Marseille contre l'armée de l'Empereur, passant par Lyon, il fut empoisonné par Sebastien de Montecucullo, et mourut, peu de temps après, à Tournon, 1536, aagé de 19 à 20 ans.

16. Guillaume de Bellay, sieur de Langey, puisné de l'ancienne et noble maison du Bellay en Anjou, nasquit l'an 1496, et conjoignit

les lettres et les armes; il fut Chevalier de l'Ordre du Roy et Vice-Roy en Piedmont. Il a esté envoyé en ambassade par le Roy François I en Italie, Angleterre et Allemagne; il mourut le 9 janvier 1543, à S. Saphorin, au mont de Tarrare, près Lyon, aagé de 47 ans. Sa sépulture est magnifiquement élevée en marbre dans l'église de S. Julien du Mans, dont estoit évesque son frère puisné, qui depuis a esté Doyen des Cardinaux.

17. Philippes Chabot, fils de Jacques Chabot, sieur de Brion, et de Magdelaine de Luxembourg, fut choisi par le Roy François I pour commander à l'armée qu'il envoya en Piedmont pour la conqueste de Savoye, où, estant arrivé, il fortifia les villes de Piedmont pour empescher les desseins de l'Espagnol, et conserva la ville de Marseille. Il fut pris prisonnier, avec le Roy son maistre, à la journée de Pavie, et fut employé au traicté de Madrid. Il fut aussi gouverneur de Bourgogne et Amiral de France. Il mourut 1543, et est enterré aux Célestins de Paris, en la Chapelle de la maison d'Orléans, au sépulchre magnifique que luy fit dresser son fils Léonor Chabot, Grand-Escuyer de France.

18. Charles de France, fils troisiesme de François I, fust déclaré duc d'Orléans après le décez de son frère aisné. Il fit preuve de sa prouesse et de la grandeur de son courage, en la prise d'Yvoy, Arlun, Vireton, Luxembourg, et autres places conquises sur l'Empereur Charles V, la fille duquel luy fut promise en mariage avec le duché de Milan; mais, estant encores en la fleur de son aage, atteint d'une très ardente fièvre, il mourut 1545, et est enterré à S. Denis en France, avec son père et son frère aisné.

19. François de Bourbon, fils puisné de Charles, duc de Vendosme, et de Françoise, fille de René, Duc d'Alençon, fut seigneur d'Anguien, lequel, en l'an 1544, le 14 d'apvril, rompit en bataille rangée les forces de l'Empereur Charles V, conduites par le Marquis du Guast, et remporta la victoire près de Cerisoles, tant bien descrite par Paul Jove en son Histoire, et s'il n'eust esté tué à la Rocheguyon par la cheute d'un coffre qui luy tomba sur la teste, en febvrier 1546, il y a apparence qu'il eust esté le plus valeureux et renommé Capitaine et chef d'armée de son siècle. Il fut pourveu du gouvernement de Languedoc, peu auparavant sa mort.

20. Henry d'Albret, fils de Jean d'Albret et de Catherine, Royne de Navarre, succéda au Royaume l'an 1517. Il espousa Marguerite, veufve de Charles, duc d'Alençon, et sœur du Roy François I, aydé des forces duquel il reconquit Pampelune, le 20 de may 1521, et entra en son Royaume qui avoit esté usurpé par les Castillans; mais, un mois après, il fut derechef usurpé

par la négligence des Gouverneurs auxquels le gouvernement du pays avoit esté commis. Il mourut 1555, et laissa une fille unique son héritière, mariée à Antoine, duc de Vendosme, père de nostre invincible Henry IIII, à présent régnant.

21. Jean de Bourbon, autre fils puisné de Charles Duc de Vendosme, après la mort de François, son frère, fut seigneur d'Auguien. Il donna preuve de sa vaillance, au siége mémorable de Metz, l'an 1552, qui fut valeureusement soustenu contre les forces impériales. Il fut en Piedmont conducteur d'une armée de 14,000 piétons et de 4000 chevaux, pour renforcer le Mareschal de Brissac, 1555, et les villes de Vulpian et de Montcalvo furent assiégées et prises, nonobstant le secours du Duc d'Albe. Enfin il mourut au lict d'honneur, à la bataille S. Quentin, le jour S. Laurent, 10 aoust 1557, deux mois après qu'il eut espousé Marie de Bourbon, fille du Comte de S. Paul, son oncle paternel, et est enterré à la Fère.

22. Pierre Strozzi, issu de la noble maison des Strozzi de Florence, ayant faict beaucoup de grands services tant en Italie qu'en ce Royaume, et en Escosse, aux Roys François I et Henry II, fut créé Mareschal de France et fait Chevalier de l'Ordre, et, après plusieurs prouesses, fut tué au siége et prise de Thionville, en juin 1558. Je ne puis ici passer sous silence ce grand philosophe Kyriaque Strozzi, issu de la mesme famille, qui a adjousté aux *Politiques* d'Aristote deux livres de sa composition, sans lesquels cest œuvre demeuroit manque; ni pareillement Laurence Strozzi, sa sœur, religieuse de S. Nicolas du Pré en la Toscane, qui s'est tellement adonnée à la poësie lyrique qu'elle nous a laissé un juste volume d'Hymnes saincts, composez en latin, sur toutes les festes et solemnitez de l'année, et est décédée le 10 de septembre 1591, aagée de 77 ans.

23. Charles de Cossé, sieur de Brissac, fils de René de Cossé et de Charlotte Gouffier, de la maison de Boisy, succéda à son père non seulement au comté de Brissac en Anjou, mais aussi en l'estat de Grand-Fauconnier, Capitaineries des chasteaux d'Angiers et de Falaise, et au gouvernement d'Anjou et du Mayne. Estant premier gentil-homme de la maison de Monsieur le Dauphin, en l'aage de quinze ans, il fit le voyage d'Italie, pour le recouvrement de Naples, sous la conduite du sieur de Barbesieux, chef de l'armée de mer. Depuis, il accompagna le sieur de Humières au voyage de Piedmont. Il combattit en duel le sieur de Funel, puis un grand et furieux lyon qu'il mit en fuite. Il fut Colonnel de l'infanterie en Piedmont, puis Colonnel de trois mil chevaux légers, Grand-Maistre de l'artillerie, Lieutenant du Roy delà les monts, Mareschal de France, et enfin Gouverneur de Picardie, et ayant servy quatre Roys, sçavoir :

François I, Henry II, François II et Charles IX, il mourut à Paris, aagé de 57 ans, laissant des enfans qui ont succédé à sa vaillance, à ses biens et à ses honneurs.

24. Antoine de Bourbon, fils aisné de Charles Duc de Vendosme et de Françoise d'Alençon, espousa en l'an 1548 Jeanne, Royne de Navarre, fille de Henry d'Albret et de Marguerite d'Orléans, et, après le décez de son beau-père, fut Roy de Navarre et Gouverneur de Guyenne. Il avoit esté, dès l'aage de 24 ans, Gouverneur de Picardie, où il prist à force d'armes le chasteau de Tournehan et le fit raser, eut victoire sur les Flamans et Hennuyers, secourut de gens et de vivres Therouenne, nonobstant les forces de l'Empereur Charles V, conduites par le comte du Ru, sur lequel il conquist Hedin et plusieurs autres forteresses des Pays Bas. Le Roy Charles IX, venant à la couronne, le fist son Lieutenant général, et au commencement des premiers troubles, assiégeant la ville de Rouen, détenue par ceux de la Religion prétendue Réformée, il fut blessé en l'espaule d'une arquebusade, dont il mourut le 17 novembre 1562, laissant pour successeur nostre invincible Henry, qui depuis est miraculeusement parvenu à ceste Couronne.

25. François de Lorraine, Duc de Guise, fils de Claude de Lorraine et d'Antoinette de Bourbon, de la maison de Vendosme, a faict de signalez services à cette Couronne durant les règnes de François I, Henry II, François II et Charles IX. Il donna preuve de sa valeur, au siége de Boulogne contre les Anglois, puis au mémorable siége de Metz contre l'Empereur Charles V, qui avoit une armée de cent mil hommes, où son *plus oultre* fut limité, et en la bataille de Renty : pour récompense de quoy le Roy Henry II, l'an 1555, luy donna les estatz de Grand-Chambellan et de Grand-Maistre de France. Depuis, il fut Lieutenant général du Roy en Italie et conducteur d'une puissante armée pour secourir le Pape Paul IIII, assailly du duc d'Albe, Vice-roy en Sicile, d'où estant retourné, il prit d'assault, en sept jours, sur les Anglois, la ville de Calais, le chasteau de Guines, et conquit toute la comté d'Oye ; davantage il prit Thionville, et, le 19 décembre 1562, il remporta la victoire de la bataille de Dreux, et, l'an ensuyvant, tenant la ville d'Orléans assiégée, et estant déclaré Lieutenant général en l'armée du Roy, il fut blessé en trahison par Jean Poltrot, le 18 février, dont il mourut le 24 dudit mois, et fut honoré à Paris d'une pompe funèbre très magnifique.

26. Nicolas de Brichanteau, sieur de Beauvais Nangis, Chevalier de l'Ordre de S. Michel, fut, en l'an 1536, Guidon des 50 hommes d'armes de la compagnie d'Antoine de Bourbon, lors comte de Marle, qui fut depuis Duc de Vendosme et Roy de Navarre,

et, l'année ensuivante, il entra dans Therouenne, qui estoit assiégée par le Lieutenant de l'Empereur Charles V, et fit trois
furieuses sorties sur les ennemis. Il fut aussi à la prise de Landrecy, au siége de Boulogne, et, estant lieutenant du Duc de
Vendosme, il se trouva à la prise de Mont-Lambert, Blanque-
nay d'Yvoy, Mont-médy, et autres places d'importance, et
mesmes à la prise de Calais et de Thionville : il eut la charge
d'empescher qu'aucun tort ne fust faict aux femmes et filles par
l'insolence des soldats victorieux. Il assista à la reprise de Blois,
l'an 1562, et fut envoyé à Tours en qualité de Lieutenant du
Roy, depuis à Meleun, et au pont S. Cloud, et, estant capitaine
de 50 hommes d'armes des ordonnances, il combattit valeureusement à la bataille de Dreux, où il fut blessé et retenu prisonnier,
de laquelle blessure, après avoir longuement languy, il mourut
en son chasteau de Nangis, aagé de 54 ans, en aoust 1564.

27. Charles Tiercelin, sieur de la Roche du Mayne, dès son
jeune aage, se voua aux armes pour servir nos Roys ; d'entrée, il
fut enseigne, puis capitaine ; par après archer en la compagnie du
duc d'Alençon ; derechef homme d'armes, puis guidon, après
lieutenant, et enfin capitaine de sa compagnie. Il s'est trouvé
en sept siéges de villes pour le service de ceste Couronne, et a
esté prisonnier à la journée de Pavie et à la bataille Sainct
Quentin, où son fils puisné fut tué en l'aage de 22 ans ; il avoit
en luy une liberté de parler, qui démonstroit la générosité de
son courage ; il mourut à Chitré près Chastelleraut, le 2 jour
de juin 1567, aagé de 85 ans deux mois.

28. Anne, issu de l'illustre maison de Montmorency, fut premièrement élevé en la maison de Longueville, et baillé par le Roy
Louys XII à François I, lors duc d'Angoulesme, pour luy servir
d'enfant d'honneur, et fut Lieutenant de la compagnie de cent
hommes d'armes du sr de Boisy, Grand-Maistre de France, qu'il
conduisit en Italie, lors de l'entreprise de Milan, où il donna
preuve de sa vertu, et en la journée contre les Suisses à Marignan. Il fut, ensuite de ce, Gouverneur de Novare et Capitaine
de cent gentilhommes de la maison du Roy. Le Roy Henry VIII
d'Angleterre l'honora de l'Ordre de la Jarretière ; il combatit
en duel le comte d'Egmont au siège de Mésières. Il fut Mareschal de France, 1524, et à la journée de Pavie il fut pris prisonnier, et de là il fut Grand-Maistre de France et Gouverneur général
du Languedoc, et depuis Lieutenant général du Roy deçà et
delà les monts, et enfin Pair et Connestable de France. Il
appaisa les troubles survenus en Guienne, et notamment à Bor-
deaux ; il a conquis Metz et Toul en Lorraine à ceste Couronne,
et plusieurs autres places, et, pour couronner sa gloire, après
avoir assisté à plusieurs batailles et siéges de villes, il fut

blessé à la bataille de S. Denis, en novembre 1567, dont il mourut à Paris, trois jours après, aagé de plus de 80 ans.

29. Jean de la Valette, autrement dit Parisot, Chevalier de S. Jean de Hiérusalem, François de nation, après le décez de dom Jean Omega, Espagnol, fut esleu Grand-Maistre de l'Ordre, duquel la mémoire sera tousjours célébrée entre les Chrestiens, pour avoir très-vaillamment soustenu, par plus de six moys, avec peu de forces, le siége que mit devant l'Isle de Malte Dragut Rays, par le commandement du Sultan Soliman, accompagné de cent mille hommes, qu'il fut contrainct de lever, à sa honte et confusion, ayant perdu environ trente mil Turcs, en aoust 1565. Ledit Grand-Maistre, après avoir faict réparer et fortifier la ville de Malthe et autres places de l'Isle, décéda sur la fin de l'an 1569.

30. Timoléon de Cossé, sieur de Brissac, fils de Charles de Cossé, Mareschal de France, fut en son enfance instruit aux bonnes lettres par le docte Buchanan, Escossois, et, dès l'aage de 16 ans, il se trouva au siége de Bourges, estant Colonnel des vieilles bandes de Piedmont; il fut employé au recouvrement du Havre de Grace contre les Anglois, et, après l'Édict de pacification, il fut envoyé en Angleterre pour faire jurer la paix à la Royne. Ayant eu nouvelle du siége de Malthe, en l'an 1565, il s'accompagna de cinq cens braves gentils-hommes et de plusieurs bons soldats de pied, et y alla, en intention de secourir les assiégez, mais, trouvant le siége levé, il passa en Hongrie, où il séjourna quelques temps avec l'empereur, et à son retour il se trouva à la bataille de S. Denis, depuis au siége de Lusignan et à la bataille de Bassac, et enfin au siége de Mussidan, en l'an 1569, il fut tué d'un coup d'arquebusade, en la fleur de sa jeunesse, n'ayant lors que 23 ans.

31. François de Colligny, sieur d'Andelot, fils puisné de Gaspard de Colligny, Mareschal de France sous le Roy François I, sieur de Chastillon sur Loing, commença à acquérir de l'honneur par les armes, au siége de Landrecy, 1543, et depuis en Escosse, incontinent après le sacre du Roy Henry II, où il fut envoyé en qualité de Colonnel de l'infanterie françoise. Il fut aussi un de ceux qui soustindrent avec tant de valeur l'effort de l'Empereur Charles V, assiégeant la ville de Metz, et qui conservèrent leur nouvelle conqueste. Il se trouva au siège et prise de Calais, et aux prises des villes et places conquises ès Pays Bas, et à la bataille S. Quentin. Après le décez du Roy Henry II, il fut un des chefs de l'armée des prétendus Réformez, et se trouva à la bataille S. Denis, au siége de Chartres, à la journée de Bassac, et enfin mourut l'an 1569, au moys de may, dans la ville de Xainctes, et fut surnommé le Chevalier sans peur.

32. Louys de Birague, Milanois, fils de César de Birague et de Françoise de la Tour, au commencement des guerres de Piedmont, fut Lieutenant colonel du sieur Marc Antoine Cusan, son beau-frère, qui suivoit le party du Roy François I contre l'Empereur, et depuis fut Colonel de deux mille hommes de pied. Il fut Gouverneur de la ville de Sainct Jaco, qu'il garda vertueusement contre le camp de l'Empereur Charles V, conduit par le Duc d'Albe. Il fut choisi par le Sr de Brissac pour l'entreprise faicte sur le chasteau de Milan, et enfin, après avoir faict fort long-temps service à ceste Couronne, il mourut à Saluces, Lieutenant pour le Roy delà les monts, l'an 1572, aagé de 63 ans.1

33. Gaspard de Colligny, sieur de Chastillon, frère aisné du sieur d'Andelot et du Cardinal de Chastillon, pour l'un des premiers exploits de ses armes, reçeut une arquebusade en la gorge, au siège de Bains, l'an 1543. Depuis il fut au siège de Carignan et à la bataille de Cerisoles, et, pour tenir en bride les Anglois qui estoient dans Boulogne-sur-Mer, il dressa un fort, en l'an 1548, qui les gehenna extrêmement. Il fut un de ceux qui soustindrent le siège de Metz, et après iceluy il fust faict Admiral de France, l'an 1552, et Lieutenant du duc de Vendosme en Picardie. A la journée de Sainct-Quentin, il fut prisonnier. Après le décez du Roy Henry II, il fit paroistre qu'il estoit homme de grande entreprise, car, estant l'un des principaux chefs des prétendus Réformez, il se saisit de la plupart des bonnes villes du Royaume et prist les resnes du gouvernement militaire, et se trouva en toutes les batailles et expéditions de guerre si amplement descrites par nos histoires. Enfin, en aoust 1572, il fut tué à Paris, le jour S. Barthélemy.

34. Blaise de Montluc, natif de Gascongne, par sa vaillance et adresse au faict des armes, de simple Gentilhomme a mérité d'estre Mareschal de France et Lieutenant du Roy, n'y ayant eu aucunes batailles, rencontres mémorables, entreprises, assautz, prises et défences de villes, depuis 1521 jusques en l'an 1571, où il ne se soit trouvé, ayant reçeu à diverses fois 24 blessures. Les historiens de nostre temps en font foy, et mesmes les Commentaires qu'il a escrits en l'aage de 75 ans. Somme, il a servy fidellement cinq Roys, François I, Henry II, François II, Charles IX et Henry III, et est décédé l'an 1577, aagé de 77 ans, ayant immortalisé sa mémoire par ses actes généreux, comme aussi a faict son frère, Evesque de Valence, par sa doctrine, éloquence et bon conseil.

35. Philippes Strozzi, fils de Pierre Strozzi, Mareschal de France, nasquit à Venise, l'an 1541, et, en l'aage de 7 ans, il fut amené en France, où il fut nourry en l'exercice des lettres et des armes.

Il apprint les rudiments de la guerre, en l'aage de 15 ans, sous ce grand guerrier Charles de Cossé. Il fut depuis au siége et prise de Calais et de Guines. Après le décez du sieur d'Andelot, il fut Colonnel général de l'infanterie françoise, et le Roy Henry III, instituant l'Ordre du S. Esprit, le choisit des premiers pour estre Chevalier. Enfin il fut esleu chef de l'armée de mer qui fut dressée pour le secours de Dom Antoine, Roy de Portugal, composée de 55 voiles et 32 enseignes de gens de pied; et, s'estant mis sur mer, il tomba entre les mains de l'Espagnol, qui le fit tuer de sang froid, et mourut le 28 juillet 1582, aagé de 41 ans.

36. Jacques de Savoye, duc de Nemours, filz de Philippes de Savoye, comte de Genève, et de Charlotte d'Orléans, de la maison de Longueville, fut très belliqueux, de grand entendement et prudence au faict de la guerre, comme il a monstré par effect durant les guerres du Roy Henry II contre l'Empereur Charles V et son filz le Roy d'Espagne, et du temps des guerres civiles pour le faict de religion. Il a esté Gouverneur de Lyon, où il s'est comporté si vertueusement qu'il en a esté aymé et admiré des habitans de la province; mesmes il a esté Lieutenant général du Roy au Lyonnois, et a esté chef et conducteur d'armée, en l'an 1569, pour empescher le passage en France au comte Palatin, Duc des Deux Pontz. Finalement, après beaucoup de services faicts à la Couronne, il mourut l'an 1583.

37. Guy, comte de Laval, issu d'une des plus nobles et anciennes familles du Royaume, dont y a eu des Connestables, Admiraux et Mareschaux de France, estoit né pour des choses grandes, si la mort par trop hastive ne l'eust si tost mis au tombeau : car il mourut en sa jeunesse, au moys d'avril 1586, du regret qu'il conceut de la mort de ses trois frères puisnés, les sieurs de Sailly, de Tanlay et de Rieux, deux desquels, peu de jours auparavant, moururent des blessures qu'ils reçeurent de la défaicte du régiment de Tiercelin en Xaintonge, où ledict sieur de Laval fit des vaillances incroyables, et le sieur de Tanlay estoit naguères décédé à S. Jean d'Angely. Ilz sont tous quatre inhumez au chasteau de Taillebourg.

38. Anne de Joyeuse, filz de Guillaume, vicomte de Joyeuse, Mareschal de France, fut pour ses mérites tellement aymé par le Roy Henry III qu'il le fit son beau-frère, luy faisant espouser la sœur de la Royne Louise de Lorraine, puis érigea la vicomté de Joyeuse en duché, luy bailla l'estat d'Admiral de France et le gouvernement de Normandie; enfin il le fist son Lieutenant général en l'armée de Poictou, où il alla accompagné d'une belle noblesse, et y mourut à la journée de Coutras, en octobre 1587, et, son corps estant apporté en la ville de Paris, on lui

fit des obsèques aussi magnifiques qu'à un des Enfans de France ou au premier prince du sang.

39. Henry de Bourbon, fils aisné de Louys, prince de Condé, qui fut tué à la journée de Bassac, et de Léonor de Roye, comtesse de Roussy, fut prince très illustre, non seulement pour son incomparable vaillance, singulière expérience au faict des armes et sage conduite requise en un parfaict capitaine, mais aussi pour sa magnanimité, clémence, libéralité, et autres vertus. Il reçeut, à la bataille de Coutras, un coup de lance au costé, qui, l'ayant engagé sous son cheval, causa tel prejudice à sa santé, que, le 5 mars 1588, il mourut d'une forte maladie d'estomach et d'une difficulté de respirer, laissant Charlotte Catherine de la Trimouille, sa femme, enceinte de Henry, son fils postume, dont elle accoucha le 1er septembre ensuivant, qui, pour la grande promptitude et vivacité de son esprit, bonté de sa mémoire, courtoisie, docilité et gentillesse de mœurs, donne à un chascun espérance d'égaler, voire de surpasser en vertu et générosité ses prédécesseurs.

40. Henry de Lorraine, fils de François de Lorraine, duc de Guise, et d'Anne d'Este, de la maison de Ferrare, fut pourveu de l'estat de Grand-Maistre de France après le décez de son père, aux vertus et vaillance duquel il a succédé, comme il a faict paroistre au siége de Poictiers, qu'il défendit si vertueusement, en l'an 1569, avec le duc de Mayenne, son frère; puis après, en la défaicte des Reistres conduits par le sieur de Thoré, 1575, et encores mieux en une seconde défaicte merveilleuse d'une puissante armée d'Allemans à Auneau, en Beausse, en novembre 1587, lesquels exploitz sont plus que suffisans pour éterniser sa mémoire. Mais, par un malheureux désastre, il finit ses jours d'une mort violente, en la ville de Blois, le 23 décembre 1588, en suite de laquelle on a veu depuis de très grandes révoltes qui ont presque ruyné de fond en comble l'estat de ceste ancienne Monarchie.

41. Bernard de Nogaret, sieur de la Valette, estoit issu de la famille de Guillaume de Nogaret de Sainct Félix, du pays de Languedoc, homme de grand savoir, d'extrême hardiesse et de grande entreprise, qui fut Chancelier de France du temps du Roy Philippes le Bel et de son fils Louys Hutin. Il a esté un des plus valeureux gentilz-hommes de son temps et a faict de grands services aux Roys Charles IX, Henry III, et au Roy Henry IIII. Son défunct père estoit chef, en l'an 1568, de 18 cornettes de cavalerie, avec lesquelles il se présenta au siége de Chartres pour secourir les assiégez, et assista au siège de la Rochelle, en l'an 1573. Il a faict de grands faicts d'armes en Dauphiné et Provence, et mesmes en une notable défaicte des Suisses, qui fut

cause que, l'an 1588, il fut pourveu de l'estat d'Admiral de France, par la résignation du duc d'Espernon, son frère, et est décédé en février 1592.

42. François de la Nouë, natif de Basse Bretagne, s'est rendu admirable, tant par la cognoissance des bonnes lettres que par le maniement et expérience des armes, et a rendu preuve de l'un et de l'autre, comme tesmoignent ses Discours politiques et militaires et les Observations qu'il a faictes sur plusieurs choses advenues aux trois premiers Troubles; aussi, que les Histoires de nostre temps font foy qu'il s'est trouvé aux batailles de Dreux, de S. Denis, de Bassac et de Moncontour, et aux sièges et prises de plusieurs villes; et ,depuis que le Roy Henry IIII est parvenu à la Couronne, il a grandement faict paroistre sa valeur et grandeur de courage, sçavoir: au secours qu'il donna à Senlis assiégé par le duc d'Aumale, à la bataille d'Ivry et au siège de Paris; et finalement il est mort pour le service du Roy, lorsqu'il assiégeoit la ville de Lambale en Bretagne, en l'an 1591.

43. Arman de Gontaut de Biron fut faict Mareschal de France, l'an 1577, par le décez du Sr de Montluc. Aussi se ressembloient-ils en vaillance et générosité, estans tous deux Gascons et tous deux parvenus aux estats et honneurs militaires par mesmes dégrez, et s'estant tous deux trouvez à toutes les journées, rencontres et sièges memorables qui ont esté depuis qu'ils ont esté capables de porter les armes. Il a esté au siége de Chartres, en l'an 1568; de Poitiers, en l'an 1569; à la bataille de Moncontour, au siège de la Rochelle, et, toutesfois et quantes qu'on a faict la guerre aux prétendus Réformez; mesmes contre les Allemans, à Auneau, en Beausse, il a fait de grandes prouesses. De son temps, estant advenue la révolte des principales villes du Royaume et de la pluspart des subjects du Roy, il a esté l'un de ceux qui a le plus travaillé à maintenir le droict de Sa Majesté. Les journées d'Arques et d'Ivry, et les sièges de Paris, de Rouen et d'autres villes, en font foy, et la prise de Clermont et Beauvoisis; et, estant décédé, en l'an 1592, au siège d'Espernay, il a eu cest heur, que son fils, succédant à sa qualité de Mareschal de France en la fleur de son aage, et, à sa générosité, a parachevé par ses héroïques exploits ce qu'il avoit si bien commencé, ayant esté l'un et l'autre des principaux restaurateurs de cest Estat.

44. Anne d'Anglure, sieur de Givry, fils de celui qui fut tué combatant valeureusement pour le service du Roy, en l'an 1562, à la bataille de Dreux, a monstré qu'il n'estoit moins vaillant ny moins affectionné au service de son Prince que son père. La fuite du duc d'Aumale et de ceux qui assiégeoient Senlis, en l'an 1589, et les batailles d'Arques et d'Ivry, où il commandoit à une trouppe de Chevaux légers, en rendent une suffisante

preuve, comme aussi les sièges de Paris, de Corbeil, de Noyon, de Rouen, de Chartres, de Dreux et de Laon, auquel il fut tué en l'an 1594, ayant quelque temps auparavant espousé la fille du Chancelier de Cheverny, veufve du marquis de Neesle, qui estoit mort de la blessure qu'il avoit reçeue à la journée mémorable d'Ivry.

45. Louys de Gonzague, duc de Nevers, issu de l'illustre maison des Ducs de Mantoue, en Italie, de par sa femme, fille aisnée de François de Clèves, est parvenu au duché de Nivernois et autres grandes seigneuries, et, en continuant la générosité et vaillance de ses prédécesseurs, a faict de signalez services à ceste Couronne. Il fut, en l'an 1573, au siége de la Rochelle, et en l'année 1588, Lieutenant général du Roy en l'armée de Poictou, où il prit de force Mauléon et Montagu, et l'année suivante la Ganache. Incontinent après la conversion du Roy Henry IIII, il fut envoyé à Rome, 1593, pour rendre, au nom du Roy, l'obéyssance au Pape Clément VIII, et, estant de retour, il asseura, en l'an 1595, la Picardie, et fortifia Amiens, Corbie et S. Quentin, estonnées de la puissante armée conduite par le comte de Fuentès pour le Roy d'Espagne, et mesmes envoya avec de belles troupes son fils unique, le duc de Retelois, dans Cambray. Mais, quelque temps après, il mourut, fasché, d'une part, de la perte de la ville, qui s'estoit rendue à l'Espagnol, et, d'autre part, content de ce que son fils s'estoit monstré si vaillant en la conduite du secours qu'il y avoit jetté et de ce que le Pape avoit donné sa bénédiction au Roy.

46. François d'Espinay, sieur de S. Luc, sera à jamais recommandable à la postérité, à cause de sa valeur, grandeur de courage et dextérité au faict des armes. Le Roy Henry III lui donna le gouvernement de Broüage, et le Roy Henry IIII le fit son Lieutenant général en Bourgogne, en l'année 1592, et, après le décez du sieur de la Guiche, il fut Grand-Maistre de l'Artillerie de France. Il avoit espousé Jeanne de Cossé, fille de Charles, Mareschal de Brissac, et, après son trespas, il composa des Regrets funèbres sur sa mort, en vers françois, esquels il a monstré la gentillesse de son esprit et tesmoigné qu'il n'estoit moins sçavant que vaillant. Estant au siège d'Amiens, le 5 septembre 1597, il fut tué dans les tranchées, et obtint ce grave et digne tesmoignage de sa valeur, par la bouche de Sa Majesté, d'avoir, ce jour-là, perdu un très vaillant et très fidèle serviteur; et tout le camp déplora ceste perte commune à toute la France, comme d'un des plus braves capitaines de son siècle et des plus signalez gentils-hommes du Royaume.

47. Robert Gaguin, dés son jeune aage, fit profession de l'Ordre des Mathurins, en Picardie, et, estant venu estudier à Paris, il

fut Docteur en Décret, et esleu Général de son Ordre l'an 1473. Les Roys Charles VIII et Louys XII l'avoient en telle réputation, qu'ils l'ont envoyé par diverses fois en ambassade, tant en Italie, vers le Pape et les Florentins, qu'en Angleterre et Allemagne. Il a escrit l'Histoire de France et autres livres. Il mourut le 22 may 1501, et est enterré en l'Eglise des Mathurins de Paris, la nef de laquelle il avait faict parachever, et bastir le Cloistre, et dresser la Bibliothèque.

48. Georges d'Amboise, fils puisné de Pierre d'Amboise, Chambellan du Roy Louys XI et d'Anne de Bueil, de la maison de Sancerre, avoit une gentillesse d'esprit admirable, et une prudence incroyable, qualitez qui le firent aimer au Roy Louys XII, de sorte qu'il le fit son Lieutenant général delà les monts. Le Pape Alexandre VI luy envoya, en l'an 1499, le chappeau de Cardinal, et, l'année ensuivante, il le fit Légat en France pour 18 mois, et avoit tel crédit envers les Cardinaux, qu'après le décez d'Alexandre, ils l'eussent esleu Pape, n'eust esté l'empeschement que luy donna le Cardinal Ascagne Sforce, qu'il avoit délivré de prison. Il appaisa une grande sédition qui s'esleva en l'Université de Paris, esmeue contre le Chancelier de France Guy de Rochefort. Il fut Archevesque de Narbonne, et puis de Rouen, où il procura l'establissement du Parlement qui y est. Estant Legat, il réforma les Quatre Mendians, et mourut en l'an 1509.

49. Charles, Cardinal de Lorraine, fils puisné de Claude de Lorraine, duc de Guise, et d'Anthoinette de Bourbon, fut, dès l'aage de six ans, instruict aux lettres et disciplines, où il profita tellement, qu'il a esté l'un des plus doctes prélats de nostre temps et doué d'un esprit esmerveillable en toutes choses. C'est pourquoy le Roy Henry II le fit chef de son Conseil privé. Il fut archevesque et duc de Rheims dès l'aage de 14 ans. Il a presché publiquement plusieurs fois en la présence de Henry II, François II et Charles IX, et sont imprimées deux de ses harangues remarquables: entre autres, l'une qu'il fit au Colloque de Poissy, 1561, et l'autre au Concile de Trente, 1562. Il mourut à Avignon le 26 décembre 1574, aagé de 49 ans et 10 mois, et est inhumé en l'Eglise cathédrale de Rheims.

50. Charles, Cardinal de Bourbon, fils puisné de Charles de Bourbon, duc de Vendosme, et de Françoise d'Alençon, fut prince plus apte pour la paix que pour l'art militaire: aussi fut-il destiné à l'Eglise, pour le régime et gouvernement de laquelle il sembloit estre né. Il fut Cardinal, estant encore jeune, puis Archevesque de Rouen et Abbé de S. Germain des Prez lez Paris. Il a fondé une belle Chartreuse à Gaillon, et un collége pour les Jésuites à Paris, rue S. Antoine. Parce qu'aux derniers troubles on se servoit de son nom, il fut

mis en seure garde à Blois, puis conduit à Chinon, et finalement à Fontenay-le-Comte, en Poictou, auquel lieu, accablé de maladie et de vieillesse, il mourut, en l'an 1590, lors du siège de Paris, aagé de 67 ans ou environ.

51. Odet de Colligny, fils de Gaspard de Colligny, Mareschal de France, et frère de Gaspard et François de Colligny, fut dédié à l'estat ecclésiastique dès sa jeunesse et fut pourveu de l'évesché de Beauvais. En l'an 1533, lorsque le Pape Clément VII vint à Marseille pour le mariage de Catherine de Médicis, sa niepce, il fut créé Cardinal, et depuis fut Archevesque de Tolose. Il assista au Colloque de Poissi, en l'an 1561. Mais, ayant changé de religion, il porta les armes, et enfin se retira en Angleterre, où il décéda, en l'an 1571, lorsqu'il brassoit le mariage de Henry III, lors duc d'Anjou, avec la Royne Elisabeth.

52. Réné de Birague, Milanois, fils puisné de Galéas de Birague et de la fille de Théodore Trivulce, Mareschal de France, fut instruict aux bonnes lettres, et par dégrez est parvenu à l'estat de Chancelier de France. Il fut premièrement Conseiller au Parlement de Paris, puis Maistre des Requestes, Premier Président à Thurin et Ambassadeur pour le Roy au Concile de Trente, et vers l'Empereur, et, à son retour, il fut Gouverneur de Lyon, et enfin Garde des seaux et Chancelier, et, après le décez de sa femme, il fut Evesque de Lavaur et Cardinal, et mourut à Paris, le 24 novembre 1583, âgé de 76 ans, et est enterré, avec sa femme, à S. Catherine du Val des Escolliers.

53. Pierre d'Epinac, issu de la noble et ancienne maison d'Epinac en Forest, et, de par sa mère, de l'illustre famille d'Albon de S. André, fut Archevesque et Comte de Lyon et Primat des Gaules. Le Roy Henry III l'ayant ouy haranguer pour le Clergé, aux Estats de Blois de l'an 1576, commença à en faire grand estat et à l'aimer, pour l'avoir recogneu l'un des plus dignes prélats de son ordre, d'un esprit prompt et vigoureux, et d'une éloquence admirable; se souvenant que, toutes les fois que ce torrent de paroles et de raisons se desbordoit sur quelque matière, il emportoit toutes les voix de son Conseil. Et s'il ne se fust embrouillé dans le party de la Lygue, vraysemblablement le Roy luy eust donné la garde de ses Seaux de France, et luy eust procuré un chapeau de Cardinal. Il mourut à Lyon en l'an 1600, et luy a succédé, à l'Archevesché, le fils de M. de Bellièvre, très digne Chancelier de France.

54. François de Faucon, natif de Montpellier, fils de Falco de Falconi et de Charlotte de Bucelli, nobles Florentins, desquels les prédécesseurs se retirèrent de Florence, à cause des grandes esmotions de la République, et s'habituèrent en Languedoc et en Provence, fut personnage d'excellent et rare esprit, et d'une

mémoire admirable, qui luy demeura entière jusques à l'extrême vieillesse de 81 ans. Il fut, dès sa jeunesse, employé en de grandes négociations par le Roy François I et les Papes Léon X et Clément VII. Il fut Evesque d'Orléans, où les marques de sa piété et libéralité se voyent encores aux ruines de l'une des voutes qui restent de l'Eglise de Saincte Croix. Depuis, il a esté Evesque de Carcassonne, où il décéda en septembre 1565. Son nepveu et héritier Claude de Faucon, sieur de Ris, mérite d'estre inséré en ce lieu, lequel ayant esté Conseiller au Parlement de Paris, depuis Président aux Enquestes, et enfin Conseiller d'Estat et Premier Président de Bretagne, après avoir fidèlement servy les Roys Charles IX, Henry III et IIII, mourut à Paris, le 29 septembre 1601, aagé de 65 ans.

55. Guillaume Viole, Parisien, issu de la noble et ancienne famille des Violes, fut premièrement Conseiller d'Eglise au Parlement de Paris, qu'il exerça si long temps, qu'il parvint à la Grand' Chambre, puis, par la résignation d'Eustache du Bellay, il fut pourveu de l'Evesché de Paris, où il fist son entrée le 18 de mars 1565, après avoir esté sacré ; mais il en jouit fort peu, et n'eut quasi le moyen de faire paroistre combien il estoit digne de ceste charge, parce que, dès le 4 de may 1567, il mourut et fut enterré en l'Eglise de Nostre Dame, cathédrale de son Evesché. Je ne puis en ce lieu oublier le docte Abbé de S. Euverte d'Orléans, qui estoit son cousin germain paternel, prélat duquel la mémoire durera éternellement, pour la parfaite cognoissance qu'il avoit des langues, sanctifiées en l'arbre de la Croix, et pour son érudition singulière et science astrologique qui le rendoient admirable envers les plus doctes.

56. Jean de Morvillier, Evesque d'Orléans, natif de Blois, issu de la famille de Philippes de Morvillier, qui fut Premier Président au Parlement de Paris dès l'an 1420, et de Pierre de Morvillier, Chancelier de France en l'an 1461, a esté en très grande estime et réputation vers les Roys François I, Henry II, François II, Charles IX et Henry III, et employé par eux aux traictez d'importance, accords et pacifications de ce Royaume ; aussi estoit-il pourveu d'une rare doctrine, d'un merveilleux jugement et d'une longue expérience au maniement des affaires de l'Estat. Il mourut à Tours, le 23 octobre 1577, aagé de 70 ans, et est inhumé dans l'Eglise des Cordeliers de Blois, ayant esté quelque temps Garde des seaux.

57. Jacques Amiot, de Melun, fut choisi pour estre précepteur des Enfans de France, fils du Roy Henry II, lesquels, estant parvenus successivement à la Couronne, ont grandement honoré et recogneu ses mérites, l'ayant faict pourvoir des Abbayes de Bellozane et de S. Corneille de Compiégne, de l'Evesché

d'Auxerre et de l'estat de Grand-Ausmonier de France. La renommée de ce prélat est espandue par tous les lieux où la langue
françoise a cours, et est réputé le plus sçavant et plus fidèle
traducteur des livres grecs en nostre vulgaire, qui ait esté, et
spécialement des œuvres de Plutarque, qu'il a faict parler françois, et par ce moyen il a grandement embelly et enrichy nostre
langue, et plusieurs doutent si Plutarque parle mieux, en sa
langue, par la douceur de la Grèce que par la grace d'Amiot, en
françois. Il est décédé audit Auxerre, l'an 1592.

58. Nicolas de Thou, fils puisné d'Augustin de Thou, Président
au Parlement de Paris, et de Claude de Marle, fut Conseiller audit Parlement, et depuis Evesque de Chartres, lequel a esté si
soigneux du salut du peuple qui luy estoit commis, qu'il a composé un juste volume d'Instructions pour l'intelligence et usage
des Sacremens de l'Eglise, et, sur le déclin de son aage, il a eu
cet heur qu'en février 1594 il a oint et sacré le Roy Henry IIII
en la ville de Chartres, et a veu que, depuis ce sacre, toutes les
villes et subjets révoltez se sont remis, comme par miracle, en
peu de temps, en l'obeyssance de sa Majesté, tout ainsi qu'il
advint du temps de Charles VII, après qu'il eut esté oingt à
Reims par Arnaud de Chartres, Archevesque de Reims et Chancelier de France.

59. Claude Despence, natif de Chaalons en Champagne, issu de
noble famille, tant de l'estoc de son père que de sa mère qui
estoit des Ursins, après avoir esté instruict ès disciplines et
sciences humaines, s'adonna à la Théologie, en laquelle il fut
excellent Docteur. Il estoit très fameux Prédicateur, et a esté
appelé par les Roys Henry II, François II et Charles IX, aux
assemblées qui ont esté faictes à Melun, à Bologne, à Orléans
et à Poissy, pour composer les différents sur le faict de la Religion. Il a composé plusieurs escrits de sa profession, en latin et
en françois, et mourut à Paris, le 5 octobre 1571, en l'aage de
60 ans, et est enterré en l'Eglise de S. Cosme.

60. Jacques de Billy, issu de la noble maison de Prunay, nasquit à Guise, lorsque son père Loys de Billy, puisné de Courville,
commandoit pour le Roy, en l'an 1535. Il estoit homme très
docte en Hebrieu, en Grec et en Latin, et a traduit plusieurs
livres grecs et latins, entre autres les œuvres de ce grand Evesque et Théologien S. Grégoire de Nazianze. Il a esté abbé de
S. Michel en l'Her, près La Rochelle, et estoit frère de Jean de
Billy, autrefois prieur de la Chartreuse de Gaillon. Il mourut
à Paris, le jour de Noël 1581, et est inhumé dans l'église S.
Séverin.

61. Gentian Hervet, natif d'Olivet, près la ville d'Orléans, estoit
Docteur en théologie des plus renommez de l'Université de

Paris, et chanoine en l'Eglise Cathédrale de Rheims, lequel a composé plusieurs livres de sa profession et en a traduit de grec en latin, et de latin en nostre langue, et, entre autres, les 22 livres de la Cité de Dieu de S. Augustin, avec le Commentaire de Louys Vivès. Il décéda en l'aage de 85 ans, et est enterré audit Rheims.

62. François Olivier, Parisien, fils de Jacques Olivier, Premier Président au Parlement de Paris, fut, pour sa suffisance et mérite, fait Chancelier par le Roy François I en l'an 1545, et il monta à cet estat par les grands dégrez du Palais : car il fut premièrement Advocat au Parlement, depuis Conseiller, par après Président, Ambassadeur, et Chancelier d'Alençon, et enfin Chancelier de France. Il mourut à Amboise, l'an 1560, le 30 mars, et est enterré à Paris en l'Eglise de S. Germain.

62. Michel de l'Hospital, natif d'Auvergne, fut subrogé au lieu dudit deffunct Olivier. Il fut premièrement Auditeur de la Rote à Rome, et, s'estant retiré en France, il fut Conseiller au Parlement de Paris, depuis Surintendant de la Chambre des Comptes, puis après Chancelier de Madame Marguerite, Duchesse de Savoye, et finalement Chancelier de France. Outre qu'il estoit très savant jurisconsulte, philosophe et orateur, il avoit acquis une perfection de composer toutes sortes de poësies latines fort élégamment. Il mourut, aagé de 68 ans, en mars 1573.

63. Philippes Hurault, comte de Cheverny, issu d'une noble et ancienne maison de Bretaigne, estoit homme de grande conduite, sçavoir et expérience aux affaires d'Estat, qualitez qui l'ont élevé à ce souverain faite et comble d'honneur, qui est d'avoir eu la garde des Seaux de France. Après le décez du sieur Cardinal de Birague, il fut Chancelier en chef, et Chancelier pareillement des deux Ordres du Roy, auxquels estats, durant l'orage des troubles derniers, il s'est si prudemment gouverné, qu'en mourant il a acquis le tiltre d'un des plus sages et advisez personnages de son siècle [1].

65. François de Montholon, aisné de la famille des Montholons de Bourgongne, originaire de l'ancienne ville d'Authun, fut premièrement Advocat célèbre au Parlement de Paris, après Advocat du Roy en l'an 1533, puis Président en ladite Cour, et enfin Garde des Seaux de France, lorsque le procez fut faict au Chancelier Poyet, et mourut l'an 1544 [2].

66. Gilles le Maistre, Parisien, surnommé Magistri, ayant esté advocat fameux au Parlement de Paris, fut en l'an 1540 Advo-

---

1. *L'Estoile a écrit à la suite et en marge :* auquel les œuvres se voient sur les notaires, comme celles de son prédécesseur sur les libraires.

2. *L'Estoile a écrit ici :* il estoit père de ma mère.

cat Général, qu'il exerça dix ans avec grande réputation ; puis, en l'an 1551, lorsque Pierre Bertrandi eut la garde des Seaux de France, il fut Premier Président audit Parlement, plein de piété, doctrine et intégrité. Il mourut audit Paris (1562), et est enterré en sa chapelle aux Cordeliers.

67. Christofle de Thou, Parisien, seigneur de Celi, fils d'Augustin de Thou, Président au Parlement de Paris, et de Claude de Marle, ayant, dés son retour des estudes de Droict, esté advocat fameux audit Parlement, succéda à l'estat de son deffunt père, et, après le décez de Monsieur Magistri, en décembre 1562, fut pourveu de l'office de Premier Président, qu'il a très dignement exercé durant les guerres civiles jusques au 1er de novembre 1582, auquel jour il décéda, aagé de 74 ans, et est enterré en sa chapelle en l'église de S. André des Arcs. Il fut aussi Chancelier de feu M. le Duc d'Anjou et de Brabant. Il avoit l'esprit fort vif, prompt et vigilant, avec une gravité modeste ; il faisoit plaisir à tous et avoit le public en très grande recommandation. Il a laissé des enfans et gendres, héritiers de ses rares vertus et de ses honneurs, ensemble de sa doctrine incomparable.

68. Christofle de Harlay, Parisien, extraict de noble et ancienne race, fut Conseiller au Parlement de Paris, et depuis l'un des quatre Présidents de la Cour : auquel estat il a vescu en telle intégrité, et rendu avec tant d'égalité la justice à un chacun, qu'il a laissé à tous, en mourant, une souefve odeur de sa vie ; et, son fils aisné ayant succédé à son estat et à ses vertus, il les a tellement accruës que, pour le respect d'icelles, l'an 1582, le Roy Henry III le fit chef de son Parlement, où il s'est comporté si dignement, mesmes au plus fort de l'orage des troubles derniers, que le Roy à présent régnant s'est autant, par sa justice, conduite par un tel chef, faict craindre et redouter à ses sujets révoltez, qu'aux estrangers par sa valeur incomparable.

69. Pierre Seguier, Parisien, mérite d'estre grandement recommandé pour son scavoir, éloquence, bonne vie, et autres perfections qui estoient en luy. Ayant plaidé long temps pour les parties au Parlement, il y fut Advocat du Roy l'an 1550, et enfin Président. Il décéda en l'aage de 76 ans, en 1580, le 25 d'octobre, et est inhumé en sa chapelle, à S. André des Arcs. Il a veu tous ses enfans, imitateurs de sa vertu, pourveus de grands estats, de son vivant, et de présent il y en a deux dignes Présidents de la Cour.

70. Guy du Faur, sieur de Pibrac, fils d'un Président du Parlement de Tholose, fut premièrement Conseiller au Grand Conseil, et Juge Mage audit Tholose. Il fut Ambassadeur pour le Roy Charles IX au Concile de Trente, où il fit paroistre les forces de son éloquence, qu'il avoit apprise de Pierre Bunel, son

précepteur, et depuis en l'exercice de l'estat d'Advocat Général au Parlement de Paris, et au voyage qu'il fit par deux fois en Pologne, et à son retour fut Président de la Cour et Chancelier de feu M. le Duc d'Anjou : peu au paravant lequel il décéda en l'an 1584. Charles Paschal, naguères Advocat du Roy au Parlement de Rouen, a amplement descrit sa vie en langage pur romain.

71. Jean de la Guesle, sieur de la Chaux, Auvergnac, fils du Gouverneur du Comté d'Auvergne, ayant esté premiérement Conseiller au Parlement de Paris, fut pourveu de l'estat de Premier Président du Parlement de Bourgongne à Dijon, où il se gouverna avec tant d'honneur et de réputation, qu'après le décez de Monsieur Bourdin, en l'an 1570, le Roy Charles IX luy confia la charge de son Procureur Général au Parlement de Paris, au grand regret des trois Estats de Bourgongne, lesquels, par leurs deputez, firent en vain supplier le Roy de ne leur oster leur Président, auquel ils offrirent bailler sur la province dix mil livres de pension, outre ses gages et pensions ordinaires. Estant la Bourgongne sur le poinct de se remuer, il y fut envoyé par le Roy Henry III, où il assoupit par sa dextérité le feu de la division qui s'y allumoit. Il a faict paroistre grandement sa vertu en l'exercice de ce grand et important estat, et notamment aux Estats de Blois de l'an 1579, et à l'Assemblée de S. Germain en Laye, et, s'estant démis d'iceluy en faveur de son fils aisné, en l'an 1583, le Roy luy donna un office de Président au mesme Parlement, qu'il a exercé six ans en toute intégrité ; et enfin, regrettant le malheur de la France, lorsque la rebellion s'estendoit par les principales villes de ce Royaume, il mourut, l'an 1589, en sa maison du Laureau en Beausse, près la ville d'Espernon, et a laissé cinq enfans héritiers de sa vertu, le deuxiesme desquels est à présent très digne Archevesque de Tours, et le troisiesme, gentilhomme de singulière érudition et valeur fut tué, l'an 1591, au siége de Dreux, sur un ravelin de la ville, qu'il avoit gaigné pour le Roy.

72. Barnabé Brisson, Poitevin, fils du Lieutenant de Fontenay-le-Comte, fut dès sa jeunesse Advocat au Parlement de Paris, où il donna en peu de temps preuve de sa rare doctrine et suffisance ; et, y ayant demeuré assez longtemps, il fut pourveu de l'estat d'Advocat Général audit Parlement, puis après de Président. Le Roy Henry III l'avoit en telle réputation, qu'il l'envoya par deux fois en Angleterre en qualité d'Ambassadeur, et, voulant faire réduire en un Code toutes les Ordonnances des Rois ses prédécesseurs, il luy donna ceste charge, dont il s'acquitta très dignement. Il a laissé plusieurs doctes escrits qui le rendront tousjours très recommandable à la postérité. Après la rebellion

Roy. Il a vescu 56 ans, et est enterré aux Cordeliers dudit lieu. Son livre *De ritibus Ecclesiæ*, imprimé à Rome depuis son décez par le commandement du Pape Sixte V, monstre suffisamment sa doctrine et de quelle religion il estoit.

75. Guillaume Budé, Parisien, homme de rare et prodigieuse érudition, par ses incomparables escrits en grec et en latin, a frayé aux amateurs des lettres le droict chemin pour parvenir à l'immortalité. Il a esté secrétaire du Roy, puis Maistre de la Librairie Royale et Maistre des Requestes. Il mourut à Paris le 25 d'aoust 1540, aagé de 73 ans, et est inhumé à S. Nicolas des Champs.

76. François de Montholon, Parisien, fils aisné de François de Montholon, Président et Garde des Seaux, ayant tousjours fuy les estats et offices, fut, en l'an 1588, au temps des derniers troubles, pour son intégrité de vie et sçavoir, choisi entre les Advocats célèbres du Parlement, par le Roy Henry III, pour estre Garde des Seaux de France, et mourut en ceste sublime dignité l'an 1590, en la ville de Tours, peu de temps après le décez du Roy son maistre [1].

77. André Tiraqueau, natif de Fontenay-le-Comte en Poictou, et Lieutenant dudit lieu, fut pourveu d'un estat de Conseiller au Parlement de Paris par le Roy François I, auquel on avoit faict récit de sa grande érudition. Le grand nombre des escrits qu'il a laissé à la postérité monstrent assez combien il estoit laborieux et assidu, et qu'il avoit cognoissance de toutes les sciences. Il mourut à Paris, en son extrême vieillesse, l'an 1558.

78. Baptiste du Mesnil, Parisien, a esté des plus renommez en doctrine et bonne vie, qu'aucun autre qui ait esté de son temps. Ayant esté l'espace de 17 ans Advocat des parties au Parlement de Paris, il fut, l'an 1558, pourveu de l'estat d'Advocat du Roy, qu'il a exercé très dignement jusques au 12 aoust 1569, qu'il décéda, regretté de toute la Cour, et fut enterré à Paris à Sainct Jean en Grève, en l'aage de 51 ans dix mois quatre jours.

79. Gilles Bourdin, Parisien, fut Advocat au Parlement de Paris, puis Lieutenant Général au siége des eaux et forests de France, peu après Advocat Général audit Parlement en l'an 1555, et enfin Procureur Général du Roy en l'an 1558 jusques au 23 janvier 1570, qu'il mourut d'une apoplexie, aagé de 53 ans ou environ. Il estoit fort sçavant ès langues hébraïque, arabesque, grecque, latine et autres plus usitées en Europe, et, en l'aage de 28 ans, il fit un Commentaire grec sur une comédie d'Aristophane, intitulée *Cereris sacra celebrantes*, qu'il dédia au Roy François dès l'an 1545. Il avoit parfaicte cognoissance de toutes sciences,

---

1. *L'Estoile a écrit au bout de la ligne :* Il estoit frère de ma mère.

gage poly et pur romain, en continuant ce que le grand Alciat avoit si bien commencé. Sa principale demeure a esté en la ville de Bourges, où il estoit réputé le premier jurisconsulte de son temps, et y est mort, l'an 1559, aagé de 50 ans.

84. Éguinaire Baron, notable jurisconsulte, estoit aussi Breton, natif de l'Évesché de Léon, lequel a enseigné long temps le Droict ès Universitez d'Angers et de Bourges, et estoit en réputation d'homme très docte et très diligent. Il mourut audit Bourges, en aoust 1550, en l'aage de 55 ans.

85. François Balduin, fils d'Antoine Balduin, Advocat du Roy à Arras, fut grand et fameux jurisconsulte, et fort versé en l'histoire et aux lettres humaines, qu'il a tousjours conjointes avec la profession du Droict qu'il a enseigné quasi en toutes les célèbres Universitez de ce Royaume, et principalement à Angers, où il estoit demourant, lorsqu'en l'année 1573 il fut mandé pour respondre aux Ambassadeurs de Pologne qui estoyent venus à Paris : en laquelle année, aagé de 53 à 54 ans, il mourut, et est enterré au Cloistre des Mathurins.

86. Jacques Cujas, Tholosain, après avoir esté instruit aux lettres grecques et latines, s'adonna à l'étude du Droict romain, duquel il a esté si admirable interprète, qu'il a remporté le prix par dessus tous les jurisconsultes modernes, et qu'il est recogneu pour estre un miracle de nostre siècle. Il a esté recherché pour sa singulière érudition, de toutes les Universitez de France. Ayant leu à Caors, à Valence en Dauphiné, et à Thurin, il a enfin esleu son dernier domicile à Bourges, où, en l'année 1590, il décéda. Le Roy l'honora d'un estat de Conseiller au Parlement de Grenoble, lorsqu'il estoit à Valence, sans qu'il fust tenu y résider. Ses œuvres, qui courent par tout le monde, tesmoignent assez sa doctrine solide, et vaut beaucoup mieux se taire que dire trop peu de louanges d'un si grand et rare personnage.

87. Antoine Le Comte, fils de Jean Le Comte, Lieutenant Général de Noyon en Picardie, a aussi esté fort célèbre jurisconsulte et Docteur régent ès Droicts en l'Université de Bourges, où il a demouré et fait profession d'enseigner le Droict jusques à l'aage de 57 ans, qu'il décéda en l'an 1586. Il a beaucoup profité au public par ses lectures, doctes escrits, et par l'exacte correction qu'il a faite des fautes qui se trouvoient esparses parmy le Cours Civil.

88. François Hottoman, Parisien, l'un des plus grands jurisconsultes de nostre temps, et fort bien versé en l'histoire et autres sciences, a faict profession du Droict en plusieurs Universitez de France et d'Allemagne, et nous a laissé grand nombre de doctes escrits. Il mourut à Basle (1590), aagé de 65 ans.

89. Hugues Doneau, jurisconsulte, fut receu Docteur ès Droicts,

à Bourges, par François Duaren, et en a faict profession en France et en Allemagne jusques à l'aage de 65 ans qu'il mourut. Ses Commentaires sur le Droict rendent preuve de sa grande doctrine et solide jugement.

90. Jean Robert, fils de Jacques Robert, qui fut Conseiller au Siége Présidial et Docteur régent ès Droicts à Orléans, et Sénateur à Milan, du temps du Roy François Ier, a succédé à l'estat et profession de son père, audit Orléans, et, par ses lectures et doctes escrits, s'est acquis le tiltre de très savant jurisconsulte. Il décéda à Nevers (1590), ayant laissé quatre enfans, desquels l'aisné, Anne Robert, est recogneu pour l'un des plus célèbres Advocats du Parlement de Paris.

91. Mathieu Charretier, race d'Alain, qui fut excellent Historiographe et Secrétaire du Roy Charles VII, estoit la lumière des grands advocats de son siècle, en toute espèce de piété, probité et science, lequel mourut (1559), aagé de 84 ans, laissant un fils du mesme nom et gendre du premier Garde des Seaux de Montholon, qui, ayant esté Conseiller au Parlement de Paris, par le temps de 51 ans, fort renommé pour son intégrité, décéda en l'aage de 85 ans, l'an 1598. L'un et l'autre sont enterrez à S. André des Arcs, en leur chapelle[1].

92. Charles du Moulin, Parisien, Advocat au Parlement de Paris, et Maistre des Requestes de Navarre, par ses livres composez en latin et en françois, a donné preuve qu'il estoit l'un des plus grands jurisconsultes de son temps et des mieux versez en l'histoire saincte et profane. Il a escrit sur la Coustume de Paris et a fait des notes sur toutes les Coustumes de ce Royaume qui sont de grande authorité. Il mourut à Paris en décembre 1566, et sa mémoire est très recommandable pour avoir esté un des principaux défenseurs et conservateurs des priviléges et libertez de l'Eglise gallicane.

93. Jean de Luc, Parisien, Advocat au Parlement de Paris, puis Secrétaire du Roy et Procureur Général de la Royne, a grandement mérité du public pour le recueil qu'il a faict des Arrests de ladicte Cour, qu'il a couchez en si bons termes latins, qu'après le très docte Budée, il n'y a aucun qui ait mieux exprimé en langage romain les formules du Palais. Il florissoit sous le règne du Roy Henry II.

94. Pierre Pithou, de Troyes en Champagne, sieur de Savoye, Advocat au Parlement de Paris, a esté tellement adonné à la lecture des bons autheurs, et y a faict un si grand advancement, qu'il mérite d'estre surnommé le Varron françois. Il a esté sub-

---

1. *L'Estoile a écrit à la marge* : On dit de lui au Palais, lorsque sa mort y fut rapportée, que « c'estoit un *Chartier* qui n'avoit jamais versé ».

stitut de Monsieur le Procureur Général du Roy en la Chambre
de Guyenne en l'an 1582, et lorsque la Cour de Parlement fut
restablie, après la réduction de Paris, en l'an 1594. Il décéda,
au grand regret de tous les hommes sçavants, aagé de 57 ans, le
1er jour de novembre 1596, à pareil jour qu'il estoit né. Sa vie
est insérée au Commentaire qu'il a faict sur les Coustumes de
Troyes, amplement descrite par Josias Mercerus.

95. François Grimaudet, Angevin, fut premièrement fameux
Advocat à Angers, depuis Conseiller au Siége Présidial dudit lieu,
et enfin Advocat du Roy, et Eschevin de la ville, lequel, par ses
escrits laborieux, s'est acquis un grand renom entre les jurisconsultes, qui le rendra perpétuellement recommandable à la
postérité. Il mourut audit Angers, le 19 d'aoust 1580, en l'aage
de 60 ans.

96. Anthoine Matharel, Auvergnac, a esté Advocat célèbre au
Parlement de Paris et Procureur Général de la Royne, fort bien
versé en l'histoire, et curieux défenseur des droits et de la
succession héréditaire de la Couronne de France, comme on
peut juger par la response qu'il a faicte à la *Franco-Gallie*, de
François Hottoman, en l'an 1575.

97. Jean Fernel, d'Amiens, Conseiller et premier médecin du
Roy Henry II, grand philosophe et mathématicien, mourut à
Paris, le 26 d'avril 1558, aagé de 52 ans, et est enterré dans
l'église de S. Jacques de la Boucherie.

98. Jacques Sylvius, aussi d'Amiens, très sçavant Professeur du
Roy en médecine, aagé de 63 ans, décéda à Paris (1553), et est
inhumé au cœmetière des Pauvres Escolliers, devant le Collége de
Montaigu.

99. François Rabelais, de Chinon en Touraine, médecin du Cardinal du Bellay, excellent en sa profession, rare en doctrine, facé-
tieux et raillard, ayant quitté l'habit de Cordelier, mourut Curé
de Meudon lez Paris, Il a traduit les Aphorismes d'Hippocrate.

100. Guillaume Rondelet, de Montpellier, Docteur et Professeur
du Roy en médecine, et Chancelier de l'Université dudit lieu,
ayant parfaicte cognoissance, entre autres choses, de la nature
des poissons, mourut (1566), aagé de 60 ans, sans avoir jamais
beu de vin.

101. Jean de Gorris, Parisien, fils de Pierre de Gorris, de
Bourges, fut médecin des premiers et plus renommez de son
temps, philosophe naturel et très docte en Grec, et mourut en
l'aage de 72 ans, l'an 1577.

102. Laurent Joubert, de Valence en Dauphiné, célèbre médecin
du Roy Henry III, premier Docteur régent, Chancelier et Juge
de l'Université en médecine à Montpellier, mourut, le 9 octobre
1582, aagé de 53 ans, à Lombez.

103. Jacques d'Alechamps, de Caen en Normandie, Docteur et Professeur en médecine à Lion, a esté un des plus doctes et rares personnages de nostre temps, tant en sa possession qu'en tout genre de bonnes lettres. Il a commenté l'Histoire de Pline.

104. André Vesale, de Bruxelles, célèbre médecin du Roy d'Espagne, et réputé le plus docte anatomiste et chirurgien de son aage, appellé par Fallope *Stupendum naturæ miraculum,* a éternisé sa mémoire par ses doctes escrits.

105. Ambroise Paré, de Laval, premier chirurgien des Roys Charles IX et Henry III, ayant travaillé 40 ans à l'esclaircissement de la chirurgie, en a composé un bel œuvre en françois, qui a depuis esté traduit en latin.

106. Clément Marot, de Caors en Quercy, valet de chambre du Roy François I, Poëte des Princes et Prince des Poëtes de son aage, mourut à Thurin (1544), aagé de 60 ans.

107. Mellin de S. Gelais, Angoulmoisin, Abbé de Reclus, Ausmonier de François, Dauphin de France, Poëte et Garde de la Bibliothèque du Roy, décéda à Paris en l'aage de 67 ans, et est enterré à S. Thomas du Louvre.

108. Jean d'Aurat, Limosin, Poëte du Roy en Grec, en Latin et en François, et Professeur de la langue grecque, mourut à Paris, aagé de 80 ans, en l'an 1588.

109. Pierre de Ronsard, Gentilhomme Vendosmois, l'Homère ou le Virgile de France, et le Père des Poëtes françois, décéda à S. Cosme lez Tours, le 27 décembre 1585, en l'aage de 61 ans.

110. Joachim du Bellay, Gentilhomme Angevin, poëte très renommé, mourut en l'aage de 35 ans, à Paris, le 1er janvier 1559, et est enterré à Nostre Dame, où il estoit archidiacre.

111. Louys de Mazures, natif de Tournay en Flandres, a esté un des poëtes françois qui plus heureusement nous ait traduit le Virgile en nostre vulgaire.

112. Estienne Jodelle, Parisien, sieur du Lymodin, très excellent poëte latin et françois, mourut à Paris, en juillet 1573, aagé de 41 ans.

113. Remy Belleau, natif de Nogent le Rotrou, au Perche, poëte très docte, décéda à Paris, le 7 mars 1577, aagé de 50 ans, et est enterré aux Augustins.

114. Robert Garnier, Manceau, de la Ferté Bernard, Conseiller, puis Lieutenant criminel au Mans, a remporté le prix des Poëtes tragiques françois.

115. Charles de Saincte Marthe, Poitevin, oncle de ce grand Scévole de Saincte Marthe, lumière de ce siècle, fut Lieutenant Criminel d'Alençon et poëte latin et françois, beaucoup renommé, qui mourut environ l'aage de 40 ans (1555).

116. Jean Anthoine de Baïf, Vénitien, fils de Lazare, Maistre des

Requestes, très sçavant ès lettres grecques, et bon poëte françois, décéda, l'an 1589, aagé de 57 ans.

117. Maurice Sceve, Lyonnois, estoit, au jugement mesmes de Ronsard, homme du tout grand en sçavoir, et excellent poëte de son temps.

118. Didier Erasme, de Roterodam en Hollande, très docte Professeur des lettres humaines, s'estant acquis un renom immortel par ses œuvres, mourut à Basle (1536).

119. Christofle de Longueil, de Malines, fils naturel d'Antoine Longueil, Évesque de Léon en Bretagne, très grand orateur latin, mourut à Padoue (1522), à 34 ans.

120. François Vatable, Picard, et Jacques Tusan, Champenois, tous deux Professeurs du Roy, l'un en Hébrieu et l'autre en Grec, très sçavans en leur profession, décédèrent en mesme jour, peu de temps auparavant le trespas du Roy François I, Père des Lettres.

121. Guillaume Postel, de Barenton en Normandie, Professeur du Roy en deux langues estrangères, a vescu 96 ans, et est décédé le 6 septembre 1581.

122. Oronce Finé, de Briançon en Dauphiné, excellent Professeur du Roy ès Mathématiques, mourut à Paris, le 6 octobre 1555, à 16 ans, et est enterré aux Carmes.

123. Jacques le Febvre d'Estaples, Docteur de Sorbonne, a le premier chassé de Paris la doctrine sophistique, et, s'estant retiré à Nérac, y mourut plein d'ans et d'honneur.

124. Jules César Scaliger, issu des Princes de Verone, très excellent philosophe, poëte très docte et grand médecin, mourut à Agen, ayant laissé son fils Joseph, d'incomparable doctrine.

125. Pierre Ramus, de Cuth en Vermandois, Professeur du Roy en Éloquence et Philosophie, s'estant bandé contre Aristote, fut hay de ses collègues, et tué le 24 aoust 1572, ayant fondé une chaire pour un Professeur ès Mathématiques.

126. Adrian Turnebus, d'Andely en Normandie, succéda à Tusan en la profession de la Langue grecque, et fut l'honneur des lettres et l'ornement des hommes doctes de son temps. Il mourut à Paris, aagé de 53 ans (1565), et est enterré auprès de Sylvius.

127. Pierre Belon, du Mans, Docteur en médecine, homme de grand travail à rechercher les choses rares, mourut (1564), ayant laissé des livres de ses voyages.

128. Michel Nostradamus, de S. Remy en Provence, Médecin du Roy, grand Mathématicien et Astrologue, décéda à Salon de Craux, le 2 juillet 1566, aagé de 62 ans.

129. Guillaume Philander, de Chastillon, citoyen de Rome, s'est acquis le renom d'architecte très excellent par les Notes qu'il a faictes sur Vitruve.

130. Jean Stadius, Brabançon, Gérard Mercator de Rupelmonde, et Abraham Ortelius, d'Anvers, insignes mathématiciens et géographes de la Gaule Belgique, ont grandement mérité du public par leurs compositions et cartes géographiques : desquels le premier mourut à Paris (1597), à 51 ans ; le second à Duysbourg (1593), à 82 ans, et le dernier à Anvers (1598), à 71 ans.

131. Jean Anthoine Muret, Limosin, très excellent orateur et poëte, a paru comme une claire lumière en la ville de Rome, dont il fut fait citoyen, et y mourut, aagé de 57 ans, l'an 1585, regretté de tous les hommes sçavans.

132. François de Belleforest, Comingeois ; André Thevet, Angoulmoisin, et Blaise de Vigenaire, Bourbonnois, méritent une singulière recommandation, le premier et le dernier pour avoir par leurs élégantes compositions et fidelles traductions beaucoup enrichy nostre langue, et Thevet pour avoir voyagé par dix-sept ans aux terres incogneuës, dont il a basty sa Cosmographie.

133. Robert Estienne, Parisien ; Christofle Plantain, Tourangeau, imprimeurs célèbres, et Claude Garamond, Parisien, tailleur et fondeur de lettres, ont éternisé leur mémoire parmy le monde pour avoir conduit l'excellent art d'Imprimerie à sa perfection, et avoir faict revivre par icelle tous les bons autheurs Hébrieux, Grecs, Latins et François.

134. La France n'a pas seulement produict d'illustres guerriers et doctes personnages, mais aussi d'excellens Peintres et Statuaires en grand nombre, et entre autres François Clouet, dit Janet, Tourangeau, valet de chambre du Roy ; Anthoine Caron, de Beauvais, et Germain Pilon, Parisien, qui par leurs ouvrages tant bien élabourez se sont immortalisez, comme aussi a faict Aubin Olivier, natif de Boissy, en France, inventeur et conducteur des engins de la Monnoie du Moulin, qui est en l'isle du Palais, à Paris.

ADVERTISSEMENT AU LECTEUR.

D'autant qu'il ne s'est trouvé assez de place pour imprimer tous les Éloges ainsi qu'ils avoient esté dressez, j'ay esté nécessité d'abbréger et accourcir plusieurs d'iceux, et principalement depuis Philippe Dece, jurisconsulte, jusques à la fin. Mais si quelqu'un a désir de les veoir plus au long, il en pourra trouver partie dans les Eloges latins de ce grand personnage Scévole de Saincte Marthe, Loudunois, et dans le Promptuaire des Médailles, et partie dans la Bibliothèque et Supplément de Gesnerus, et dans la Prosopographie et Bibliothèque d'Antoine du Verdier, et autres qui ont escrit de pareil subject.

A PARIS, chez Jean le Clerc, rue S. Jean de Latran,
à *la Salemandre*. Avec privilége du Roy.

CXXXIII

CARTE DE FRANCE

Gravée sur cuivre, en 1591, par Josse Hondius, ornementée d'arabesques et d'attributs allégoriques, avec des cartouches de différentes formes et grandeurs, contenant soit des inscriptions, soit des personnages et des figures diverses. Elle est encadrée d'une large bordure. H. totale de la Carte, y compris la bordure du haut et du bas, 0m260. L., y compris la bordure de droite et de gauche, 0m297. En voici la description :

Dans un médaillon ovale, en haut de l'estampe, le portrait du Roi Henri IV, avec cette légende : HENRICUS BORBONIUS IIII, DEI G. REX FRANCIÆ ET NAVARRÆ. Une main sortant d'une nuée, à droite du médaillon, pose la couronne royale sur la tête de ce monarque. On lit à gauche, sur un nuage, ce mot : DIVINITUS. Le médaillon est soutenu à gauche par un génie ailé, ANGELUS, qui foule à ses pieds un guerrier armé de toutes pièces et un cardinal, TYRANNI. A droite, un autre génie ailé, VERITAS, écrase des serpents et des monstres, sur les corps desquels sont écrits ces mots : *Fundamentum conjur.*, et *Origo et fons conjurationis*. On remarque aussi, dans la partie supérieure de l'encadrement de cette Carte, deux petits cartouches en forme d'écusson, contenant un texte gravé. A droite du Roi : *Apocalyp. Cap.* 165. *Justus es, Domine, qui es et qui eras, et sanctus quia hæc judicasti, quia sanguinem sanctorum et prophetarum effuderunt et sanguinem eis dedisti bibere digni non sunt*. A gauche du Roi : 2 *Timoth., Cap.* 38. *Sicut Joannes et Iambres resistebant Mosi, ita et hi resistunt veritati homines mente corrupti, reprobi circa fidem, sed non proficient amplius siquidem amentia istorum evidens erit omnibus*. L'encadrement du bas de la Carte contient aussi trois cartouches. Celui du milieu renferme l'inscription suivante : GALLIA. *Amplissimo viro, Domino de Beauvoir, Regi Galliæ et Navar. a Conciliis et apud Serenissim. Angliæ Reginam Legato, D. D. Iodocus Hondius, Fland. Anno* 1591. Dans le cartouche de gauche : GALLIA *Regnum est totius Europæ facile amplissimum, necnon omnibus necessariis, vel ad vitam sustentandam, vel ad hilaritatem conservandam, fructibus feracissimum. Aere commodo utitur. Legibus preterea, et disciplinis, artibus, scholis, academiis, et dicasteriis famosissimis excultum, et, quod maximum est, veram fidem fidelissime et christianissime, Rege Henrico IV urgente Deoque ipso adjuvante, pro virili sectatur*. Dans le cartouche de droite : *In hac descriptione accurate tum præcipuarum civitatum locorumque distantiam notavimus, tum et emblemata quædam, maxime hoc tempore consentanea, adjecimus, sꝫ Regis divinitus coronati ad vivum effigiem, cui a dextra Dei nuntium Tyrannos, a sinistra Veritatem, vipeream istam et diabolicam conjurationem calcantem, apposuimus. Quod sine dubio Deo Tyranni, Veritati mendacia atque falsi conatus ante pedes corruant*. La bordure, aux deux côtés de cette Carte, contient six cartouches, trois de chaque côté, représentant les trois Ordres du Peuple français, avec légendes latines : à gauche : *Nobilis Gallus*. — *Mercator Gallus*. — *Rusticus communis Galliæ;* à droite : *Nobilis fœmina in Gallia. — Fœmina Parisiensis. — Rustica communis Gall.*

L'Estoile a écrit de sa main, au bas de cette pièce : « Cette Carte, après l'accord fait avec les Ducs de Guise et de Maienne, fust, l'an 1597, défendue, pource qu'à costé du Roy (le pourtrait duquel est des plus mal faits) y a un Ange qui abbat à ses pieds le feu Duc de Guise et le Cardinal son frère, avec cette inscription : *Tyranni.* »

CXXXIV

REPRÉSENTATION DES CÉRÉMONIES

Et de l'ordre gardé au Baptesme
de Monseigneur le Dauphin et de Mes-Dames ses sœurs
à Fontainebleau le 14 de septembre 1606.

Grande gravure sur cuivre, occupant le centre du placard in-fol. Le nom du graveur se trouve, à droite, dans ces inscriptions, sur une barrière en bois : *L. Gaultier, sculp.* 1606. — *Avec privilége du Roy. Iean le Clerc exc.* — Cette estampe représente la chapelle de Fontainebleau, avec la cérémonie du baptême du Dauphin. A gauche, dans le fond, l'Enfant royal, revêtu des insignes royaux, est assis sur une table; l'Archevêque, qui va le baptiser, reçoit la déclaration du parrain et de la marraine. Autour d'eux, le cortége, avec cierges allumés; au milieu, dans le haut, la Reine et le Roi, chacun dans sa tribune; près d'eux, sur une galerie extérieure, les Chevaliers de l'Ordre, portant le costume de l'Ordre avec la devise : *Dedit has, dabit his ultra.* Au-dessous, dans une autre tribune ouverte, des personnages de la Cour. Dans le bas, tout le premier plan est rempli par la garde du Roi, portant des torches et tenant la hallebarde haute. H. totale de l'estampe, 0^m260, L. 0^m345.

Pompa renascentis baptismate principis ista est
Delphini, Christo adscripti; cui respice quanto
Francia concursu plaudat, quo pectoris œstu,
Et pater Henricus, Medicœaque mater anhelent,
Læti, ferre suam generoso e stemmate prolem
Nomen, et omen avi Ludovici : talibus ergo
Auguriis puer adnascens, caput exere, et olim
Flectere disce tuos sancte, patre auspice, Francos.

N. Rich. P.

AUX VRAIS FRANÇOIS.

MESSIEURS, m'estant de tout temps délecté à faire estendre ce qui estoit de ma vacation et industrie, au plaisir, contentement et utilité de ceux qui ont l'ame caractérée de la redoutable marque des François (qui est le sacré Lys, la terreur de ses ennemis), je me condamnerois maintenant moy-mesme et penserois mériter quelque rigoureuse censure, si je désistois de mon commencement et je ne donnois de la suite à mes premiers et plus fréquens desseins, qui sont de servir la France : à laquelle, par plusieurs et divers témoignages, qui sont recogneuz en toutes occurences dignes d'une mention honnorable, j'ay faict paroistre que j'estois plustost nay pour gratifier ma patrie que procurer du bien à mes particulières affaires. Infinitez d'ouvrages, qui sont veus de tout le monde, asseurent assez, et sans autre garantie, ce que je dis. Prenez donc ce que je vous donne, en continuant mes premières erres et brisées. C'est le tableau (ou, si vous voulez), la carte narrative de ce qui s'est fait, passé et célébré, au Baptesme de Monseigneur le Dauphin et de Mes Dames ses sœurs. La représentation oculaire et naïfve délinéation ne vous en peut estre qu'aggréable et profitable, et présume que l'objet journalier qu'en auront, par ceste pourtraicture, ceux qui n'y estoient pas croiront plus facilement ce que leur réciteront ceux qui estoient présens. Les discours qu'on en a faicts ne le vous persuaderont si bien que ceste peinture : on est plus souvent esmeu et persuadé parce que l'on voit que par ce qu'on oyt, et, comme dit le Philosophe :

Ce que l'oreille prent n'a point tant d'efficace,
Pour esmouvoir le cœur, que ce qui par l'œil passe.

Mon présent aura la force de confirmer ceste maxime et de vous induire à avoir la mémoire de ce Baptesme toujours saincte et éternelle en l'ame. Je n'ay rien espargné (comme c'est ma coutume pour vous contenter, faisant observer et garder, en ce dont je désire que vous jouyssiez, la perfection de la pourtraicture et la vérité de l'histoire, Au surplus, ce qui n'a peu estre représenté par la figure. il sera suppléé par le discours suivant. Or, voyez et oyez ce qui vous est représenté et monstré par la bonne volonté et affection que je porte au public. C'est

Vostre très-affectionné serviteur,
JEAN LE CLERC.

❧

Briefve narration de ce qui s'est passé au Baptesme de
Monseigneur le Dauphin et de Mes-Dames ses sœurs,
le 14 septembre 1606.

PAR I. D. F. P.

SI la France eut sujet, en l'an 1601, le 27 de septembre, jour de S. Cosme, de se resjouyr et esteindre ses angoisses passées par la naissance de Monseigneur le Dauphin, ce jour, 14 de septembre 1606, jour auquel il renaist par le sacré Baptesme, luy doit estre pareil en joye et festable. Où il eut sa naissance, il prent sa renaissance. Il y estançonne son aage du support et du soustien qui nous fait Chrestiens. Il se lave de ceste onde lustrale et salutaire qui meine la frégate de nostre vie au havre de salut. O journée pour luy heureuse et victorieuse, où il débelle le Prince de ténèbres et fait trembler les Ottomans, qui craignent que sa future vaillance ne leur arrache la Palestine, et qu'il ne plante les Lys où leurs Croissans doivent décroistre ; qu'il ne prenne vengeance de son ayeul Sainct Louys, et bref, qu'il ne face une seconde France du Levant, assisté des Roys, ses beaux-freres, que luy allieront ses sœurs, qui pareillement ont esté, en mesme jour que luy, régénérées par le sacrement de Baptesme, qu'ils receurent tous en la court du Donjon du chasteau de Fontaine-Bleau !

L'ordre des cérémonies fut tel. Les Cent Suisses de la Garde du Corps marchoient les premiers, portans chacun d'eux une torche ardente en la main. Après suivoient les Cent Gentils-hommes servans, qui marchoient avec un bel ordre, et de rang, portant pareillement des flambeaux de cire vierge, la clarté et splendeur desquels sembloit vouloir faire relever le soleil de nuit, pour esclairer à ces sacrées solennitez. Ceux-cy estoient suivis des Gentils-hommes de la Chambre, qui avoient aussi chacun un flambeau ardent en la main. En queue d'iceux estoient les trompettes, tambours, fifres, haultbois, qui faisoient resonner l'air des fanfares-d'allégresse et de resjouissance. Les neuf Héraults paroissoient, suivis des Chevaliers de l'Ordre et de Monsieur le Grand Prévost, qui marchoit le premier : le Baron de la Chastre portoit le vase, Monsieur de Montigny le bassin, Monsieur de la Rochepot le coussin, Monsieur de Chemeraut le cierge, Monsieur de Liancourt le cresmeau, le Mareschal de Fervacque la salière. Monsieur de Bois-Daulphin portoit la petite Madame, derrière laquelle estoit une suite de douze Gentils-hommes, ayant chacun d'eux un flambeau. Madame de Chemeraut y estoit, qui soutenoit la queue de sa robe. Monsieur de Lorraine marchoit pour parrain, et le seigneur Dom Jean représentoit Madame la grand' Duchesse de Florence pour marraine : par lesquels elle fut nommée Christine. Tel estoit l'ordre du Baptesme de Madame. L'aiguière estoit portée par Monsieur de Lavardin, le bassin par Monsieur le Mareschal de la Chastre, le coussin par Monsieur de Suilly, le cierge par Monsieur de Montbazon, le cresmeau par Monsieur d'Espernon, et la salière par Monsieur d'Eguillon. Monsieur le Prince de Joinville portoit Madame, et Mademoiselle de Rohan portoit la queue du manteau d'hermine. Madame d'Angoulesme marchoit pour marraine, toute seule, sans parrain ; représentant

Madame la Duchesse du Pays Bas. Madite Dame
Mademoiselle de Montmorency, qui luy portoit
Damoiselles qui finissoient cette suite estoient M
Vandosme, Madamoiselle de Mayenne, Madar
Madame de Suilly, et fut Madite Dame nomn
Pour le regard du Baptesme de Monseigneur
l'ordre y fut tel que s'ensuit. Premièrement marc
de Vaudemont qui portoit le cierge, Monsieur l
Vendosme portoit le cresmeau, Monsieur de
salière, Monsieur de Montpensier l'aiguière, Mor
de Soissons le bassin. Monsieur le Prince de
Monseigneur le Daulphin, assisté de Monsieur
le portoit pour luy; Monsieur de Guyse porto
manteau d'hermine; vingt Seigneurs de remarqu
tenoient chacun un flambeau ardent en la mai
choit pour parrain Monsieur le Cardinal de Joye
trois mois, pour cet effet, de Nostre Saint Père
Madame la Duchesse de Mantoue y assistoit er
marraine; une auguste suitte de Princesses allo
Mesdames les Princesses de Condé, de Conty,
Montpensier (laquelle a mis le cresmeau sur l
seigneur le Dauphin, lorsqu'on le baptisoit),
Bourbon, toutes avec leurs grandes robbes à
trainantes, lesquelles estoient extremement
de pierreries, qui faisoient esclore un jour bril
de la nuit. Là fut nommé Monseigneur le Dau
se fit grandement admirer pour son asseuranc
de response à ce qu'on luy demandoit. Seul et
toute l'assistance, il récita *Pater Noster*, Ave
Présage qu'il sera quelque jour le Bouclie
Lyon foudroyant en ses batailles, et un Agne
suivant la vertueuse trace de son père. Ce fu
dinal de Gondy qui le baptisa, estant revestu
tificaux, assisté de douze tant Archeves
Toutes ces solennitez finies, un superbe fe
Sa Majesté avoit à main droite Monsieur le
Duchesse de Mantoue, Madame d'Angoul
Lorraine et le seigneur Dom Jean. A r
assise la Royne, Mesdames les Princesses d
de Soissons, de Montpensier, Mademois
Mesdames de Guyse, de Mayenne, de R
Mademoiselle de Montmorency. Messieurs l
de Conty et de Montpensier servoient à l
table de la Royne servoient Messieurs de
et de Vaudemont. Monsieur le Légat estoit

Candale et Marquis de Rosny, Monsieur de Bassompierre et Comte de Saux. Tout le festin estoit divisé en quatre tables. Après que les tables furent levées, toutes sortes de réjouissances et d'allegresses entrèrent en lice ; les ballets furent exercez : la noblesse, désireuse de communiquer aux yeux des spectateurs sa grande joie intérieure (causée par ces trois baptesmes), fit des preuves remarquables de sa gentillesse. Dieu veuille que le tout soit à sa gloire, que les années de nostre Roy soient nestoriennes, que Monseigneur le Daulphin puisse croistre comme un Ephialte, pour pratiquer au profit de la France les martiaux enseignemens de son père, et planter les Lys François parmy les palmiers d'Idumée !

A Paris, *chez* Jean Le Clerc, *ruĕ S. Jean de Latran,*
à la Salemandre Royale. 1606.
Avec Privilege du Roy.

CXXXV

ARREST DE LA COUR

Ensemble les Vers et Discours latins escrits sur marbre noir en lettres d'or, ès quatre faces de la base de la Pyramide dressée devant la grande porte du Palais, à Paris.

Placard in-folio, imprimé sur deux colonnes, dans un cadre typographique.

Veu par la Cour, les Grand Chambre et Tournelle assemblées, le procès criminel commencé à faire par le Prévost de l'hostel du Roy, et depuis parachevé d'instruire en icelle, à la requeste du Procureur général du Roy, demandeur et accusateur à l'encontre de Jean Chastel, natif de Paris, escolier, ayant fait le cours de ses études au Collége de Clermont, prisonnier ès prisons de la Conciergerie du Palais, pour raison du très exécrable et très abominable parricide attenté sur la personne du Roy; interrogatoires et confessions dudit Jean Chastel, ouy et interrogé en ladicte Cour ledit Chastel, sur le faict dudict parricide; ouys en icelle Jean Gueret, prestre, soy disant de la Congrégation et Société du nom de Jésus, demeurant audit Collége, et cy devant précepteur dudit Jean Chastel, Pierre Chastel et Denise Hazard, père et mère dudit Jean; conclusions du Procureur général du Roy, et tout considéré :

Il sera dit que ladicte Cour a déclaré et déclare ledit Jean Chastel attaint et convaincu du crime de lèze Majesté divine et humaine au premier chef, par le très meschant et très détestable parricide attenté sur la personne du Roy. Pour réparation duquel crime a condamné et condamne ledit Jean Chastel à faire amende honorable devant la principale porte de l'église de Paris, nud en chemise, tenant une torche de cire ardente du poids de deux livres, et illec, à genoux, dire et déclarer que malheureusement et proditoirement il a attenté ledit très inhumain et très abominable parricide, et blessé le Roy d'un couteau en la face; et, par faulses et damnables instructions, il a dit audit procez estre permis de tuer les Roys, et que le Roy Henry quatriesme, à présent régnant, n'est en l'Eglise jusques à ce qu'il ayt l'approbation du Pape : dont il se repent et demande pardon à Dieu, au Roy et à Justice. Ce faict, estre mené et conduit en un tombereau en la place de Grève. Illec tenaillé aux bras et cuisses, et sa main dextre, tenant en icelle le cousteau duquel il s'est efforcé commettre ledit parricide, coupée. Et après, son corps tiré et démembré avec quatre chevaux, et ses membres et corps jettez au feu et consumez en cendres, et les cendres jettées au vent. A déclaré et déclare tous et chacuns ses biens acquis et confisquez au Roy. Avant laquelle exécution sera ledit Jean Chastel appliqué à la question ordinaire et extraordinaire, pour sçavoir la vérité de ses complices, et d'aucuns cas résultants dudit procez. A fait et fait inhibitions et défenses à toutes personnes, de quelque qualité et condition quelles soyent, sur peine de crime de leze Majesté, de dire ne proférer, en aucun lieu public, ne autre, lesdits propos, lesquels ladicte Cour a déclaré et déclare scandaleux, séditieux, contraires à la parole de Dieu, et condamnez comme hérétiques par les saints décrets.

Ordonne que les Prestres et Escholiers du Collège de Clermont et tous autres, soy disans de ladite Société, comme corrupteurs de la jeunesse, perturbateurs du repos public, ennemis du Roy et de l'Estat, vuideront, dedans trois jours après la signification du présent Arrest, hors de Paris et autres villes, et lieux où sont leurs Collèges, et quinzaine après, hors du Royaume, sur peine, où ils seront trouvez ledit temps passé, d'estre punis commé criminels et coupables dudit crime de leze Majesté. Seront les biens, tant meubles qu'immeubles, à eux appartenant, employez aux œuvres pitoyables et distribution d'iceux faicte, ainsi que par la Cour sera ordonné. Outre, fait défense à tous sujets du Roy d'envoyer des Escholiers aux Colléges de ladicte Société, qui sont hors du Royaume, pour y estre instruits, sur la mesme peine de crime de leze Majesté. Ordonne la Cour que les extraits du présent Arrest seront envoyez aux Bailliages et Sénéchaussées de ce ressort, pour estre exécutés selon la forme et teneur. Enjoint aux Baillifs et Sénéchaux, leurs Lieutenants généraux et particuliers, procéder à l'exécution, dedans le délay contenu en iceluy : et aux Substituts du Procureur général, tenir la main à ladicte exécution, faire informer des contraventions, et certifier ladicte Cour de leurs diligences au mois, sur peine de privation de leurs estats. Signé Du Tillet.

Prononcé audit Jean Chastel, exécuté le Jeudy vingt-neufiesme Décembre quatre vingts quatorze.

Quod sacrum votumque sit memoriæ, perennitati, longævitati, salutique maximi fortiss. et clementiss. Principis Henrici IIII, Galliæ et Navarræ Regis Christianiss.

Audi, Viator, sive sis extraneus,
Sive incola Vrbis quoi Paris nomen dedit.
Hic, alta quæ sto Pyramis, domus fui
Castella, sed quam deruendam funditus
Frequens Senatus, crimen ultus, censuit.
Huc me redegit tandem herilis filius,
Malis magistris usus et schola impia
Sotericum, eheu! nomen usurpantibus.
Incestus, et mox parricida in Principem,
Qui nuper urbem perditam servaverat,
Et qui, favente sæpe victor Numine,
Deflexit ictum audaculi sicarii,
Punctusque tantum est dentium septo tenus.
Abi, Viator, plura me vetat loqui
Nostræ stupendum Civitatis dedecus.

In Pyramidem eandem.

Quæ trahit a puro sua nomina Pyramis igne,
Ardua barbaricas olim decoraverat urbes,
Nunc decori non est, sed criminis ara piatrix :
Omnia nam flammis pariter purgantur et undis.
Hic tamen esse pius monimentum insigne Senatus
Principis incolumis statuit, quo sospite, casum
Nec metuet pietas, nec Res grave publica damnum.

D   O   M

Pro Salute Henrici IIII, clementiss. ac fortiss. Regis, quem nefandus parricida, perniciosiss. factionis hæresi pestifera imbutus, quæ nuper, abominandis sceleribus pietatis nomen obtendens, unctos Domini vivasque Majestatis ipsius imagines occidere populariter docuit, dum confodere tentat, cœlesti Numine scelestam manum inhibente, cultro in labrum superius delato, et dentium occursu fœliciter retuso, violare ausus est. Ordo ampliss. ut vel conatus tam nefarii pœnæ terror, simul et præsentissimi in Opt. Principem ac Regnum, cujus salus in ejus salute posita est, divini favoris apud posteros memoria extaret, monstro illo admissis equis membratim discerpto, et flammis ultricib. consumpto, Ædes etiam unde prodierat, hic sitas, funditus everti, et, in earum locum, salutis omnium ac gloriæ signum erigi decrevit.

IIII Non. Jan. Ann. X. M. D. XCV.

Ex   S. C.

Heic domus immani quondam fuit hospita monstro,
    Crux ubi nunc celsum tollit in astra caput.
Sanci*, it in miseros, pœnam hanc sacer Ordo Penates,
    Regibus ut scires sanctius esse nihil.

---

* Ceste virgule fut adjoustée pour faire *Sanci*, et l'autre après *in miseros*, lorsque Sanci quittant sa Religion retourna à la Messe. Et fut effacée, et puis rescripte à ces vers estants à la Pyramide devant le Palais. (*Note ms. de L'Estoile.*)

D   O   M

SACRUM.

Quum Henricus, Christianiss. Francorum et Navarror. Rex, bono Reip. natus, inter cætera victoriar. exempla, quibus tam de Tyrannide Hispanica quam de ejus factione priscam regni hujus majestatem justis ultus est armis, etiam hanc urbem et reliquas regni hujus pene omnes recepisset, ac denique felicitate ejus intestinor. Franciæ nominis hostium furorem provocante, Joannes Petri F. Castellus, ab illis submissus, sacrum Regis caput cultro petere ausus esset, præsentiore temeritate quam feliciore sceleris successu; ob eam rem ex ampliss. Ordinis consulto, vindicato perduellione diruta Petri Castelli domo, in qua Joannes ejus F. inexpiabile nefas designatum patri communicaverat, in area æquata hoc perenne monumentum erectum est, in memoriam ejus diei, in quo sæculi felicitas, inter vota et metus Urbis, liberatorem regni, fundatoremque publicæ quietis, a temeratoris infando incœpto, regni autem hujus opes adtritas ab extremo interitu vindicavit, pulso præterea tota Gallia hominum genere novæ ac maleficæ superstitionis, qui Remp. turbabant, quor. instinctu piacularis adolescens dirum facinus instituerat.

S. P. Q. P.

Extinctori pestiferæ factionis Hispanicæ, incolumitate ejus et vindicta parricidii læti Majestatique ejus devotiss.

Duplex potestas ista fatorum fuit:
Gallis saluti quod foret Gallis dare,
Servare Gallis quod dedissent optimum.

FIN.

A Paris, chez Jean Le Clerc, ruë S. Jean de Latran,
à la *Salemandre.*
Avec Privilége du Roy.
1597.

CXXXVI

RÉPERTOIRE CHRONOLOGIQUE

Des choses plus mémorables advenues sous les Rois de France, depuis Pharamond jusques à Henry IV, heureusement regnant.

Le tout exactement rapporté et sommairement extrait des meilleurs historiographes.

Pièce in-fol. max., six colonnes de texte entourant un cadre de portraits, gravés sur cuivre et rangés sur six lignes, contenant chacune onze rois, et la sixième qui en a huit, y compris Henri IV.

PREMIÈRE RACE.

420. PHARAMOND, fils de Marcomir, fut le premier qui print les resnes de la Monarchie Françoise, et des ruines de l'Empire dressa cet Estat tant excellent, qui, non tout à coup, ains peu à peu et de temps en temps, s'est accreu tant par la signalée vertu de ses rois que fidélité admirable de ses subjects, assistez au préalable de la faveur du Ciel. Païen, mais rempli de beaucoup de graces, il donna lustre aux Lois Saliques, par l'advis de ses quatre barons : Widogast, Sabogast, Wisogast, Bodogast. Mourant, laisse pour successeur son fils

431. CLODION, dict le Chevelu, d'autant qu'il fit la loi des chevelures pour les Rois, leurs enfans et princes de leur sang. Héritier des desseins de son père, tasche de les effectuer, mais sans ffect. Meurt, selon aucuns, aagé de 35 ans. Tant par la loi du royaume que par l'élection des François,

451. MÉROVÉE, son fils ou proche parent, lui succède, qui, favorisé de Aëtius, gentilhomme romain, passe le Rhin avec son armée, prend plusieurs villes et s'estend jusques à la Champagne. Est victorieux ensuite d'Attila, Roi des Huns, en bataille rangée, en la plaine Catalaunique. Prend Paris, Sens, Orléans et les circonvoisins, qu'il appelle FRANCE. Aucuns lui donnent le tiltre de premier Roi des François, et à sa race de MÉROVINGIENS.

461. Chilpéric I vient après au Roiaume de son père Mérovée, d'où il est chassé, à l'occasion de ses vicieux déportemens; depuis rapellé par l'heureuse entremise de Guiemans. Joint à son Estat le païs d'Anjou. Fait une grande faute, voire irréparable : car, violant le droict d'hospitalité à Basis, roi de Turingie, qui l'avoit receu et assisté au plus fort de son adversité, lui enlève Basine, sa femme, de laquelle il eut :

486. Clovis, premier roi Chrestien de ceste Monarchie, dont il print le gouvernail à l'aage de 15 ans. Par la prinse du comté de Soissons, esteint les restes de l'orgueil romain en la Gaule. Espouse Clotilde, fille de Chilpéric, roi de Bourgongne; obtient la victoire sur les Allemans en la journée de Tolbiac, après laquelle il embrasse la religion chrestienne. Traverse fort Gondebaut, oncle de sa femme; fait de grandes conquestes sur lui. Tue de sa propre main, en la meslée, Alaric, roi des Wisigots. Défait Almaric, au champ Arrien, près Bourdeaux. Choisit Paris pour son séjour ordinaire, depuis faict chef du Roiaume, où il décède à l'aage de 45 ans, laissant quatre masles et deux filles. Des masles :

515. Childebert, son aisné, succède, non à tout, car il est partagé en quatre. Il est donc Roi de Paris et dépendances: Poictou, le Maine, Touraine, Champagne, Anjou, Guienne, Auvergne. Fait la guerre aux Bourguignons; prend Sigismond, leur roi, en bataille, qui depuis est précipité dans un puits, à Orléans; sa femme, ses enfans. Estrange mesnage advient entre lui et ses frères, suivi d'un accord admirable. Tourne ses armes contre Almaric, roi des Wisigots, qui fut tué près Tolete, et la ville emportée. Décède sans enfans. Ainsi le Roiaume tombe entre les mains de

560. Clotaire I, qui au commencement de son règne dompte les Saxons, mais sans beaucoup d'effect. Ce fut lui qui érigea la terre d'Yvetot en Roiaume. Eut de deux femmes cinq fils et une fille. Mourut à Compiégne, la cinquante uniesme année de son aage. Derechef ce grand corps d'Estat est mis en quatre pièces, dont la principale demeure à l'aisné, nommé

565. Cherebert, qui mène une vie si voluptueuse qu'elle ne lui permet marquer son règne d'aucun acte signalé. Ains meurt à Blaie, sans laisser de soi aucune postérité pour lui succéder. Mais après sa mort et de Sigesbert son frère, assassiné par deux soldats apostez par Frédégonde,

574. Chilpéric II du nom part de Tournay pour appréhender la succession. Il y eut de grands désordres en son commencement, par la mort de ses enfans Mérovée et Clovis. Chasse Audouere,

estrangle dans le lict Athanagilde sa femme; espouse Frédégonde sa concubine, dont il eut un fils nommé Clotaire. Surcharge son peuple de daces infinies et insuportables. Est enfin tué, revenant de la chasse, suivant le complot faict entre Frédégonde et Landri son adultère. Tant a de force la loi fondamentale de l'Estat, que

588. CLOTAIRE II, en l'aage de quatre mois, est salué roi et recogneu pour légitime. Il règne, sous la sage conduite de Gontran son oncle, et surtout de Frédégonde, nonobstant les traverses de Childebert, roi de Mets. Gondevault, eschappé d'un cloistre, veut troubler son Estat, se disant légitime; mais il tombe ès mains de Gontran, qui le fait mourir. Après le décez de Gontran et Frédégonde, Clotaire a des monstres estranges à combatre, dont il demeure victorieux, pacifiant son roiaume par douceur. Aiant traversé toutes ces épineuses difficultez, il paie le tribut à nature, en l'aage de 44 ans, laissant pour roi son fils

631. DAGOBERT I du nom. Ce règne est en justice et piété (ciment de la paix, vraies colonnes de l'Estat) en son commencement; mais, souillé depuis d'une vie lascive et desbordée, laquelle néantmoins est suivie de résipiscense par les admonitions fructueuses de Pépin, qui manie toutes ses armes, en la réduction des Gascons rebellez, acquisitions des Bretons, chastiment des Esclavons, rétablissement de l'Austrasie, où il ordonne roi son fils Sigesbert. Chasse, par édict perpétuel, les juifs hors de France, bastit l'église S. Denys (sépulture de nos rois), l'enrichit de plusieurs ornemens. Meurt à Espinac d'un flux de ventre, laissant deux fils, l'un desquels, assavoir :

646. CLOVIS II, bien que puisné, prend le timon du gouvernement souverain, sans controverse aucune; mais nous voions, en ce règne et aux suivans, une nouvelle roiauté aux Maires du Palais. Ayant donc espousé Baudour, damoiselle de Saxe, dévote à merveilles, il s'addonne à ses plaisirs. Parmi lesquels est neantmoins remarquée une grande charité, en ce Prince. Car il feit descouvrir l'abbaïe S. Denys de l'argent qui y estoit, pour en assister les pauvres, lors pressez de grande famine, l'exemptant en récompence de la jurisdiction de l'évesque de Paris. Aagé de 21 ou 23 ans, selon aucuns, il décède et laisse trois fils, qui seront Rois l'un après l'autre. En premier rang marche

662. CLOTAIRE III, gouverné par Erich et depuis par Ebroin, Maire de son palais, homme meschant et cruel, lequel abusa estrangement de la minorité de ce prince, qui, n'aiant que le nom et l'habit de Roi, mourut sans aucune marque de chose mémorable et sans enfans, lui succédant son frère

666. CHILDERIC I du nom, second fils de Dagobert, receu des François en haine de Thierri (qui à la persuasion d'Ebroin s'estoit ja faict couronner Roi, depuis tondu et mis dans S. Denys, Ebroin à Luçon en Bourgogne); mais son insolence et cruauté le font finir tragiquement, tué à la chasse par Bodelle, gentilhomme de Franconie, qu'il avoit fait fouetter, ne laissant aucuns enfans. Blitilde, sa femme enceinte, massacrée de mesme. Ce qui donne la souveraine puissance sur les François, à

680. THIERRI I, tiré du monastère, sous le règne duquel Ebroin, poussé d'un esprit de vengeance, gouvernant le Roi fort paisiblement, exerce infinies cruautez, meurtres, trahisons, dont il est enfin justement paié, venu en la puissance d'Ermanfroi, gentilhomme françois, qui lui oste la vie. A tant que Pepin prend l'administration de toute la Monarchie, Thierri mourant père de deux enfans, dont :

694. CLOVIS III du nom, son aisné, entre en possession de la roiauté fort jeune d'ans. Pépin, sous son authorité, passe le Rhin avec une puissante armée, range soubs sa domination les Saxons et Suéviens, qui paravant s'estoient soustraicts d'icelle par les troubles advenus en France. Règne paisible et de bonne odeur aux estrangers, mais court et de peu de durée. Mourant Clovis sans enfans,

698. CHILDEBERT II, son frère, lui succède. Son règne est assez long, mais il n'a rien de remarquable, sinon qu'Anepos, évesque, marchant avec un puissant nombre de gens de guerre conduits par Vellarius contre les Suéviens rebellez, les range au devoir. Au reste, ce roi laisse deux fils, Dagobert et Clotaire, l'un desquels, assavoir :

716. DAGOBERT II du nom, règne fort peu, sans avoir faict chose digne de mémoire. Pepin commande à la roiale, mescongnoit sa fortune dont il est enfin chastié, portant le fruict de sa paillardise, en soi et en son fils. Dagobert meurt après, père de deux enfans, Chilpéric et Thierri; mais les menées et factions de Charles Martel, fils de Pépin, reçu Maire de France par le décez de son père, font régner

720. CLOTAIRE IV et enfermer les enfans de Dagobert dans un cloistre. Règne non seulement imaginaire, mais court, parmi des horribles divisions fondées sur la prétention de la Mairie du Palais, lequel est apréhendé consécutivement par

723. CHILPÉRIC III du nom, légitime, qui dure aussi fort peu de temps. Néantmoins Charles Martel affermissoit de plus en plus son authorité, à l'abri de ces rois de nom et en apparence

seulement : tant que cestui-ci, mourant sans enfans, laisse la couronne à son frère

727. THIERRI II de ce nom, lequel règne bien plus longuement que les précédens, mais tousjours sous la conduite et régence de Charles Martel, qui cependant dresse la planche aux siens pour monter au throsne roial. Il est donc créé prince ou duc des François. Troubles, esmeutes en Guienne, sagement accoisez, dont s'ensuit la journée de Tours contre les Sarrazins, qui depuis font des nouvelles conquestes, mais comme feu de paille, aussitost esteinctes que nées, par la grande valeur de Charles. Cependant Thierri décède et laisse

742. CHILDÉRIC II du nom, roi en peinture comme lui, sous Charles Martel et Pépin son fils, qui, après le décez de son père, mesnagera si dextrement le droict qu'il luy avoit acquis par sa vertu, que, par Estats assemblez à Soissons, Childéric, dépossédé de l'ordonnance du pape Zacharie, par l'entremise de Bruchard, evesque de Bourges, et Folrad, chappelain dudit Pépin, est mis dans un monastère au païs de Bavières, et Gisale, sa femme. Ainsi règne, ainsi finit la race des Mérovingiens, et celle des Carlovingiens entre en sa place pour régir le roiaume.

SECONDE RACE.

751. PÉPIN, surnommé le Bref, prince petit de corps, mais grand d'esprit, de douceur aimable, de gravité admirable, est couronné à Soissons par Boniface, archevesque de Maience, depuis dans S. Denys par le pape Estienne, venu en France pour le tirer à son secours contre les Lombards : à quoi il se porte et librement et vaillamment, après avoir dompté les Saxons emancipés de son obéissance. Esteint les guerres esmeues en Guienne par Gaïfre, réunit l'Aquitaine à la couronne par une bataille gaignée près Périgord contre Waifer. Accablé de tant de fatigues, meurt, aagé de 54 ans, laissant de Berthe au grand pied, sa femme, deux fils et sept filles, autant regretté à sa mort de ses subjects qu'aimé pendant sa vie : qui furent ensuite gouvernez par

769. CHARLEMAGNE, son fils aisné, couronné à Wormes, après avoir faict partage avec Carloman, son frère. Prince orné de toutes sortes de vertus, ami des lettres et lettrez, tesmoing Paris et Pise incomparable aux armes, qui le signalèrent du surnom de Grand. Il estouffe l'esmeute faicte en Guienne, fomentée par Carloman, qui de despit va à Rome, d'où revenu

meurt tost après. Espouse (pour complaire à sa mère) Théodore, sœur ou fille de Didier, roi des Lombards, qu'il répudie incontinent; puis prend Hildegrande, fille du duc de Suève, de laquelle il eut Charles, Pépin, Louis, Rotrude, Berthe, Gille. Son heureuse guerre contre Didier le rend maistre de l'Italie. Les Saxons cependant traversent ses desseins; mais il les remet heureusement et en sa religion et en son obeissance, convertit ses armes en Espagne contre les Sarrazins, qu'il bat diversement, sans autre eschec que la bataille de Roncevaux. De là en Allemagne, avec son heur accoustumé, arreste le pape Léon en sa nécessité, qui le couronne empereur. Despuis est victorieux en Italie, Saxe, Venize. Perd ses deux meilleurs fils, Charles et Pépin. Dresse des règlemens pour les ecclésiastiques, appelez *Capitula Caroli Magni;* fait tenir les Conciles de Mayence, Rheims, Tours, Chaalons, Arles, Francfort. Tel fut le règne de ce grand Charles, heureux en sa vie, heureux au despart de ce monde, aagé de 71 ans, pour aller jouir de la béatitude éternelle, et sa succession continuée en

816. Louis le Débonnaire (mais non sa vertu et grandeur de courage), ainsi surnommé à cause de sa trop grande facilité, qui rendit son authorité mesprisée et aux siens et aux estrangers. Aussi plusieurs desbauches arrivent soubs son règne, tant de la part de Bernard, son nepveu, que de ses propres enfans, lesquels (aians au préalable mis dans un monastère sa femme et Charles, son fils) par le décret du concile de Lyon, l'enferment à S. Médard de Soissons l'espace de cinq ans, au bout desquels il partage avec eux, non sans beaucoup d'autres indignitez, dont, pressé de vieillesse et de regrets, prend son repos au ciel, ne le pouvant obtenir en terre, au soixante-quatriesme an de son aage, laissant quatre fils, trois du premier, un du second lit, et lesquels eurent de grandes altercations ensemble, mais en fin,

843. Charles II, dit le Chauve, aiant rompu tous les vains efforts faicts contre lui, Lothaire s'estant rendu moine à l'Abbaie de Pluviers, et Louis d'accord avec lui, est proclamé roi et empereur. Passe en Italie avec forces pour s'emparer du bien de sa niepce Hermingrade, mariée à Boson, comte des Ardennes, qui le prévient et rompt son entreprise par secrettes intelligences qu'il a en France, où le Roi, faisant dessein de retourner, meurt à Mantoue, laissant de Richilde

879. Louis II, surnommé le Bègue, héritier du Roiaume et de l'Empire, disputé neantmoins par les Italiens et Allemans. Jean III, pape, recourt à lui, eschappé des mains de ses ennemis, séjourne quelque temps en France, assemble un concile à Troies en Champagne, retourne à Rome. Sur ces entrefaictes,

le roi meurt, sa femme demeure enceinte, accouche, peu de temps après, d'un fils nommé Charles; mais il y avoit deux bastards, qui néantmoins sont coronnez rois, assavoir :

881. Louis III et Carloman, qui regnent fort peu, non sans grandes difficultéz, parmi lesquelles ils meurent : Louis, despité d'avoir esté défaict; Carloman, mis en pièces, estant à la chasse, par un sanglier. Son successeur est

886. Louis IV, dict le Fainéant, tenu pour son fils, dont le règne fut court. Son nom marque assez sa valeur. Après lui, Charles le Gros, roi et empereur, qui passe en Italie, chasse les Sarrazins qui infectoient Rome, revient en France, où il trouve d'estranges grabuges, qu'il arreste si malheureusement qu'encourant la haine de ses sujects, il est débouté et de l'Empire et du Roiaume, meurt en un pauvre village de Suaube fort pauvrement. En son lieu est installé

891. Eudes, qui, sous le tiltre de roi, prend le gouvernement de l'Estat tempesté de toutes parts, duquel il se dévest devant sa mort, le remettant entre les mains du légitime héritier posthume de Louis le Bègue, nommé et surnommé

900. Charles le Simple, III du nom, duquel le régne fut peu heureux, car Robert, frère d'Eudes, esmeut de grands troubles contre lui (sans aucune prétention légitime), qui lui fait avoir recours à Henri III, empereur. Armée de part et d'autre, combat fort rude et sanglant. Robert y demeure, mais peu après Charles est mené prisonnier à Chateau-Thierri, de là à Soissons, où, en assemblée des principaux du Roiaume, il est contraint de quitter sa couronne à Raoul, meurt peu après d'ennui, laissant de Théatgine un fils nommé Louis, qu'elle sauve en Angleterre, ce pendant que

927. Raoul, couronné à Soissons, tient le timon du navire françois avec beaucoup de peine et de fatigue. Toutes ses expéditions faictes en Normandie, Guienne, Lorraine, avec plus de bruit que de fruict. Ainsi, parmi tant d'horribles désordres, se desmembre et le roiaume et l'empire des François, suivis de la mort de Raoul, après laquelle

929. Louis revient en France, aiant séjourné l'espace de neuf ans, ou environ, en Angleterre; pour ce aussi est-il surnommé d'Outre-mer. Son régne n'a pas plus de bonheur que les précédents. Il espouse Herborge, fille de Henri l'Oiseleur, moienne tout d'une main le mariage d'Avoie, sa belle-sœur, avec Hugues le Grand, de laquelle sort Hugues Capet, qui montera en bref à la Roiauté. Nouveaux remuemens en Normandie, estran-

des troubles, Robert en Normandie, qui ne furent suffisans (bien que grands) à esbranler cet Etat, y estant prudemment pourveu. De Anne, fille de George ou Gaultier l'Esclavon, roi des Russiens, il eut Philippes et Hugues, Herminie, fille mariée au duc de Normandie. L'ordre de succession légitime donne la couronne ensuite, à

1061. Philippe I, sous la tutelle et conduite de Baudouin, comte de Flandres, ordonné par le père. Le soupçon conçu contre ce regent esmeut les Gascons. Mais sa prudence sceut bien dissiper ces nouveaux nuages, faignant d'aller contre les Sarrazins. Ce prince, prenant (Baudouin mort) les resnes de l'Estat, à l'aage de 15 ans, forligne de la simplicité de ses aieulx et père. Troubles en Flandre, Angleterre, Italie, Alemagne; il est spectateur seulement des uns et attise les autres. Le voiage en la Terre Saincte se délibère, auquel Philippe contribue plus que tout le reste de la Chrestienté. Berthe, fille de Baudouin, fut sa femme, de laquelle il eut

1110. Louis VI, surnommé le Gros, couronné roi du vivant de son père. Il défait Henry, roi d'Angleterre, près de Gisors, qui suscite d'estranges divisions entre Louis et l'Empereur, mais sans effect. Apaise les troubles de Flandre, Bourbonnois, Auvergne. Meurt aagé de 60 ans, laissant six fils et une fille.

1138. Louis son fils lui succède, dict le Jeune, VII du nom, qui, persuadé par S. Bernard au voiage de Levant, le fait, en revient sain et sauf, mais sans autre fruit. Eléonor, sa femme, fille du duc de Guienne, seule héritière, s'y desbauche; il la repudie, luy rend la Guienne, retient néantmoins deux filles, nées sous leur mariage, espouse Constance, fille d'Alphonse, roi de Galice, dont il eut deux filles. Guerre avec l'Anglois pour le comté de Tholoze, esteinte par le mariage de Marguerite, sa fille, avec l'aisné d'Angleterre. Veuf de sa seconde, prend une troisiesme femme, Alix, fille de Thibaut, comte de Champagne, qui lui fait un fils qu'il nomme Dieu-Donné. Mauvais mesnage en Angleterre entre le père et le fils, qui, aiant recours à Louis, fait naistre une funeste guerre, sans beaucoup de succez, suivie enfin d'un accord authorisé du mariage d'Alix, fille de Louis, avec l'autre fils de l'Anglois. Mourant, il laisse l'administration du royaume à

1181. Philippe II, dict Auguste ou Dieu-Donné, couronné et fiancé, du vivant de son père, avec Ysabeau, fille de Baudouin, comte de Hainault. Ami de l'Anglois, se ligue avec lui pour le voiage de la Terre Sainte, qu'ils font ensemble. Cependant paroles entr'eux à cause d'Alix, sœur de Philippe, qu'il trouve à son retour en France. Il est grandement traversé en ses mariages divers, passe néantmoins ses jours avec Gerberge (qu'il avoit répudiée pour espouser une autre) en grande amitié. Grandes guerres contre les rois d'Angleterre et comte de Flandres, sur lesquels il fait des conquestes admirables. Journée de Bovines. Louis, son fils, passe en Angleterre, où il est reconnu roi, puis quitté. Philippe institue les Prévost des Marchands et Eschevins à Paris, fait paver la ville, bastir le Louvre et les Halles, clore le bois de Vincennes, achever l'église Notre-Dame, dresse enfin ses belles ordonnances, qui sont observées de son temps. Réduit ou annexe à la couronne la Normandie, Guienne, Anjou, Touraine, Maine, Vermandois, Cambresis, Valois, Clermont, Beaumont, Auvergne, Ponthieu, Alençon, Limosin, Vendosme, Dammartin, Mortagne, Aumale, qui lui font donner le nom de Conquérant. Décède en l'age de 59 ans, père de deux fils et une fille.

1224. Louis VIII se sied au throsne roial, aiant desja plusieurs enfans de Blanche, fille du roi de Castille. Règne court, mais signalé de la réunion du Languedoc à la couronne, par la ruine du comte Raimond, chef des Albigeois. Concile de Latran. Guerre en Guienne contre les Anglois. Meurt à Montpensier en Auvergne, agé de 40 ans, fils d'un bon père, père d'un bon fils qui lui succède.

1227. Louis IX, surnommé Sainct pour sa grande piété. Blanche, sa mère, ordonnée régente par le père, est déclarée telle par les Estats assemblez à Paris. Contrariétez grandes s'eslèvent par les princes du sang, appaisées par la prudence et bonheur du roi, auquel le Breton fait hommage de la Bretagne, d'où il est appelé Mauclerc. Paix par tout le roiaume, qu'il reforme en la religion, en sa vie et maison, aux lettres, en la justice, au soulagement de son peuple. Espouse Marguerite, fille de Raimond Berenger, comte de Provence, dont il eut cinq fils et quatre filles, fait deux voiages en la Terre Sainte, et après plusieurs victoires, meurt à Tunis, aagé de 56 ans. Ainsi et la nature et la vertu portent à la roiauté.

1271. Philippe III, son fils aisné, dict le Hardi, qui revient en France, où il a maintes difficultez à soutenir en la mort de Philippe, son fils, empoisonné. Incorporation du comté de Tholoze. Querelle du roiaume de Navarre. Affaires de Constantinople (arrivent cependant les Vespres Siciliennes) très espineux, de difficile et piteux succès, y mourant au 40e de son aage, laissant, d'Ysabeau, sœur de Pierre d'Aragon, Philippe-Charles-Marie, et de Marie, fille de Henri, duc de Brabant, Louis, Marguerite. Succède ensuite

1286. Philippe IV du nom, qui est surnommé le Bel, roi de

Navarre, à cause de Jeanne sa femme, dont il eut trois fils et une fille. Establit le Parlement de Paris, fait batir le Palais, et sa femme le Collége de Navarre. La Flandre, l'Anglois et le Pape lui dressent des fortes parties. Les Flamans sont réduits au domaine françois, mais, mal conduits, se révoltent. Bruges tue tous les François, ses hostes. Journée de Courtrai, favorable aux Flamands, déplorable aux François. Les efforts des Anglois s'esvanouissent; mais voici les bulles de Boniface contre Philippe bruslées en la cour du Palais. Toutes ces bourasques passées, il meurt, à la naissance d'autres, cherchant au ciel le repos dont il n'avoit peu jouir en terre, aagé de 58 ans.

1314. Louis X, dict le Hutin, prend l'administration du roiaume, ainsi surnommé à la conformité de ses mœurs. (Enguerrand de Marigni est pendu à Montfaucon, qu'il avoit fait dresser.) Prend à femme Marguerite, fille de Robert, duc de Bourgogne, dont il eut une fille; puis épouse Constance, qu'il laisse enceinte d'un fils nommé Jean, qui ne vesquist que huit jours. Tel est le règne de Louis, court et peu mémorable, laissant par sa mort les deux roiaumes de France et de Navarre à

1316. Philippe V, dict le Long, qui eut de Jeanne, fille d'Othelon, comte de Bourgogne, quatre filles seulement, qui contentèrent les Princes malcontents. Brigands, nommés Pastoureaux, défaicts en Languedoc. Juifs rappelez et rechassez. Troubles en Flandres appaisés par mariage. Le roi meurt sans masles, ce qui appelle à la succession légitime son frère

1321. Charles IV du nom, dict le Bel, qui eut trois femmes: Blanche, Marie et Marguerite. Aime la justice et l'ordre. Jourdain de l'Isle (bien que nepveu du pape Jean XXII) est pendu et estranglé à Paris pour ses crimes estranges. S'accorde avec l'Anglois, renge le comte de Flandres et ses sujets par une reconciliation commune. Sa vie est courte au regard des belles parties qui reluisoient en lui. Par son décez, la seconde branche des Capets, dicte de Valois, vient à la roiauté et commence par

1328. Philippe VI du nom, qui lui est disputée par Edouard III, roi d'Angleterre. Le différent se vuide en Estats généraux assemblez à Paris. Il chastie les Flamands rebellez contre leur comte Edouard, et contraint lui faire hommage de la Guienne et Ponthieu, dont, mal-content, lui taille de la besongne en Flandre, Bretagne, Alemagne. Journées de l'Escluse, de Créci, avantageuses à l'Anglois, qui prend Calais ensuite. Le Dauphiné revient à la Couronne; Montpellier s'y adjoint. Aiant eu de Jeanne deux fils, convole en secondes nopces avec Blanche, fille de Philippe d'Evreux, roi de Navarre. Meurt en la 65ᵉ année de son aage.

1350. JEAN, son fils, lui succède, et au royaume, et aux confusions horribles d'icelui, où il n'est pas plus heureux. Il espouse Jeanne, comtesse de Boulogne, de laquelle il eut quatre fils et une fille. Raoul, Connestable de France, est décapité en prison. Chevaliers de l'Estoille constituez, dégénèrent au Chevalier du guet et ses archers. Journée de Poictiers, où Jean est prisonnier de l'Anglois, prison qui fait valoir de piteuses tragédies, dont les plus furieuses se jouent dans la capitale ville. Le Navarrois s'y contremesle à la faveur de l'Anglois, mais sans fruit. Paix entre les deux rois, délivrance de Jean, qui retourne en Angleterre, y laisse la vie, et, pour successeur à sa couronne,

1364. CHARLES V du nom, dict le Sage, qui prend pour femme Jeanne, fille de Charles, duc de Bourbon, dont il eut trois fils et une fille. Il emploie ses gens de guerre en Bretagne, en Flandres, en son roiaume, en Castille, assez heureusement. Sédition à Montpellier, 600 séditieux instituez. La Sainte Bible mise en langage françois par son commandement, qui est encore au cabinet roial du Louvre. Rend son ame à Dieu, au Chasteau de Beauté.

1380. CHARLES VI vient après. Règne long, mais calamiteux. D'Elisabeth de Bavière eut trois fils et une fille. En sa minorité, troubles en France et Flandres. Journée de Rosebecque. Paix en Flandres et Bretagne. Guerre en Angleterre infructueuse. Tumulte à Paris, surnommé des Maillotins. Majeur, il souffre des accidents estranges, phrénésie et confusion domestique. Deux partis en cour : des ducs de Berri et de Bourgongne, d'Orléans et de Bourbon. Evenements espouvantables. Ligue des Armagnacs et Bourguignons, terminée par la paix de Bourges. Esmeute à Paris par le Bourguignon, triste et sanglante, retourne sur lui. Journée d'Azincourt pour l'Anglois. Cruelles tragédies jouées sur le théatre François par le Bourguignon, l'Anglois, et la mère du roi, qui est faict prisonnier à Paris. Meurt quatre ans après, changeant sa vie tumultueuse en une pleine de repos.

1423. CHARLES VII, son fils, recueille la succession, et est nommé roi, nonobstant l'usurpation de l'Anglois. Marié à Marie, fille de Louis, duc d'Anjou, roi de Sicile, en a trois fils et cinq filles. Combat d'estranges difficultez durant son règne, reçoit de grandes pertes, mais notamment aux journées de Crévant, Verneuil et des Harancs. Est néantmoins victorieux de ses ennemis. Jeanne, la Pucelle, en est le principal instrument ; bruslée depuis à Rouen par l'Anglois. Tout enfin obéit et se remet peu à peu à l'obéissance du roi, lequel aiant restauré le roiaume avec beaucoup de travaux, va reposer heureusement au ciel, aagé de 59 ans, laissant pour lui succéder

1461. Louis XI du nom, qui trouve nombre notable d'ennemis domestiques et estrangers. Espouse Marguerite, fille du roi d'Escosse, puis Charlotte, fille du roi de Savoie, de laquelle il eut trois fils et deux filles. Comté de Roussillon acquis. Villes soumises racheptées. Ligue du Bien public. Journées de Mont-l'hery, Gransson, Nanci, Guenegast. Paix de Conflans. Traicté d'Ancenis. L'Ordre de Saint Michel institué. Villes de Picardie réduites. La Bourgogne réunie. Jacques d'Armagnac, duc de Nemours, décapité. Voici donc la période de ce règne: crainte, meffiance, soupçon, qui envelopent de telle sorte ce roi, qui est porté au sépulcre, aiant vescu 61 ans.

1484. CHARLES VIII lui succède, lequel soutient une longue et forte guerre en Bretagne, terminée par son mariage avec Anne, fille aisnée de François, duc de Bretagne, de laquelle il eut trois fils, sans en pouvoir eslever aucun. Journée de Saint-Aubin. Ensuite il passe les monts pour appréhender ses pretentions au roiaume de Naples, heureusement. La muraille, tombant d'elle-mesme, lui fait entrée dedans Rome; pareillement au Chasteau Saint-Ange. Il est nommé empereur de Constantinople, couronné roi de Sicile. Victorieux à Fornoue, retourne en France chargé de trophées, où il meurt d'une apoplexie à l'aage de 27 ans, sans enfant. Ainsi finit en lui la ligne directe des Valois, et succède la collatérale, qui commence à

1498. Louis XII, duc d'Orléans et de Valois, fils de Charles, aussi duc d'Orléans, et de Marie de Clèves. Il dresse ses armes en Italie avec succez. Journée d'Agnadel, Bresse et Ravenne. Cependant l'Anglois trouble la Picardie, où le roi tourne ses desseins, dont s'ensuit la journée des Esperons. Finalement, la paix confirmée par son mariage avec Marie d'Angleterre. Il avoit eu auparavant deux femmes, Jeanne de France et Anne de Bretagne, néanmoins décède sans enfans, au grand regret de son peuple, dont il estoit le père.

1515. FRANÇOIS Iᵒʳ succède en ligne collatérale masculine. Tous ses desseins buttent au recouvrement de Milan. Gaigne deux batailles sur les Suisses. Guerre en Picardie, qui traverse ses armes en Italie. Journée de la Bicocque. Revient en France, repasse de là les monts, recouvre Milan, assiège Pavie, où il est prins prisonnier. Eschec qui lui ravit toutes ses victoires, et donne Eléonore pour femme, sœur de l'empereur. Duché de Bretagne incorporé à la France. L'Angleterre se sépare de l'Eglise catholique, apostolique et romaine. Guerre en Savoie et en Piémont. Marquisat de Sallussés dévolu à la Couronne. Armées en Luxembourg, Roussillon, Picardie. Journée de Seri-soles. Partialitez en France pour la religion. Guerre au Bou-lenois contre l'Anglois, finie par une paix, après laquelle Fran-çois meurt, aagé de 54 ans.

1547. HENRY II lui succède, qui a de grandes guerres et de-dans et dehors le roiaume. Siége de Metz mémorable. Bataille de S. Laurent. Paix faite par les mariages d'Elisabeth de France avec le roi Philippe, et duc de Savoie avec Margueritte, 'sœur du roi; mais suivie de sa mort par un triste accident, au 42 de son aage. Il eut de Catherine de Médicis cinq fils et cinq filles. La loi lui donne pour successeur

1559. FRANÇOIS II du nom, roi d'Ecosse de par sa femme. Troubles continuez pour la diversité de religion. Entreprise d'Amboise descouverte. Le prince de Condé arresté prisonnier à Orléans, où le roi meurt en bas aage, laissant

1561. CHARLES IX, son frère, lequel est traversé en son règne de beaucoup de dissentions civiles, pour le faict de la religion, dont s'ensuit le Colloque de Poissy, l'Édict de Janvier, la mort du duc de Guise, tué au siège d'Orléans par Poltrot, le voyage de Bayonne, batailles de Dreux, S. Denis, Jarnac, Montcon-tour, autres édicts de pacification, nopces de Henri de Bour-bon, roi de Navarre, et de Marguerite de Valois, siéges de San-cerre et de la Rochelle, retraite du prince de Condé en Alema-gne, et enfin le décez du roi accablé de tant de fatigue, au 27 de son aage, sans enfant; mais

1574. HENRY III, lui devant succéder, vient de Pologne, épouse Louise de Lorraine, fille du comte de Vaudemont. Est agité di-versement par les partialitez en religion, qui passent sous ce pretexte en faction formée contre l'Estat, palliée du nom de Li-gue ou S. Union, laquelle il combat avec beaucoup de difficul-tez et exploits divers entre les deux partis. Adviennent sous lui la défaicte de l'armée des Reistres, bataille de Coutras, Estats de Blois, révolte presque générale de la France, reconciliation des deux Rois, qui pressent tellement les factieux et rebelles, qu'ils ont recours au parricide exécrable fait en la sacrée per-sonne du Roi, à S. Cloud, par Jacques Clément, moine Jacopin, le 1er jour d'aoust, qui le met au cercueil le lendemain : défail-lant en lui la race de la branche roiale des Valois. Ainsi,

1589. HENRY IV, desja roi de Navarre, l'est aussi de France, estant sorti en droite ligne de Robert, comte de Clermont en Beauvoisis, dernier fils de S. Louis. Règne espineux en son commencement, marqué d'actes signalez en son progrez, les plus notables desquels (pour le faire court) sont heureusement comprins en ces quatre vers d'un personnage d'honneur et de réputation :

Arques, Ivry, Dijon, portent tousjours les marques
De l'heur, du droict, du cœur du plus grand de noɀ Roys :
Et l'orgueil Estranger tremble toutes les fois
Qu'on parle des combats de Dijon, d'Ivry, d'Arques.

Jusques à ce que solemnellement recogneu, il a doucement rengé tous ses subjets en son obéissance, rétabli la paix et dedans et dehors le roiaume, que Dieu veuille longuement continuer, et bénissant Sa Majesté en son mariage prochain, lui donner lignée plantureuse, longue et heureuse vie, et la réunion des ames aussi bien que des cœurs.

A PARIS

Par Jean le Clerc, rue S. Jean de Latran, à *la Salemandre.*

1600.

CXXXVII

MONSTRE MARIN

Gravure hollandaise, sur cuivre, au bas de laquelle sont les noms du graveur et de l'éditeur : *Servaes Joes excudit. — Julius Goltzius sculp.* H. 0ᵐ372, L. 0ᵐ240. — Dans le bas de l'estampe, de gauche à droite, le monstre marin; au-dessus de lui, le fœtus qu'il portait dans son ventre, avec une légende en hollandais et en français. Dans le haut, à gauche, l'inscription générale, dans les deux langues, formant 8 lignes; à droite, scène de la prise du monstre par des pêcheurs et des soldats sur deux barques. Au fond, dans le port d'une ville fortifiée, l'embarquement des soldats et des pêcheurs, avec ces légendes : *Backers Kille. — Fort van Werkendam.*

On lit, dans l'estampe, à gauche, ces deux légendes :

« Ce monstre marin et beste incognue, laquelle nul homme peut cognoistre, est tuée et recouvrée, par grand labeur et combat, entre Gorcqun et Verequendam, en une rivière d'eau doulce, de profondeur de six pieds, le 10 de mars 1600, pesant cinq cent livres et neuf pieds de long. »

« Ce petit monstre marin est taillé du ventre de ladicte beste, le quatriesme jour après sa mort. »

CXXXVIII

POISSON SINGULIER

Gravure sur bois, en largeur. H. 0ᵐ137, L. 0ᵐ250. — Le hareng enflammé, portant de chaque côté sur le dos certains caractères inintelligibles qui semblaient être de feu, est représenté en double figure, offrant l'un et l'autre côté du dos avec les signes qui y étaient tracés. Au-dessus, dans le ciel, un vol d'oiseaux de mer qui ont l'air de se combattre.

L'Estoile a écrit au-dessous cette légende :

« Ce harenc, de couleur rouge comme un brasier, jettant comme des flammes de son corps, avec des caractères et certaines lettres marquées sur l'un et l'autre costé du dos, fust pris à la pesche du harenc, en mer, le 8 octobre de l'an 1587, et présenté au Roy de Danemark, ainsi que m'a escrit du pays Pierre Paisen, Danois, dont j'ai les lettres datées du 1ᵉʳ febvrier 1588. »

CXXXIX

ℭ La Figure de la Beste trouvée en la terre de tres reverend seigneur l'Archevesque de Saltzbourg, au pays des Allemaignes, contrefaict apres le vif, au vray.

Gravure sur bois, coloriée, en tête d'un placard in-4°. Texte imprimé en caractères gothiques, au-dessous de la figure. H. de l'estampe 0ᵐ110, L. 0ᵐ115. — Au-dessous se lit la légende qui suit :

En l'an de Nostre Seigneur mil cinq cent trente et nng, au pays de tres reverend Seigneur archevesque de Saltzbourg, a esté prinse une terrible Beste, de coulleur grise, ayant face d'un homme a longue barbe et quatre pieds avec longues grifes. Et fut prinse par les veneurs du dessusdit Seigneur et archevesque, ainsi comme ils chassoient apres quelque venaison pour leur dessusdit Seigneur, en une forest estant pres de une montaigne nommee

Hansperg, laquelle Beste fut par lesdits veneurs menee a la cour
de leurdit Seigneur archevesque. Et quant ceste Beste a ven la
face des gens, s'est si fort espouvantee, qu'elle ne cherchoit fors
a se cacher dessoubz les lictz, bancz, coincz, recoincz, en lieux
secrets, et ne se voulloit point monstrer : car elle estoit fort honteuse d'estre veue du peuple. Et depuis sa prinse n'a jamais voulu
manger ne boire, de quelque viande que l'on luy ayt sceu bailler ne
monstrer. Parquoy apres aulcun temps elle mourut.

Et si ladicte Beste se fust seu nourrir et apprivoiser, elle feust allee
dessus ses pieds de derriere comme ung homme, ainsi qu'elle faisoit
quant elle fut premierement veue et prinse des dessusdits veneurs.

CXL

LE VRAY POURTRAICT D'UN MONSTRE

nay d'une Vache,
le dixiesme jour de May 1569, au village de Bellefontaine,
à deux lieues près d'Abeville.

Gravure sur bois, en tête du texte à longues lignes, format in-folio,
représentant le monstre, qui a un corps de vache, avec deux têtes,
l'une de veau, et l'autre de dogue. H. de l'estampe 0^{m}118, L. 0^{m}168.
— Au-dessus du titre, est un bois d'ornement formant tête de page.
Au-dessous, la légende qui suit :

CE Monstre, que voyez cy dessus, ayant deux testes,
l'une de limier, la langue longue d'un pied ; l'autre
de veau, ayant la langue comme le naturel ; les aureilles de limier, sur le col deux autres aureilles de
veau, le poil long jusques au milieu du col comme le lion, et
au reste du corps avoit le poil fort court, la crouppe et fesse fort
rondes comme celles d'un cheval, la queue longue avec une
touffe au bout du rame comme celle d'un lion. Ledict Monstre
estoit femelle et avoit le poil du ventre gris, semblable au cerf,
les pieds de vache, blancs par les boutz. Et a esté veu ledict

Monstre par plusieurs notables personnages dignes de croire, le dixiesme de May.   1569.

A Paris, par Jean Dallier, libraire, demeurant sur le Pont Sainct-Michel, à l'enseigne de la Rose-Blanche.

CXLI

JUMEAUX MONSTRUEUX

Gravure italienne, sur cuivre. H. 0ᵐ115, L. 0ᵐ163. — Les deux jumeaux, placés tête bêche et attachés l'un à l'autre par le bas du tronc, ne forment qu'un seul corps, avec un seul nombril, indiquant le point de réunion des deux sujets. Au-dessus de l'estampe, cette inscription sur deux lignes : 1575, 27, *Maggio, in Venetia, partori due chreature vive una ebrea, le quali sono attacate come qui si vede, ritratti da Nicolo Nelli dal naturale.*

CXLII

PEREGRINATIONES

Cette fin du recueil est copiée de la main de L'Estoile.

Sᵢ jure Veneri (opima quam colit Cyprus)
Adjudicavit aureum Paris pomum,
Benigna gemini quod Cupidinis Mater,
Homines Deosque mollibus domans flammis,
Arguto ocello, lacteo papillarum
Tumore, motu ionico, aureo crine,
Superet per Orbem quicquid est venustarum,
Venetos vocari jure censeo Patres,

Largissimæque ferre mentulæ palmam.
Nam dum furentis Adriæ secant fluctus,
Centumque divitem oppidis petunt Cretam,
Et obsequentes insulas sibi lustrant,
Implente sole ter quater statos cursus,
Ultra statutum partubus diem, quamvis
Degant peregrè a patria procul (mira
Ope efficacis mentulæ, ut decet credi)
Absentibus propago multa succrescit.

GENUA.

In Genua apparent, inverso nomine, Nugæ,
    Nam vanos Ligures nomen inane decet.

FIN.

TABLE DES MATIÈRES

Imp. Jouaust.